BIBLIODIVERSIDADE E PREÇO DO LIVRO

BIBLIODIVERSIDADE E PREÇO DO LIVRO

DA LEI LANG À LEI CORTEZ: EXPERIÊNCIAS E EXPECTATIVAS
EM TORNO DA REGULAÇÃO DO MERCADO EDITORIAL (1981-2021)

Marisa Midori Deaecto (Dir.)
Com a colaboração de Patricia Sorel e Lívia Kalil

Tradução e versão **Marly Peres**   Revisão técnica **Patricia Sorel**

Æ
Ateliê Editorial

AMBASSADE
DE FRANCE
AU BRÉSIL
Liberté
Égalité
Fraternité

Este livro foi publicado com o apoio da Embaixada da França no Brasil.

ie] Instituto de Estudos Avançados da Universidade de São Paulo

Liberté • Égalité • Fraternité
RÉPUBLIQUE FRANÇAISE
CONSULAT GÉNÉRAL DE FRANCE À SÃO PAULO

Institut des Amériques

O Simpósio Internacional "Por uma Lei da Bibliodiversidade" foi realizado no IEA-USP, entre 13 e 15 de outubro de 2021, com o apoio do Programa "Cátedras Franco-Brasileiras do Estado de São Paulo" e do Institut des Amériques – Pôle Brésil.

Ficha catalográfica elaborada no Setor de Biblioteca e Documentação da Biblioteca Brasiliana Guita e José Mindlin (BBM-USP)

B582

Bibliodiversidade e Preço do Livro. Da Lei Lang à Lei Cortez: Experiências e Expectativas em Torno da Regulação do Mercado Editorial (1981-2021) / Marisa Midori Deaecto; Patricia Sorel; Lívia Kalil (orgs.). – São Paulo: Ateliê Editorial, 2021.
312 p. ; 19,2 x 22 cm.

ISBN - 978-65-5580-051-7

1. Mercado Editorial. 2. Legislação. 3. Livros. 4. Regulamentação Comercial. 5. Bibliodiversidade. I. Organizadores. II. Título.

CDD: 070.592

Bibliotecário Resp.: Rodrigo M. Garcia, CRB8: SP-007584/O

Estrada da Aldeia de Carapicuíba, 897
06709-300 | Granja Viana | Cotia | SP | Brasil
t. (11) 4702-5915 | contato@atelie.com.br | www.atelie.com.br
facebook.com/atelieeditorial | blog.atelie.com.br
2021
Printed in Brazil | Foi feito depósito legal

"LIVRARIA NÃO É SUPERMERCADO"*.

JOSÉ XAVIER CORTEZ (1936-2021), LIVREIRO-EDITOR

"FREQUENTEMENTE SE DISSE NO PASSADO E, INFELIZMENTE, SEM TIRAR TODAS AS CONSEQUÊNCIAS DISSO, QUE O LIVRO NÃO É UM PRODUTO COMO OS OUTROS: É UMA CRIAÇÃO DO ESPÍRITO QUE NÃO PODE SE SUBMETER – SEM UMA PROTEÇÃO OU, AO MENOS, SEM UMA REGULAMENTAÇÃO PARTICULAR – EXCLUSIVAMENTE À LEI DO MERCADO".**

JACK LANG, MINISTRO DA CULTURA, 1981-1986; 1988-1993.

* *O Estado de S.Paulo*, 8.4.1998.

** Discurso do Ministro Jack Lang, publicado em: *Journal Officiel*, Assemblée Nationale, 2e séance du 3o juillet 1981, p. 553, *apud Le Prix du Livre, 1981-2006, La Loi Lang, Contextes, Débats, Documents*, dirigé par Laurent Martin, Paris, Comité d'Histoire du Ministère de la Culture, IMEC, 2006, p. 27.

ESTA EDIÇÃO É DEDICADA
AOS PROFISSIONAIS
ATUANTES NA CADEIA
DO LIVRO E AOS LEITORES.

MAS, TAMBÉM, A TODOS
AQUELES QUE NOS
PERMITEM CONSTRUIR
PONTES ENTRE OS POVOS,
EM NOME DOS QUAIS
HOMENAGEAMOS NADÈGE
MÉZIÉ E VINCENT ZONCA.

13 PREFÁCIO **Gustavo Piqueira**
17 APRESENTAÇÃO **Marisa Midori Deaecto**

PARTE I
A LEI DO PREÇO ÚNICO OU LEI DA BIBLIODIVERSIDADE: DIÁLOGOS BRASIL-FRANÇA

29 MENSAGEM DO MINISTRO JACK LANG
31 CONVERSA COM NICOLAS ROCHE, DIRETOR-EXECUTIVO DO BIEF
41 A LEI LANG E AS MUTAÇÕES DO LIVRO: BALANÇOS E PERSPECTIVAS (1981-2021) **Jean-Yves Mollier**
61 A LEI LANG VISTA PELOS PROFISSIONAIS DO LIVRO FRANCESES **Patricia Sorel**
71 O MERCADO EDITORIAL E LIVREIRO NO BRASIL: A CBL UNIDA PELA BIBLIODIVERSIDADE **Vitor Tavares**
75 LEI CORTEZ OU LEI DO PREÇO COMUM: PENSAR AS POLÍTICAS PÚBLICAS DO LIVRO PARA ALÉM DAS ISENÇÕES E DAS GRANDES COMPRAS GOVERNAMENTAIS **Haroldo Ceravolo Sereza**
87 POR UMA LEI DA BIBLIODIVERSIDADE: 40 ANOS DE INQUIETAÇÕES NOS DIÁLOGOS FRANÇA-BRASIL **Marisa Midori Deaecto**

PARTE II
SOBRE O PREÇO DO LIVRO E O VALOR DA LEITURA: UMA ABORDAGEM GLOBAL

105 A LEI DO PREÇO FIXO NO MUNDO **Jean-Guy Boin**
113 FIXAR O PREÇO, SALVAR O LIVRO. CONVERGÊNCIAS, TENSÕES E PERCURSOS NO CASO PORTUGUÊS **Nuno Medeiros**
129 LIVRO, HOJE: MULTIVERSIDADE E ASPECTOS TECNOLÓGICOS **Ana Elisa Ribeiro**
145 ÁGORA DO AGORA: A RELEVÂNCIA DO LIVRO NUM MUNDO DISPERSO **João Varella**
155 ENTRE AS CORPORAÇÕES E OS CAMINHOS INDEPENDENTES: O MERCADO EDITORIAL EM TEMPOS AMBIVALENTES **Paulo Verano**
169 O MERCADO EDITORIAL BRASILEIRO EM TEMPOS DE COVID: UMA ODE À IMPERMANÊNCIA NOS MODELOS DE NEGÓCIOS **Marília de Araujo Barcellos**
187 CORREIOS: LOGÍSTICA E ESTRATÉGIA NO TERRITÓRIO NACIONAL **Igor Venceslau**

PARTE III

COM A PALAVRA, OS PROFISSIONAIS DO LIVRO

203 RETRATO DAS LIVRARIAS NO BRASIL
Bernardo Gurbanov

209 O QUE É UM LIVRO? **Rui Campos**

217 UMA VISÃO *E-CÊNTRICA* DE TRANSFORMAÇÃO DA CADEIA PRODUTIVA DO LIVRO E DO MERCADO EDITORIAL PELA BIBLIODIVERSIDADE
Larissa Mundim

225 A IMPORTÂNCIA DA "LEI" PARA A MANUTENÇÃO DE PEQUENAS LIVRARIAS EM UM PAÍS RICO E DESIGUAL NA PERIFERIA DO MUNDO
Adalberto Ribeiro

233 O MENINO QUE VENDIA LIVROS
Vitor Tavares

241 LIVRARIA LEITURA
Marcus Teles

245 VIDA LONGA ÀS LIVRARIAS!
Alexandre Martins Fontes

EPÍLOGO

NAS LETRAS DA LEI

255 O QUE É O PLS 49/2015? DISCURSO DO SENADOR DA REPÚBLICA
Jean Paul Prates (PT/RN)

269 O PLS 49/2015: CONTEXTO HISTÓRICO
Ricardo Borges

277 PROJETO DE LEI DO SENADO Nº 49, DE 2015

303 COLABORADORES

LISTA DE ABREVIATURAS E SIGLAS

AEL – Associação Estadual de Livrarias

ANL – Associação Nacional de Livrarias

ANS – Associação Nacional de Supermercados [Portugal]

Apel – Associação Portuguesa de Editores e Livreiros

APU – Association Pour le Prix Unique

Asfodelp – Associação Nacional para a Formação e Aprimoramento Profissional em Livraria e Papelaria [França]

Aucani – Agência USP de Cooperação Acadêmica Nacional e Internacional

Bief – Bureau International de l'Édition Française

BnF – Biblioteca Nacional da França

CAE – Comissão de Assuntos Econômicos

CBL – Câmara Brasileira do Livro

CCJ – Comissão de Constituição, Cidadania e Justiça

CNC – Confederação Nacional do Comércio de Bens, Serviços e Turismo

Compós – Associação Nacional dos Programas de Pós-Graduação em Comunicação

DPLA – Digital Public Library of America

FFSL – Federação Francesa dos Sindicatos de Livreiros

GAFAM – Google, Apple, Facebook, Amazon, Microsoft

IEA-USP – Instituto de Estudos Avançados da Universidade de São Paulo

Imec – Institut Mémoires de l'Édition Contemporaine

IPCA – Índice Nacional de Preços ao Consumidor Amplo

IPTU – Imposto Predial e Territorial Urbano

ISBN – International Standard Book Number

IVA – Imposto sobre Valor Acrescentado

LGBTQIA+ – Lésbicas, Gays, Bissexuais, Transgêneros, Queer, Intersexo, Assexuais e Mais

Libre – Liga Brasileira de Editoras

MEC – Ministério da Educação

MEI – Microempreendedor Individual

MinC – Ministério da Cultura

NBA – Net Book Agreement

PCF – Partido Comunista Francês

P-DG – Président-Directeur Général

PIB – Produto Interno Bruto

PNLE – Política Nacional de Leitura e Escrita

PNLL – Plano Nacional do Livro e Leitura

PoD – Print on Demand

PS – Partido Socialista

PT – Partido dos Trabalhadores

REDE – Regime de Exercícios Domiciliares Especiais

Reli – Rede de Livrarias Independentes

RPR – Rassemblement pour la République

SLF – Sindicato da Livraria Francesa

SNE – Sindicato Nacional da Edição [França]

Snel – Sindicato Nacional dos Editores de Livros

UFC – Union Fédérale des Consommateurs

UFSM – Universidade Federal de Santa Maria

ULF – União dos Livreiros da França

Unesco – Organização das Nações Unidas para a Educação, a Ciência e a Cultura

Unesp – Universidade Estadual Paulista

USP – Universidade de São Paulo

VUP – Vivendi Universal Publishing

PREFÁCIO

GUSTAVO PIQUEIRA

Os textos a seguir, derivados de um simpósio internacional, discutem a regulamentação legal do preço do livro, mais especificamente os quarenta anos de trajetória da Lei Lang na França, bem como a relevância da implantação de uma Lei do Preço Único no Brasil. Ou seja: trata-se de um assunto técnico. Obra de interesse específico, destinada a acadêmicos, editores, livreiros e demais agentes envolvidos na cadeia produtiva do livro, certo? Errado: ao término destas páginas, não haverá quem não concorde que sua leitura passa muito longe do recorrente fastio despertado por obras de interesse restrito quando examinadas para além de suas fronteiras. Pelo contrário, este é um livro abrangente. Universal. Vibrante. Nada mais justo, portanto, do que outorgar de antemão os méritos por tal proeza:

Primeiro, mérito para a organização, que soube selecionar vozes não apenas diversas, mas de inegável presença entre as mais lúcidas e atuantes do cenário, escapando do recurso cada vez mais frequente de se elencar nomes com suposta maior popularidade — *best-sellers*, para quem preferir o jargão editorial —, mas cujas ideias pouco avançam para além da repetição de visões já estabelecidas e assimiladas, mesmo quando exibidas com guarda-roupas renovado.

Mérito também para quase todas essas vozes. Pois, ainda que às vezes o façam nas entrelinhas de seus respectivos textos, elas foram capazes de encadear a questão do preço fixo à tamanha diversidade de temas correlatos que este volume termina por acessar boa parte das questões urgentes de nosso mundo contemporâneo, mesmo algumas delas não imediatamente associadas ao universo editorial. Se nenhum dos textos se furta ao bordão "todos contra a Amazon", ele surge matizado nos mais sutis detalhes: como passar imune à ironia de uma lei que nasce tendo a Fnac como grande inimiga para, quatro décadas depois, ser requisitada pela própria Fnac para sua proteção? Ou não perceber o quanto, no panorama editorial do Brasil de hoje, exalar ares de "independência" às vezes pode não passar de um posicionamento de marketing cosmético? Há quem ataque um inimigo por discordar dos seus valores, há quem o faça apenas porque o inimigo tomou o seu lugar. E as discussões vão além, espraiando-se por um mundo que parece cada vez mais se concentrar em poucas mãos, dominado por algoritmos estreitantes que vêm reduzindo toda e qualquer complexidade a palavras de ordem superficiais e agressivas. No qual se sofre tanto pela aparição de epidemias sanitárias quanto pelo sumiço de políticas públicas. Onde cada dia crescem os abismos sociais existentes nas mais diversas escalas geográficas. Há consenso, no conjunto de textos, sobre a procedência de se implantar a lei?

Com diferentes argumentos ou graus de ponderações, há. Mas que ninguém se apresse em tomar essa unanimidade como um contraditório sinal de ausência de diversidade. Afinal, diante dos acontecimentos da última década, ainda que o livre mercado siga se esbaldando, é cada vez mais raro quem consiga defendê-lo sem ao menos uma pitada de velhacaria. Logo, vozes distintas apontam para uma mesma direção, mas por uma variedade de traçados e percursos tão grande que não há como não considerá-los outro item na lista de méritos desta obra.

Mas, perdoem-me organização e autores, o mérito principal para a surpreendente riqueza deste livro fica mesmo é com o próprio objeto. Pois, mais uma vez, esse pequeno artefato que vem sobrevivendo a uma sucessão de mortes anunciadas, faz aquilo que sabe fazer como ninguém: articular enquadramentos, multiplicar visões, aprofundar análises e propor ideias. E, com isso, nos lembra que lutar por ações que promovam e estimulem a bibliodiversidade não é favorecer este ou aquele segmento da indústria em detrimento de outro. Nem cercear conceitos fajutos de liberdade. Ou desviar o foco de temas mais importantes. Lutar por ações que promovam e estimulem a bibliodiversidade é lutar por todo e qualquer projeto de futuro que mereça ser chamado como tal.

APRESENTAÇÃO

MARISA MIDORI DEAECTO

Lei Lang, na França. Lei do Preço Único ou Lei do Preço Fixo, em diversas partes do mundo. No Brasil, Lei Cortez. E – por que não? – Lei da Bibliodiversidade. A proposta, afinal, dirige-se a quem compreenda o significado profundo de uma política de regulação do preço do livro, no momento em que o *e-commerce* se insinua com todas as suas artimanhas sobre os consumidores do planeta. Uma medida salvacionista? Sem dúvida! Uma lei que pressupõe a regulação do preço do livro se destina, certamente, a salvar hábitos tão antiquados quanto os de comprar livros em livrarias, ou de ler em códices impressos. Mas, acima de tudo, a medida deve ser recebida como um gesto de reverência à bibliodiversidade, o que pressupõe a luta pela sobrevivência dos diferentes suportes e tecnologias de leitura, tanto quanto dos profissionais e dos leitores que participam da cadeia do livro e da cultura escrita, de modo mais abrangente.

A questão da bibliodiversidade e do preço do livro está longe de se esgotar. Como bem observa Walter Porto, em sua coluna na *Folha de S.Paulo*, "com as grandes redes de livrarias entrando em recuperação judicial e Paulo Guedes ameaçando taxar livros, mais setores se sensibilizaram em torno da necessidade de atualizar as leis que regem este mercado"[1]. No que toca à lembrança do atual Ministro da Economia, cumpre lembrar – e os livros existem também para fixar a memória das ações humanas – sua declaração inglória, sem base estatística reconhecida, segundo a qual o livro é consumido, no Brasil, pelas classes mais abastadas[2], justificando, assim, a sua taxação, em confronto direto com os princípios constitucionais que garantem a imunidade tributária aos livros[3].

Enquanto a reforma proposta pelo eminente Ministro ainda se mantém como uma sombra para os brasileiros, outra questão concreta, abordada neste volume, é a ameaça do *e-commerce* sobre as livrarias de todo o mundo. Segundo Roselyne Bachelot, Ministra da Cultura da França: "O suporte ao setor do livro deve ser constante na medida em que um mastodonte digital impôs uma nova forma de concorrência pelos preços, o que fragiliza a Lei Lang, de 1981"[4]. É isso mesmo: o mastodonte digital se apresenta hoje como um defensor dos direitos do poder de compra do consumidor. Entenda-se: do direito aos maiores descontos. E, como sustenta a Ministra Bachelot, esta ameaça deve ser respondida com firmeza. O que nos conduz a uma pergunta essencial: estamos preparados para enfrentar esse novo cenário?

É preciso compreender que a emergência das tecnologias de informação e comunicação desestabilizou o pequeno mundo do livro, de modo que seus principais agentes se viram diante do desafio de inovar tanto os procedimentos de produção e distribuição quanto as formas do produto. Essa questão pode ser abordada de uma perspectiva microespacial, por exemplo, com base na relação estabelecida entre os consumidores de livros e os pontos de venda, como o faz Marília Barcellos, ao observar o comportamento da comunidade inscrita no curso de Comunicação da Universidade Federal de Santa Maria, durante a crise pandêmica. Ou a partir de uma abordagem conceitual, ao assumir o livro como uma tecnologia, de acordo com Ana Elisa Ribeiro. E se essa perspectiva nos permite incorporar novos significados ao livro, ela também agudiza as inquietações diante de um mastodonte em franco crescimento. Afinal de contas, o *e-commerce* compõe um capítulo importante dessa inovação. Tanto no passado quanto no presente, as mudanças de procedimentos das práticas econômicas – e da própria relação do consumidor com o mercado – demandam marcos regulatórios. As leis *antitruste* e *antidumping*, criadas nos Estados Unidos, são, afinal de contas, respostas a uma crise sistêmica, sob a forma de mecanismos para conter os monopólios[5].

Nesse sentido, não parece obra do acaso o fato de o Senado norte-americano discutir, hoje, formas de regulação das chamadas *big techs*. Como observa Eugênio Bucci, "não estamos falando aqui de qualquer gigantismo. As cinco *big techs* dos Estados Unidos – Amazon, Facebook, Apple, Microsoft e Google – alcançaram, juntas, no final de julho, o preço de US$ 9,3 trilhões. O faturamento anual líquido das cinco ultrapassa os US$ 200 bilhões. São cifras assombrosas, inéditas na história do capitalismo, que não param de subir"[6]. Será mesmo que estas empresas estão preocupadas com a liberdade e o bem-estar dos cidadãos? Sobretudo quando consideram cidadãos uma faixa mais estreita da população do planeta, vocacionada a ser uma clientela fiel?

É bem verdade que se o Senado dos Estados Unidos olha com desconfiança e severidade as *big techs*, pouco ou nada faz em relação ao mercado editorial, lançado à própria sorte[7]. Historicamente – e, devemos acrescentar, felizmente – editores e livreiros brasileiros buscaram suas referências na França, quando não contaram com a presença efetiva de seus próprios atores, donde a importância de um fórum de debate aberto às experiências e pesquisas oriundas do *hexagone*. Jean-Guy Boin apresenta, neste livro, um excelente painel, à moda de Prévert, sobre a Lei do Preço Único no mundo. Nicolas Roche pontua os termos de uma troca permanente entre o Bief, esse escritório vocacionado a internacionalizar a edição francesa, e o Brasil. Jean-Yves Mollier observa o quanto foi fundamental a liderança política exercida pelo então Ministro da Cultura, Jack Lang, no enfrentamento dos opositores ao projeto de lei que hoje leva seu nome. Uma liderança política que pode ser assumida pelo Senador Jean Paul Prates (PT-RN), atual relator do projeto de lei no Brasil. E embora a relação Estado-mercado se enuncie de modo explícito ou implícito em todos os capítulos do presente volume, tanto quanto a ameaça do mastodonte digital, parece certo que Paulo Verano e João Varella, com suas crônicas baseadas em experiências vividas, testemunham a importância de uma lei correlata em nosso país, com vistas a tornar, no limite, a cadeia produtiva mais saudável e sustentável.

Por outro lado, como lembra Patricia Sorel, a mudança de paradigma nas relações entre o Estado e o mercado que a lei pressupõe, tem seu impacto não apenas na cadeia produtiva do livro, mas também no comportamento de seus profissionais. Jérôme Lindon apontava, em 1977, que a questão do preço único uniu a classe editorial e livreira[8]. Mas essa união, como demonstra Sorel, precisou se tornar permanente, pois não foram raras as conjunturas em que a lei se viu ameaçada, demandando a união das entidades e dos agentes do livro. Difícil não pensar no quanto esses dois estudos inspiram e se aproximam das visões de mundo expressas pelos profissionais do livro brasileiros, dentre os quais, Alexandre Martins Fontes, Vitor Tavares, Rui Campos, Marcus Teles e Bernardo Gurbanov.

A questão da bibliodiversidade e do preço do livro se torna, todavia, mais complexa, quando ganham corpo as especificidades deste continente chamado Brasil. Mas também nesse ponto é possível observar algumas preocupações comuns entre os dois países. Lembremos que a Assembleia Nacional francesa debate, nesse momento, o projeto de lei "visando aprimorar a economia do livro e reforçar a equidade entre seus atores", por meio da adoção de um preço mínimo de frete, nos termos apresentados por Laure Darcos, do Partido

Sejamos Livres. Da mesma forma que a questão logística e o custo de frete se apresentam como um problema a ser enfrentado na França, também no Brasil ela se coloca no horizonte de editores, livreiros e consumidores. Porém, por outra razão, a saber, a privatização dos Correios. Ora, podemos dizer, não sem inquietude – donde a importância do estudo de Igor Venceslau – que esse projeto ameaça a infraestrutura logística de todo o território nacional e, nesse sentido, deve comprometer as remessas postais de impressos, não somente porque tende a encarecer o preço do frete do livro – que hoje goza de uma tarifa especial –, mas também por tornar impraticável seu envio para regiões mais remotas, cujos custos só poderiam ser cobertos no âmbito de uma empresa estatal. Os contrastes geográficos se acentuam devido aos abismos socioeconômicos sustentados nas cidades invisíveis espalhadas por todo o país, como bem testemunham Larissa Mundim, Adalberto Ribeiro e, em tom intimista, Vitor Tavares.

São muitos os argumentos sustentados pelos autores deste livro e, também, por todos os participantes do Simpósio, que nos permitem compreender que a Lei do Preço Fixo-Único-Comum, ou Lei Cortez, não é um embuste criado para privar os consumidores de livros dos descontos praticados no mercado. Não se trata de tunga, de tabelamento por alto. O debate que conduziu ao PLS 49/2015 tem uma história e esta passa pela luta de editores e livreiros. Um debate que começou muito cedo entre os editores independentes, representados pela Libre, segundo o relato de um membro de sua diretoria, Haroldo Ceravolo Sereza. Aliás, sua participação, juntamente com Bernardo Gurbanov (presidente da ANL), Vitor Tavares (presidente da CBL) e Marcos da Veiga Pereira (presidente do Snel), demonstrou que a classe livreira e suas entidades estão seguindo o conselho de Jérôme Lindon: elas seguem unidas em nome de um objetivo em comum. Por fim, um breve histórico sobre os últimos quarenta anos de lutas em prol do livro e da leitura foi modestamente traçado pela autora desta apresentação.

***

Este livro é fruto do Simpósio Internacional "Por Uma Lei da Bibliodiversidade", que ocorreu no Instituto de Estudos Avançados da Universidade de São Paulo (IEA-USP), entre 13 e 15 de outubro de 2021, sob a curadoria de Patricia Sorel, Lívia Kalil e Marisa Midori Deaecto. Uma versão abreviada, sem dúvida, se considerarmos o número de expositores – e do público – que participaram ativamente daqueles dias intensos, nos quais pesquisadores e profissionais do livro se reuniram para celebrar os quarenta anos da Lei Lang, na França, e para discutir os caminhos e os mecanismos de uma lei destinada a regulamentar o preço do livro no Brasil. É bem verdade que a versão impressa surge mais rica e aprofundada, pois todos os autores aqui inscritos tiveram tempo e disposição para fazer decantar suas ideias e burilar seus discursos.

Cumpre ressaltar que a universidade jamais reunira profissionais do livro e pesquisadores para debater a questão da bibliodiversidade e o preço do livro, de uma forma tão completa e em âmbito internacional, segundo a proposta do programa. Naquele fórum o projeto de lei intitulado "Política Nacional do Livro e Regulação do Preço", também conhecido pela referência fria PLS n. 49/2015, foi batizado de Lei Cortez, em homenagem a José Xavier Cortez (1936-2021), livreiro e editor brasileiro, nascido no Rio Grande do Norte, mas que fez seu nome na cidade de São Paulo, mais precisamente, no bairro das Perdizes, no quarteirão da Pontifícia Universidade Católica (PUC). O ineditismo do programa também se deveu ao caráter organizacional: difundido na França e no Brasil, a iniciativa foi o resultado do engajamento de diversas instituições: além do IEA-USP, registramos a parceria com o Consulado Geral da França em São Paulo, por meio do Programa Cátedras Francesas no Estado de São Paulo, coordenado em parceria com a Aucani-USP, da Embaixada da França no Brasil e do Institut des Amériques (IdA-pôle Brésil) – uma menção especial deve ser feita ao professor Hervé Théry, por seu generoso apoio desde o início.

O Simpósio Internacional "Por Uma Lei da Bibliodiversidade" foi amplamente difundido e se tornou objeto de muitas discussões e de muita euforia. De Paris a Lisboa, do Amazonas ao Rio Grande do Sul, da Bahia a Goiás, do Rio de Janeiro ao Mato Grosso do Sul, foram muitas as adesões e os agentes multiplicadores dessa iniciativa. Agradeço a todos e todas que participaram dessa ampla campanha. Registro uma menção especial "às meninas do Instagram", Lívia Kalil, Fabiana Marchetti e Isabela Loureiro (nossa querida design), que fizeram um trabalho lindo e intenso de divulgação e promoção de conteúdos. Devo aqui acrescentar a ajuda auspiciosa de Éder e Mateus Matos na produção de alguns vídeos de divulgação do evento.

Para concluir, agradeço às e aos palestrantes, moderadoras e moderadores, que aceitaram o desafio de construir um fórum de debate diverso, democrático e denso. À equipe do IEA-USP, sempre solícita e perfeita em tudo, expresso todo o meu reconhecimento. Ao diretor do IEA-USP, professor Guilherme Ary Plonski, registro minha admiração por conduzir de forma tão democrática esta instituição universitária vocacionada a pautar assuntos sociais e econômicos relevantes. Ao editor Plinio Martins Filho e ao designer Gustavo Piqueira, minha gratidão eterna por tornarem real o sonho deste livro. Meus agradecimentos a Marly Peres por sua presença eficiente e constante no Simpósio, nas traduções e versões deste livro.

Por fim, espero que cada um de nós tenha sido capaz de transformar as janelas dos computadores, dos celulares e dos *tablets*, por meio dos quais o Simpósio se difundiu, em um fator multiplicador de informação, análise e reflexão. E que, a partir de agora, o livro cumpra seu papel não apenas no sentido de perenizar aquele momento, mas, como já foi assinalado, de o enriquecer. Vivemos um tempo muito delicado, no qual se deseja construir sobre o livro uma imagem negativa ou restritiva. É claro que por trás desse discurso existe um projeto de desmonte das políticas públicas para o livro e a leitura conquistados nos últimos vinte anos. É por isso que dizemos NÃO à taxação. Dizemos NÃO à barbárie. E dizemos SIM à regulação do preço do livro. SIM à bibliodiversidade. À LEI DA BIBLIODIVERSIDADE[9].

NOTAS

1 Walter Porto, "Debate sobre Fixar Preço de Livros Volta em Tempo de Paulo Guedes e Amazon", *Folha de S.Paulo*, 1.10.2021.

2 Segundo Zoara Failla, coordenadora da pesquisa *Retratos da Leitura no Brasil*, em entrevista ao jornal *PublishNews*, "27 milhões dos brasileiros identificados na classe C são compradores de livros. 'O [aumento do] preço do livro vai impactar nesta classe, que é leitora e é compradora de livros'. 'O aumento do preço do livro vai impactar em várias situações de acesso à leitura. Não só vai vender menos. Isso vai ter, sim, impacto em várias áreas do acesso à leitura e ao acesso cultural', analisou. Ela ressalta ainda o impacto da crise econômica e conclui: 'É muito provável que, numa próxima edição, a gente vá ter uma redução do número de leitores nessas faixas, com certeza'" (*PublishNews*, 11.9.2020).

3 "Art. 150. Sem prejuízo de outras garantias asseguradas ao contribuinte, é vedado à União, aos Estados, ao Distrito Federal e aos Municípios: [...] d) livros, jornais, periódicos e o papel destinado a sua impressão" (*Constituição da República Federativa do Brasil de 1988*, Edição atualizada com a EC nº 105, 2. ed., São Paulo, Edijur, 2020. Sobre o mesmo assunto, ver Marisa Midori Deaecto, "Taxar Livros é Imoral e Anticonstitucional", *Deutsche Welle*, 19.4.2021. Entrevista e texto por Edison Veiga).

4 Claudia Cohen, "Débat autour du Prix de Livraison du Livre", *Le Figaro*, 7.10.2021.

5 Vale lembrar que a regulação do mercado é igualmente prevista na Constituição federal: "Art. 173. Ressalvados os casos previstos nesta Constituição, a exploração direta de atividade econômica pelo Estado só será permitida quando necessária aos imperativos da segurança nacional ou a relevante interesse coletivo, conforme definidos em lei. § 4º A lei reprimirá o abuso do poder econômico que vise à dominação dos mercados, à eliminação da concorrência e ao aumento arbitrário dos lucros" (*Constituição da República Federativa do Brasil de 1988*).

6 Eugenio Bucci, "Regular as Big Techs", *A Terra é Redonda*, 8.10.2021.

7 Pelo menos, é o que se depreende do estudo de John B. Thompson, *Mercadores de Cultura*, São Paulo, Ed. Unesp, 2013.

8 Pauline Gabinari, "Jérôme Lindon: Il Était Minuit Moins Une", *Livres Hebdo*, 20.4.2021.

9 A programação completa pode ser assistida em iea.usp.br/mediateca.

PA
TE

A LEI DO PREÇO ÚNICO OU LEI DA BIBLIODIVERSIDADE: DIÁLOGOS BRASIL–FRANÇA

MENSAGEM DO MINISTRO JACK LANG

Parabéns a todos os brasileiros que consideram avançar a hipótese do preço fixo do livro no Senado. Por experiência, sei que isso não é fácil. Nós nos deparamos com frequência com *lobbies* e grupos de pressão, com dúvidas também, no entanto, é preciso demonstrar convicção, é preciso insistir para que se adote um texto que possa contribuir para salvar a literatura brasileira, as edições brasileiras e, evidentemente, os leitores brasileiros.

Na França, adotamos esse texto há quarenta anos. Lembro-me de que naquela época muitos foram hostis e contrários, considerando que essa lei aumentaria o preço dos livros e que o sistema era demasiadamente vertical, confiando aos editores um poder supostamente excessivo. Mas a experiência mostrou, pelo contrário, que essa lei salvou os livreiros. Hoje, nós temos quatro mil livreiros independentes na França que constituem a base, o pedestal a partir do qual a variedade editorial pode se multiplicar. Sem os livreiros, imperaria apenas o poder de algumas grandes redes que impõem *best-sellers* ou obras puramente comerciais. Vejo que outros países que não adotaram esse sistema vivem hoje uma situação degradada, não vou citar quais, pois seria deselegante, mas a grande maioria de nossos vizinhos vivencia problemas no setor.

Por isso, digo aos amigos brasileiros: aguentem firme. É preciso adaptar a lei à realidade brasileira, é claro, mas um texto dessa natureza será um sinal forte do comprometimento do Congresso brasileiro em favor do livro, em favor da edição, em favor da cultura como um todo. É claro que vocês vão conseguir. Acredito que vocês vão ultrapassar esses obstáculos. E saibam que aqui na França nós estamos muito atentos e acompanhando com olhar amigo o que vocês estão fazendo. Nós desejamos o melhor a vocês, estamos acompanhando em pensamento e coração, e esperamos que possam adotar essa lei. Para nós será um orgulho que o Brasil, grande país de cultura, escolha esse sistema de proteção aos escritores, editores, livreiros e leitores. Muita coragem e paciência. Insistam. Até breve e boa sorte.

CONVERSA COM NICOLAS ROCHE, DIRETOR-EXECUTIVO DO BIEF

Gostaria de agradecer, em primeiro lugar, à intérprete, por seu trabalho. Agradeço também ao Vincent Zonca por me oferecer a oportunidade de dizer algumas palavras para situar nossas ações, dispositivos e propostas. E sei que preciso tomar cuidado com o que digo, porque o Jean-Guy Boin, que nos acompanha de perto, nessa intervenção, me precedeu nas funções que hoje assumo no Bief e conhece muito bem essa estrutura.

Partimos da constatação de que a edição francesa, de modo geral, e inclusive no plano internacional, como vocês sabem, é muito bem-aceita e tem grande capilaridade. O francês é a segunda língua mais traduzida no mundo, sendo a primeira o inglês, e nós temos o hábito de começar as apresentações fazendo um *cocoricó* e exibindo o galo francês, pois é um orgulho para nós. Graças aos ilustradores, editores, e a todos os que participam do trabalho em uma editora e, também, às próprias editoras, nós temos uma cadeia do livro muito voltada para o ambiente internacional e há muitos anos nos esforçamos para nos organizarmos do ponto de vista do pessoal e da instituição, de modo que, nas próprias editoras, sobretudo os responsáveis pelos direitos autorais, cuidamos para que sejam realmente as pessoas mais qualificadas e mais respeitadas para tratar dos temas de sua lide. Nos esforçamos para termos esse trabalho reconhecido de editores, ilustradores, diferentemente de alguns mercados, por exemplo, os mercados anglo-saxões, onde, ao lado dos editores, os agentes são muito menos presentes do que na França. Esse sucesso se deve tanto à qualidade da produção editorial, quanto à maneira como os editores franceses se organizaram e se organizam, e, acompanhando seu desenvolvimento internacional.

A famosa Lei Lang, a Lei do Preço Único, foi extremamente importante para a estruturação do mercado doméstico na França. E é preciso dizer que para nós é uma sorte poder contar com profissionais do livro e do poder público, em várias instâncias, que consideram que o desenvolvimento das indústrias culturais criativas seja um verdadeiro desafio de diplomacia cultural, um desafio de circulação de obras e ideias e, é claro, um desafio econômico. Graças a eles todos nós do Bief, do qual eu vou lhes dar uma ideia a seguir, temos os meios de trabalhar de uma maneira muito bem organizada.

O Bief é a associação profissional, eu acredito, mais reconhecida pelos editores franceses – temos 290 associados. Nossa vocação é tentar acompanhá-las da melhor forma possível, ligando sua ação na empresa também no que diz respeito às vendas, inclusive na forma de exportação, englobando o livro francês produzido na França, notadamente para países francófonos, mas também a cessão de direitos e coedições, setor extremamente importante. Foram doze mil contratos de cessão de direitos e de coedição em 2020, ano ligeiramente orientado para baixo por conta da pandemia. Nesse ano houve uma queda de 2,6% na cessão de direitos e uma baixa mais importante nas coedições, sobretudo no setor infantojuvenil, que sofreu muito com a ausência de eventos internacionais e teve uma queda maior, de 14%. Podemos ver que, mesmo em um ano difícil, mantivemos uma projeção ainda muito importante no cenário internacional. Esse trabalho foi possível graças à mobilização dos poderes públicos e dos editores franceses, que constituem toda uma cadeia absolutamente essencial.

Vicent Zonca, um dos apoiadores do Simpósio, é testemunha disso e nos apoia todos os dias junto aos responsáveis pelo Escritório do Livro no exterior. Pois é preciso salientar, igualmente, a importância dos conselheiros culturais ou adidos culturais das embaixadas, além, evidentemente, do trabalho cotidiano de todos os editores franceses, voltado para profissionais do livro em todo o mundo, realizado pelo Instituto Francês. E eu preciso, uma vez mais, ressaltar a enorme qualidade e importância desse setor no cenário internacional, que propõe ajuda à publicação em inúmeros países, suporte que permite que esse projeto francês possa nascer e se realizar. Isso é extremamente importante.

Como o Bief se situa nesse cenário? O Bief é uma associação que existe sob variadas denominações há quase 150 anos. Depois de todo esse tempo, nós começamos a ter uma certa experiência. A nossa ação diz respeito, basicamente, a três pontos:

1. Garantir a presença coletiva francesa no cenário internacional, nas grandes feiras internacionais do livro, como Guadalajara, Bologna, Frankfurt. Devemos lembrar que, no mundo todo, os grandes salões internacionais do livro sofreram com a crise sanitária. Ou seja, há um ano e meio, os encontros foram parcialmente substituídos por eventos digitais.
2. Organizar, na França ou no exterior, encontros com temáticas gerais. Por exemplo, há quinze dias eu estive em Bucareste em um encontro entre editores franceses e romenos de

livros infantojuvenis. São ocasiões de trocas muito frutíferas, falamos também de negócios, claro, mas, mais uma vez, graças aos adidos culturais e adidos do livro e a toda nossa rede, podemos trabalhar nesse tipo de evento conectando editores que os franceses já conhecem muito bem – sendo, nesse sentido, uma ocasião de reafirmar o contato –, mas também de discutir com novos associados, com recém-chegados de diferentes setores. Essas iniciativas nos permitem, por outro lado, atualizar nossos conhecimentos, contratos, anuários, enfim, melhor entender a lógica ou as lógicas de construção dos catálogos editoriais. Diferente dos salões e feiras do livros, onde a concentração se faz mais segundo objetivos de primeira ordem, esses encontros permitem aos profissionais um tempo maior para as trocas, um relacionamento direto.

3. Construir bases de dados, informações e documentos dos editores franceses para compreender os mercados mundiais, seja na forma de estudos, pesquisas gerais ou temáticas; seja na forma de anuários ou organogramas, os quais permitam, uma vez mais, ao profissional francês se beneficiar de informações muito práticas no seu *métier*, no seu ofício do dia a dia, para não perder tempo identificando bons agentes, bons atores para possíveis parcerias.

Uma vez mais, a crise sanitária foi ocasião de testar novas ferramentas. Acompanhamos o que os editores franceses passaram a fazer nesse novo cenário. E realizamos também catálogos digitais, por conta dos editores franceses, em muitos idiomas, inglês, espanhol, chinês, coreano, que puderam ser difundidos por *e-mail* ou pelas redes sociais para os editores no exterior. E estes materiais deram frutos. Fizemos muitos encontros virtuais, muitos *webinars* como este, em todas as plataformas, que nós passamos a conhecer na ponta dos dedos. Organizamos, além disso, no mês de maio, uma French Week, nossa primeira experiência de um verdadeiro encontro entre editores franceses e estrangeiros em uma plataforma digital – inclusive, muitos editores sul-americanos participaram desses encontros.

O que nos permitiu realizar vídeos com conteúdo sobre a realidade atual dos grandes setores editoriais na França, infelizmente com legendas em inglês e não em português, permitindo que se soubesse em alguns minutos qual era a realidade do mercado francês. Nossa intenção era criar materiais que pudessem antecipar os encontros com os franceses, por meio, por exemplo, da publicação de catálogos virtuais, os e-catálogos.

Testamos muitos formatos. Fizemos, por exemplo, vídeos que permitiram aos editores de quadrinhos apresentarem seus títulos de *best-seller*, sobre os quais eles consideravam haver um potencial mais importante. A ideia consistiu em expor, em apenas dois minutos, dois minutos e meio, um livro. E o Bief propõe, ao mesmo tempo, uma apresentação com páginas internas, com tradutores simultâneos. Nós percorremos e levamos a público uma série de formatos, e a ideia é verificar de que modo um programa presencial, mais tradicional, poderá se consolidar em um certo número de países, sobretudo na Europa. Digo Europa pela facilidade, proximidade e, também, por conta das leis sanitárias. Em outras regiões do mundo há restrições sanitárias ou administrativas que impedem os editores de viajar, muitas vezes os grupos que estão na França ou no exterior ainda instruem seus colaboradores a não viajarem. Na próxima semana ocorrerá a Feira de Frankfurt, normalmente um grande encontro mundial com sete mil editoras, mas, se nesse ano ela conseguir reunir quarenta por cento desse número, será o máximo. Ou seja, a retomada dos acontecimentos, dos eventos presenciais, vai ser progressiva. Ao menos nós podemos dizer que os editores franceses têm uma enorme vontade de parar com o Zoom e retomar o contato pessoal, se conseguirmos, se pudermos fazer isso, porque o nosso *métier* é um ofício de contato. Muitos projetos podem ser discutidos por Zoom, mas outros não, tem que ser pessoalmente, no cantinho do *stand* ou tomando um café. Os projetos se criam também em *off*, nessa retaguarda, no bastidor, e isso a gente não consegue digitalmente.

No primeiro encontro ocorrido na Romênia, sobre o qual havia falado anteriormente, nós tivemos muitos editores franceses disponíveis para participar da programação. Que eu saiba, a Romênia não costuma ser o destino preferido dos turistas. Portanto, há essa vontade de retomar o presencial, mantendo o que o digital tem de melhor, estabelecendo um equilíbrio entre os dois âmbitos. Ainda precisamos analisar o que teremos a propor aos editores franceses, considerando o impacto da crise sanitária sobre o orçamento, os métodos de trabalho, as dinâmicas dos editores, com vistas a novas participações em encontros internacionais. Continuamos atentos e prudentes às diferentes evoluções, zona por zona, país por país, para checar o que seremos capazes de fazer, também do ponto de vista orçamentário, para multiplicar o contato com os atores do setor.

São algumas palavras, mas eu já falei bastante para apresentar as ações do Bief. Obrigado. E, claro, estou à disposição para perguntas e questões, se houver.

MARISA MIDORI DEAECTO: Sr. Nicolas Roche, é um prazer recebê-lo aqui. Quando Vincent Zonca propôs a presença do diretor do Bief – nós já conhecíamos o Jean-Guy Boin – consideramos formidável essa possibilidade, porque, para além do debate sobre o preço único, havia essa relação tão longeva e forte entre editores e livreiros franceses e brasileiros. Não sei se o senhor sabe, mas os primeiros livreiros que aportaram no Rio de Janeiro, logo no finalzinho do século XVIII, eram de origem francesa, na verdade *colporteurs* que partiram da França, foram para Portugal e depois se instalaram no Rio de Janeiro.

Se o senhor me permite, eu tenho uma pergunta. A bibliodiversidade é o grande guarda-chuva que abriga nosso Simpósio. De modo que se a questão do preço único se apresenta como um ponto de partida, acreditamos que é preciso ir além. Gostaríamos de chegar a uma ideia, ou a múltiplas ideias, do que pode ser a bibliodiversidade hoje. Como o escritório internacional enxerga essa questão da bibliodiversidade? Particularmente a França, que tem uma presença tão forte na francofonia mundial, uma presença marcada sobretudo pelos livros. O que é a bibliodiversidade para o Bief? Vocês organizam campanhas? Ela está no horizonte de trabalho do Bief daqui em diante ou já existe uma campanha ou uma discussão nesse sentido?

NICOLAS ROCHE: Obrigado pela pergunta. Jack Lang com certeza já falou com vocês a respeito do aspecto da bibliodiversidade na Lei do Preço Fixo e a que ponto essa lei permitiu salvar a bibliodiversidade e de a levar adiante. No caso, se esse tema não entra completamente e de maneira específica na nossa missão, tampouco está ausente. Nós temos a vocação justamente de ajudar, de acompanhar os editores franceses qualquer que seja o tamanho de sua editora. Tanto os grandes grupos quanto as pequenas editoras independentes, ou as recém-criadas pequenas editoras. E para nós é muito importante afirmar alto e forte que nós ajudamos a todos da mesma maneira. Isso não é um mero discurso. Por exemplo, nós propomos condições de adesão de acordo com o perfil da *maison*, da casa editorial. Uma editora pequena, com um orçamento limitado, tem condições de associação com números muito mais reduzidos, que permitem a ela aderir e participar da estrutura do Bief. Isso abre a todos as mesmas chances de participação.

De modo geral, quando se pensa na edição francesa, há uma tendência em falar, antes de mais nada, de literatura e de ciências humanas e sociais, porque nós, e vocês também, fomos todos criados e crescemos com os grandes nomes da literatura francesa, grandes nomes das ciências humanas dos anos 1960 e 1970, Derrida, Foucault, enfim, essa música ainda ecoa em nossos ouvidos, isso ainda nos fala. Mas hoje há novas vozes, inúmeras novas vozes que é preciso ouvir. É claro que nós trabalhamos com literatura e ciências humanas, mas nossa abordagem e nosso desenvolvimento se faz da mesma maneira em todas as outras áreas. Há pouco falei dos números do Sindicato Nacional de Edição, falei do número de contratos assinados ano passado, mas é preciso saber que sessenta por cento desses títulos são de infantojuvenis ou quadrinhos. O que, evidentemente, é considerável e atesta a vitalidade desse segmento. Nós também temos a missão de levar adiante, dar um empurrãozinho, à ideia de que a França está muito presente em todas as áreas e que ela abarca todos os segmentos editoriais. Por exemplo, recentemente eu estava apresentando o mercado francês de quadrinhos, e a tendência é encerrar os quadrinhos ao público infantojuvenil. Mas na França o quadrinho também é representado pelo romance gráfico. E uma das especificidades do romance gráfico na França hoje é permitir falar de todos os temas a populações e públicos muito amplos e variados, quer sejam leitores de quadrinhos dos anos 1950 e 1960, que eram crianças naquela época e hoje se tornaram pais e que, portanto, oferecem quadrinhos para seus filhos lerem. Ou seja, os quadrinhos se tornaram intergeracionais, o que permite alimentá-los de outros temas que recobrem, podemos dizer, o conjunto das problemáticas sociais, políticas ou literárias. E o interessante do romance gráfico na França, comparado a outros países, é que ele abarca todos os temas. No encontro com nossos amigos romenos, percebemos que eles ficaram muito satisfeitos com essa bibliodiversidade. Ou seja, o que nós tentamos mostrar aos editores estrangeiros é que a edição francesa, nesse sentido amplo, se volta para todos os lados, atira em todas as direções, abarcando todos os tipos de suporte, dando conta disso.

Com frequência, fazemos a promoção – ainda sobre a sua pergunta – para saber de que modo isso se traduz para a indústria editorial. Eu não sei se é fácil falar de todos os temas sociais na Hungria ou na Polônia, por exemplo. Mas é importante explicar que na França, sim, nós franceses temos a intenção de tratar de todos os temas, muitas vezes de modo provocativo, com frequência somos recriminados, mas a intenção é afirmar em alto e bom som que fazemos isso. O setor editorial faz isso e nós os ajudaremos para que eles possam fazer isso também internacionalmente.

VINCENT ZONCA: Aqui no Brasil há uma tradição muito forte de tradução de livros de ciências humanas e sociais francesas dos anos 1960 e 1970. Mas nosso trabalho também é o de mostrar a bibliodiversidade contemporânea do que se está publicando agora na França, seja nos quadrinhos, seja no pensamento francófono e, de modo particular, no romance contemporâneo. Estamos planejando com o Bief e o Snel alguns encontros virtuais entre editoras brasileiras e francesas no primeiro semestre de 2022. Vai ser uma boa oportunidade para fortalecer esses vínculos profissionais entre editoras brasileiras e francesas a partir de várias temáticas: ficção, não ficção, quadrinhos, literatura infantil, livros ilustrados. Para finalizar, também queria dizer que estou muito feliz pela retomada dos eventos presenciais, principalmente, dos festivais literários. Por exemplo, na França teremos o Salon du Livre et de la Presse Jeunesse de Montreuil em dezembro de 2021, o Festival de Quadrinhos de Angoulême em janeiro e o Salon du Livre de Paris, em abril de 2022. Obrigado.

A LEI LANG E AS MUTAÇÕES DO LIVRO: BALANÇOS E PERSPECTIVAS (1981–2021)

JEAN-YVES MOLLIER

Quando foi adotada pelas duas casas, Senado e Assembleia Nacional [Câmara], em 30 e 31 de julho de 1981, para em seguida ser promulgada no *Journal Officiel de la République Française* [Diário Oficial], no dia 10 de agosto daquele mesmo ano, e finalmente aplicada em 1º de janeiro de 1982, a lei sobre o preço único do livro ainda era frágil. Votada por unanimidade pelos parlamentares tanto de direita quanto de esquerda, de Jacques Chirac (RPR) a Georges Marchais (PCF), na Assembleia Nacional[1], essa lei enfrentaria uma tempestade desencadeada pelos líderes das grandes redes de distribuição e comércio. Dois homens encarnariam esse combate de Golias contra Davi: André Essel, P-DG da Fnac, e Édouard Leclerc, dono da cadeia de hipermercados que ostenta seu nome. Em seu rastro, as grandes redes Auchan e Carrefour mantinham-se prontas para agir, persuadidas de que a lei sobre o preço único do livro as faria perder uma fatia do mercado, em especial, a disputada pelas livrarias de bairro, as mais ameaçadas pela "liberação" dos preços. Como nada é simples nesse domínio, Jack Lang foi obrigado a lutar no interior de seu próprio partido, o Partido Socialista, para enfrentar a má vontade do Ministro da Economia e Finanças, Jacques Delors, e a da Ministra do Consumo, Catherine Lalumière. Jack Lang falou mais de uma vez sobre seus temores face aos pesos-pesados da política, contra os quais o Ministro da Cultura mais parecia um pedaço de palha prestes a ser levado a qualquer momento pelo furacão desencadeado contra ele[2]. Em pleno Conselho de Ministros, convencido de que seus adversários obteriam, na última hora, a decisão final de François Mitterrand favorável a eles, Jack Lang passou um bilhete com um pedido desesperado a Gaston Defferre, Ministro do Interior, cuja esposa, Edmonde Charles-Roux, escritora extremamente respeitada, era sua aliada. "Gaston, salve-me!" Mais tarde, ele confessaria:

> Meu bilhete chegou às mãos de Gaston, ele o leu rapidamente e pediu a palavra – ele era dono da autoridade natural de um grande sábio, uma personalidade de destaque, prefeito de Marselha, Ministro do Interior... Era um príncipe. Ele disse: "Senhor presidente, o ministro da Cultura tem completa razão e, aliás, esse foi um dos pontos sobre os quais nos comprometemos, em nossas 110 proposições"[3]. Lang deixou escapar um grande ufa de alívio[4].

Descrito de modo dramático pelo romancista Mohammed Aïssaoui, a quem Jack Lang narrou essa passagem em 2021, o episódio coincide integralmente com a lembrança que têm outros ministros, mas escamoteia um elemento que havia pesado nas posições assumidas por uns e outros, o desejo de lutar contra a inflação e a alta de preços. Também de esquerda, como o Ministro da Cultura, mas prioritariamente preocupados em proteger o poder de compra das classes populares, Jacques Delors e Catherine Lalumière tinham a convicção de que a liberação de preços era a melhor muralha contra a alta destes. Convencidos de que a mão invisível do mercado corrige todas as suas imperfeições, esses liberais tinham persuadido a Comissão Cultural do PS, que, antes de 1977, era favorável à prática do *discount* (20% de redução) que a Fnac tinha inaugurado, quando abriu sua imensa livraria na rue de Rennes em Paris, em março de 1974.

Esquecendo-se de que essa chegada intempestiva de uma grande varejista cultural ao mercado agravava as dificuldades dos livreiros e dos editores de esquerda, como François Maspero, cuja loja símbolo, La Joie de Lire, situada no coração do Quartier Latin, rue Saint-Séverin, tinha começado a periclitar naquele ano, os defensores do liberalismo econômico não tinham aceitado bem o alinhamento pessoal de François Mitterrand à política do preço único, em novembro de 1977[5]. Em resposta aos pedidos de Jérôme Lindon, P-DG das Éditions de Minuit e presidente da Associação pelo Preço Único do Livro (APU), François Mitterrand impusera ao secretariado da Ação Cultural do Partido Socialista uma mudança de rumo radical. Sua carta a Jérôme Lindon teve efeito imediato, mas, como admitiria Bernard Pingaud, o escritor encarregado, no PS, das questões do livro, por ocasião do colóquio do IMEC sobre os vinte anos da Lei Lang[6], sua formação política e seu secretariado na Ação Cultural haviam enfrentado algumas dificuldades de adaptação a essa mudança de rumo, que dava as costas às posições anteriormente defendidas[7].

Para complicar ainda mais essa situação, é preciso lembrar que os próprios livreiros estavam divididos quanto a essa questão. A Federação Francesa dos Sindicatos de Livreiros (FFSL) aprovou a Portaria Monory, que em 1º. de julho de 1979 tinha "liberado" o preço do livro, o que desencadeou a cólera de um bom número de livreiros, os quais desertaram do sindicato e fundaram outro, de modo que os membros da APU formaram maioria[8]. O bom senso parecia dar razão a Jacques Delors e aos escritores socialistas que se opunham, por esse viés, a seus camaradas comunistas, que se alinhavam à política do preço único e eram partidários da nacionalização das Messageries Hachette, medida que havia figurado no *Programa Comum do Governo* da esquerda, em junho de 1972[9]. No fundo, se o desconto de 20% sobre o preço do livro seduzia os consumidores, qualquer que fosse sua ideologia ou visão de mundo, ele escondia cuidadosamente uma realidade que pouco tempo antes fora vivenciada pelos profissionais da música, a saber, o desaparecimento dos vendedores de discos, provocando uma rápida alta de preços, doravante impostos pelos controladores do setor. Jean-Baptiste Daelman, presidente da FFSL, sabia disso, mas esperava que a liberação de preços diminuísse o número de livreiros na França, com a sobrevivência somente de empresas cujo faturamento fosse suficiente para que pudessem obter descontos importantes dos editores. Suicida, essa estratégia teria provocado um terremoto, se levada adiante. Por isso foi necessário que Jérôme Lindon e os livreiros membros da APU dispendessem muita energia para convencer a esquerda e François Mitterrand, em 1977, e depois a direita, liderada por Jacques Chirac, em 1980-1981[10].

O MUNDO DO LIVRO NOS ANOS 1980-2000

Como se constatou depois de cinco ou seis anos de combates duros e muitas vezes ferozes, que se traduziriam na vitória da Cultura[11] e, sobretudo, na europeização da Lei Lang[12], quando o poder político quer, ele é capaz de vencer as forças econômicas unidas contra ele. Otimista e carregado de lições de esperança para os que se recusam a ceder à desesperança, frente à onipotência do mercado, essa constatação merece ser aprofundada à luz de um balanço das forças presentes. Com efeito, quando acontece o debate sobre o preço único do livro, a concentração no mundo da edição ainda não tinha demonstrado seus efeitos destruidores sobre a criação literária, e os GAFA[13], dentre os quais Amazon e Google, ainda não existiam. As redes de livrarias, em especial a Barnes and Noble, Borders e Waterstone's, mal começavam com a prática de descontos em grande escala, com o objetivo de dominar o mercado do livro nos Estados Unidos e na Grã-Bretanha. Foi só em 1975, um ano após a Fnac parisiense, que a Barnes and Noble, de início um grande livreiro nova-iorquino, modificou sua política de modo agressivo e passou a propor a seus clientes um desconto de 40% sobre o preço dos romances mais vendidos, segundo a classificação do *New York Times*. Entrava-se, assim, sem ainda ter medido os efeitos desestabilizadores sobre o mundo do livro, em uma nova era, que veria a quantidade se sobrepor à qualidade, e as livrarias expurgar de suas prateleiras as obras de vendas mais lentas e as que tinham mais de três meses de vida. Dali em diante, a rapidez de rotatividade dos estoques passaria a se transformar em critério de gestão das "lojas para ler", como eram chamadas no século XIX, e a poesia, bem como os gêneros considerados difíceis não mais teriam direito de cidadania nessas *stores* destinadas a prover um lucro rápido a seus acionistas.

Ao adquirir a rede de livrarias B. Dalton Bookseller e suas oitocentas lojas, em 1987, a Barnes and Noble tornava-se um gigante da distribuição de livros naquele país, e sua especialização na venda de volumes de escoamento rápido, posto em destaque por uma publicidade agressiva, inclusive na TV, provocaria o fechamento de inúmeras livrarias independentes, incapazes de resistir a uma concorrência desenfreada. Como esperar vender livros pelo preço habitual, quando um gigante onipresente na mídia, e aliás muito atrativo, com seus cafés Starbucks e suas poltronas confortáveis, postas à disposição da clientela, oferecia os mesmos livros a preços de liquidação? O resultado foi catastrófico para a rede de distribuição de livros nos Estados Unidos e, em 2008, não restavam mais do que 85 lojas B. Dalton no país, e a Barnes and Noble, atacada por seu turno pela Amazon, não dispunha senão de pouco menos de oitocentas lojas. Para o Borders Group, segundo livreiro americano, que tinha começado em Ann Arbor, no Estado do Michigan, em 1971, a queda foi bem mais dramática, pois o fechamento da rede e de suas quinhentas lojas, em 2011, provocou a supressão de cerca de vinte mil empregos. Na Grã-Bretanha, onde a rede Waterstone's tinha surgido, em 1982, as mesmas causas provocaram consequências idênticas e o grupo enfrentou, após 2000, a concorrência terrível da Amazon, obrigando-se a rever completamente sua estratégia, para não desaparecer. Formado por W. H. Smith, o grande distribuidor britânico, Tim Waterstone transformou profundamente seu grupo em 1998, integrando-o ao HMV Media Group, que vendia sobretudo produtos eletrônicos; e, apesar de ter se tornado o primeiro livreiro europeu, em 2000, teve sérias dificuldades em 2011, deixando entrever a possibilidade do fechamento puro e simples de suas lojas. Assumido por um fundo especulativo em 2018, rebatizado Waterstones, o grupo comprou a prestigiosa livraria Foyles de Londres, considerada a livraria mais gigantesca do mundo, com mais de cinquenta quilômetros de prateleiras[14], com a intenção de conservar uma parte importante de sua atividade no domínio do livro.

A história dessas redes de livrarias, com equivalentes nos Países Baixos, na Rússia, na Austrália e na Ásia é interessante sob mais de um aspecto, porque ilustra a rapidez com a qual uma inovação pode se produzir no mundo do livro e, também, desaparecer como um meteoro, menos de dez anos após seu surgimento. Em 2000, quando a Amazon, criada em 1994 por Jeff Bezos, acabava simplesmente de entrar em Wall Street, era o grupo Barnes and Noble que parecia ameaçar os líderes da edição americana. Por sua capacidade de difusão de livros de venda rápida, impressos a várias dezenas ou centenas de milhares de exemplares, e presentes em seu milhar de livrarias no mesmo instante, esse líder parecia ditar aos grandes editores uma parcela de sua linha editorial[15]. Em 1999, em *L'Édition sans Éditeurs*, André Schiffrin escrevia: "Durante os últimos anos, as redes passaram a ocupar um espaço enorme nos Estados Unidos, onde elas vendem atualmente mais de 50% dos livros disponíveis no comércio (em 1996, elas representavam 'só' 45,5%, o que demonstra a rapidez da progressão). Os livreiros independentes não correspondem senão a 17% das vendas e esse número diminui a cada ano"[16]. Note-se que esse percentual é inferior àquele que dividiram entre si, em 2020, as livrarias francesas que permaneceram independentes, ou seja, 19% contra 27% para os espaços especializados, 18,5% para os espaços não especializados, 21% para a venda pela Internet, e 7,5% para os clubes de venda por correspondência[17]. Isso prova a eficácia da Lei do Preço Único do Livro em manter uma rede de livrarias independentes em um país que, de outra forma, teria sofrido a erosão de parcelas do mercado, como ocorreu nos Estados Unidos, na Grã-Bretanha e praticamente no mundo todo.

Antes de voltar às consequências positivas ou favoráveis de uma lei desejada pelo meio político, enfrentando a oposição dos agentes econômicos, convém ter em mente a outra grande tendência dos anos 1980-2000, ou seja, a concentração no domínio da edição. André Schiffrin analisou esse fenômeno em *L'Édition sans Éditeurs* em 1999 e voltou a ele em suas publicações posteriores, *The Business of Books*, de subtítulo *How International Conglomerates Took Over Publishing and Changed the Way We Read* (*Como os Conglomerados Internacionais Assumiram o Controle da Edição e Mudaram Nossa Forma de Ler*)[18] e *Le Contrôle de la Parole. L'Édition sans Éditeurs, Suite*[19]. Nós mesmos, já em 1988, em *L'Argent et les Lettres. Histoire du Capitalisme d'Édition*[20], tínhamos mostrado a que ponto esse fenômeno era antigo e remontava à segunda metade do século XIX, no momento exato em que as indústrias se transformavam em verdadeiros impérios, nos países mais industrializados, Grã-Bretanha, França e nos Estados Unidos, em particular. Neste último país, o espetáculo circense, dominado pela figura de Phileas T. Barnum, que fez sua aparição bem antes do cinema, às vésperas da Primeira Guerra Mundial, modificou profundamente esse setor da economia. Na França, o crescimento vertical e horizontal da Livraria Hachette, após 1850, tinha feito daquele gigante um império com mais de mil quiosques em estações de trem, muito antes de 1914[21] e, na Grã-Bretanha, William H. Smith era dono de uma rede de distribuição tão poderosa quanto, mas sem tentar controlar o mundo da edição britânica, diferentemente do que fizera a Hachette, em relação à França.

Ao se concentrar nos Estados Unidos, nos anos 1980-2000, André Schiffrin dramatiza uma situação vivenciada na própria carne, pois, como filho de Jacques Schiffrin, um dos fundadores da Panthéon Books, ele preferiu deixar a direção da empresa, em 1991, quando viu financistas absolutamente ignorantes, no que toca às idiossincrasias do mundo do livro, assumirem o setor, pretendendo impor a ele uma lógica econômico-financeira, no lugar da lógica industrial que havia prevalecido até então. Longe de recusar o lucro e se refugiar na fantasia da economia moral, o antigo dono da editora, que havia publicado Boris Pasternak e tantos outros escritores ilustres, continuava defendendo um modelo editorial que perdia espaço. Na Grã-Bretanha, havia-se observado, na mesma época, a substituição dos *gentlemen publishers* pelos *businessmen publishers*, mas na América do Norte o fenômeno era mais preocupante, pois tratava-se, com o surgimento de um Rupert Murdoch e de outros financistas do mesmo tipo, de transformar o livro em um produto como os outros, destinados tão somente a gerar o maior lucro possível, o mais rápido possível. Todos os meios eram bons para atingir um rendimento do capital investido superior a 10% por ano, e o livro de escoamento lento, o livro de poesia, de teatro, o romance que fugisse aos padrões do momento, o ensaio de reflexão que exigisse uma leitura atenta, já não tinham mais espaço em tal economia de consumo de produtos *main stream*.

Se pensarmos que só umas poucas centenas de *O Vermelho e o Negro* e *A Cartuxa de Parma*, de Stendhal, assim como os primeiros romances de Virginia Woolf, se venderam, e que, em outro gênero bem diferente, *O Mediterrâneo e o Mundo Mediterrâneo na Época de Filipe II*, de Fernand Braudel, não passou da marca de trezentos exemplares nos primeiros anos de exploração comercial, veremos que isso nos proíbe considerar o livro como um simples produto comercial e industrial. Com frequência comparado a um protótipo, porque cada obra é diferente das que a cercam, e porque é impossível prever a venda da obra de um autor cujo nome não é conhecido pelo grande público, o livro deveria supostamente manter a edição fora da esfera da grande produção. Todavia, certas evoluções anteriores à Segunda Guerra Mundial poderiam sugerir uma deriva desse setor, mas, globalmente, até os anos 1960-1970, ele parecia estar ao abrigo dos solavancos que tinha modificado profundamente a indústria automobilística e, em seguida, a indústria química e o mundo das finanças. Na França, o P-DG de Presses de la Cité, ancestral do Groupe de la Cité (1988) e da Vivendi Universal Publishing (1998)[22], Sven Nielsen, declarava querer modificar profundamente o aspecto exterior de seus livros, eliminando "as capas em estilo camisola" das edições Gallimard, substituindo-as por “cartazes publicitários”[23], mas ele ainda era uma voz solitária, na época em que fez essa declaração (1968) e Presses de la Cité publicavam, sobretudo, romances policiais ou livros de amplo consumo.

Mas a estratégia deu certo, porque ele conseguiu, num primeiro momento, agrupar em torno de sua editora antigas marcas de prestígio: a Plon, depois a Librairie Académique Perrin, as editoras Julliard e Robert Laffont e, no final de 1987, assistiu-se à constituição do primeiro verdadeiro grupo de edição na França, o Groupe de la Cité. Reunindo duas entidades distintas, de um lado, Presses de la Cité, de outro, CEP-Communication, agência Havas e as editoras Bordas, Larousse e Nathan, assim como um conjunto de jornais profissionais, ele só fez crescer, embora tenha, não muito tempo depois, sido absorvido pela Compagnie Générale des Eaux (Companhia Geral de Águas), acionista majoritário da Havas. Rebatizada de Vivendi, essa empresa francesa assumiria como modelo de desenvolvimento o dos grupos de comunicação mundiais constituídos a partir do início dos anos 1990, a AOL-Time Warner, ou a CBS-Viacom. Depois de comprar a empresa canadense Seagram para dispor dos estúdios de cinema americanos Universal, o novo conglomerado, agora intitulado Vivendi Universal, se instalaria em Nova York, e o Groupe de la Cité, seu braço editorial, passava a ser Vivendi Universal Publishing, um dos novos líderes mundiais, atrás somente da Pearson, Bertelsmann, Reed Elsevier e Wolters Kluwer. Todavia, a desintegração dos grupos de comunicação, menos de dez anos depois de sua entrada em cena, provocaria a venda da Time Warner Book Group à Hachette em 2006, lembrando que tinha sido essa mesma empresa, no segundo semestre de 2002, a controlar a VUP, vendida em leilão após o desmonte da Vivendi Universal, provocado pelas dificuldades financeiras de seu P-DG, Jean-Marie Messier[24].

O que retemos desses fenômenos de concentração e agrupamento de empresas, em escala nacional e em seguida internacional, é seu caráter eminentemente errático e dificilmente previsível, pois os grupos de comunicação não ultrapassaram o umbral de dez a quinze anos de existência, como as grandes cadeias de livrarias, que desapareceram do espaço público ou foram obrigadas a rever suas ambições para baixo. A Barnes and Noble já não tinha mais condições de ditar aos editores suas estratégias, a não ser à AOL-Time Warner, impondo uma política destinada a transformar o livro em mero apêndice do cinema e da televisão. Aliás, nessa esfera, a chegada em massa das séries televisivas modificou profundamente a paisagem, e é bem possível que o reinado dos estúdios e das *nickelodeon*, as salas de cinema que se transformaram em vetores de força dos gigantes do setor, esteja em vias de desaparecer, outro sinal do profundo esfacelamento sofrido pelas indústrias culturais nos últimos dez anos. Se acrescentarmos a isso que os *videogames* não fazem senão abocanhar cada vez mais fatias do mercado, compreende-se que a instabilidade se transformou numa constante do setor, que no entanto atravessou sem solavancos o período de pandemia dos anos 2020-2021.

A ERA DOS GAFA, OS ANOS 2000-2020

Em 2004, a empresa Google decidiu formar a mais gigantesca biblioteca que a humanidade já teve e torná-la paga para os utilizadores, o que alarmou os meios acadêmicos e a comunidade intelectual. O programa Google Books Print contou de início com a colaboração das grandes bibliotecas acadêmicas norte-americanas, em seguida das europeias, e com a digitalização às cegas, sem fazer a distinção entre livros que caíram no domínio público e obras sobre as quais ainda incide o direito autoral, o que provocou a ira das sociedades de autores e sindicatos de bibliotecários. Todavia, uma portaria do Supremo Tribunal dos Estados Unidos validou, em abril de 2016, a estratégia do grupo californiano, não aceitando os argumentos apresentados por seus adversários. Naquele momento proprietária de uma base estimada em 25 ou 30 milhões de volumes digitalizados[25], a empresa Google conseguiu aniquilar tentativas como a de Robert Darnton, então diretor das bibliotecas de Harvard, que tinha depositado todas as suas esperanças em um projeto concorrente, a Digital Public Library of America (DPLA)[26], o equivalente, de certa forma, à Gallica, na França, e à Europeana, na Europa. Iniciada em 2010 sob o enérgico impulso do historiador americano do livro, a DPLA se beneficiou do contexto judicial que impediu o Google de se aproveitar plenamente do fato de ser precursor, antes de abril de 2016, data na qual sua concorrente tinha então condições de oferecer gratuitamente aos utilizadores uma boa parte do material proposto, a título oneroso, pela Google Books[27]. A mobilização, na retaguarda de Robert Darnton, de um considerável número de instituições norte-americanas acabou por ser útil, pois atrasou a decisão do Supremo Tribunal, privando assim parcialmente a empresa Google da vantagem representada por sua biblioteca digital paga[28].

Pela segunda vez, podemos constatar o que a vontade política de um homem ou de um grupo, neste caso uma comunidade, a dos cientistas hostis ao monopólio dos GAFA, é capaz de fazer, mesmo quando as forças do mercado se desencadeiam contra ela. É bem verdade que Robert Darnton não conseguiu que a empresa Google pusesse toda sua biblioteca à disposição da DPLA, mas a Google Books perdeu boa parte do interesse que ostentava abertamente quando de seu lançamento. Só podemos lamentar que os diretores de grandes bibliotecas acadêmicas tenham cedido facilmente ao canto das sereias, sem dúvida porque suas instituições não tinham entendido que era preciso imitar Ulisses e amarrar com cordas bem resistentes esses diretores versáteis e esquecidos dos deveres de uma instituição de leitura pública. Que bibliotecas privadas tenham escolhido juntar-se à Google Books é compreensível, já que elas são obrigadas a se dobrar a imposições financeiras rigorosas, mas que a Biblioteca Municipal de Lyon tenha aderido, isso é mais difícil de aceitar. Depois de um processo judicial, um grupo de advogados e juristas obrigou a Google e o diretor da Biblioteca Municipal de Lyon, Patrick Bazin, a publicar o texto do acordo secreto que os unia[29]. Pelo direito francês, nenhuma instituição pública pode firmar acordos sem levá-los ao conhecimento do público, que financia, por meio dos impostos locais, os organismos públicos. O culto do segredo elevado à posição de virtudes cardinais da gestão dos GAFA é signo importante do desprezo que essas empresas têm pelos valores democráticos, mas sua derrota nos tribunais de Lyon é mais um sinal de alento[30].

Por ocasião do colóquio da BNF (Biblioteca Nacional da França), organizado em torno da questão do patrimônio digital, em 2009, eu observara, em presença de Bruno Racine, presidente da BNF, que muito antes de a empresa Google aparecer, em 1992, quando a Biblioteca Nacional ainda estava instalada em seu endereço histórico, na rue de Richelieu, em Paris, ela havia assinado com um certo número de autores e editores contratos relativos à digitalização de certos livros considerados prioritários. O acaso faz bem as coisas, como se diz, pois eu conservei o exemplar do contrato firmado entre a BNF e a editora Fayard para a digitalização de *L'Argent et les Lettres. Histoire du Capitalisme d'Édition*, datado de 6 abril de 1992[31]. Apesar de esse projeto, ligado ao que ainda chamávamos de a "Imensa Biblioteca" (1990), antes de ela vir a ser a BNF (1998) não ter se realizado, a existência do contrato e de outros similares mostra que se a França tivesse perseverado em seu projeto de digitalização do patrimônio das bibliotecas e tivesse transformado isso em um programa intensivo, a Google Books nunca teria surgido, pois a empresa mãe, Google, só se instalou em Mountain View, na Califórnia, em 1998[32]. É vertiginoso pensar no atraso das instituições públicas de leitura no início do século XXI, quando no final do século anterior elas tinham todos os trunfos para lançar uma imensa biblioteca digital mundial, que se tornaria a soma de todas as bibliotecas nacionais interconectadas sob a égide, por exemplo, da Unesco! É bem verdade que a Gallica nasceu em 1998 e a Europeana em 2008, mas, nesse ínterim, a Google Books começou a operar, em 2004, firmemente decidida a barrar todos os projetos concorrentes e a lucrar o máximo possível com a lentidão e a incapacidade de chegar a um entendimento que as outras instituições demonstravam.

Até mesmo a BNF acabou assinando um acordo de parceria com esse imenso depósito de dados digitais que é a Google Books, provocando uma querela entre dois de seus antigos presidentes. O primeiro, Jean-Noël Jeanneney, que ocupou a função de 2002 a 2007, opunha-se ferrenhamente à entrada da empresa Google na BNF, e expressou isso num livro cujo título é bem significativo, *Quand Google Défie l'Europe (Quando o Google Desafia a Europa)*, publicado em 2005 e imediatamente traduzidoem várias línguas[33]. O segundo respondeu a ele, de certa forma, publicando *Google et le Nouveau Monde* (*Google e o Novo Mundo*)[34] em 2010, mas é verdade que ambos participaram de um volume coletivo, batizado tranquilamente de *La Révolution du Livre Numérique* (*A Revolução do Livro Digital*), como sinal de uma preocupação ecumênica. A obra pretendia ser um balanço objetivo, em lugar de se apresentar como objeto de um debate entre a esquerda e a direita no tabuleiro da política francesa[35]. Editores como Teresa Cremisi, então P-DG da Flammarion, ou o agente literário, François Samuelson, desenvolveram seus pontos de vista. Mas foi uma filósofa, Alexandra Laignel-Lavastine, quem coordenou a obra, sinal de quão ampla era a revolução em curso. O aspecto jurídico assumido, concretização da oposição de escritores e bibliotecários americanos à empresa californiana, não havia extinguido sua polêmica nos Estados Unidos, mas a partir da portaria promulgada pelo Supremo Tribunal, em 2016, os ânimos se acalmaram, sobretudo porque, como dissemos, a Digital Public Library of America, Europeana e Gallica, assim como outros projetos similares, ou próximos, reduziram as ambições e o raio de ação do gigante de Mountain View.

Como tudo acontece depressa no Brave New World, que é o nosso há cerca de trinta anos, foi um outro cavaleiro do apocalipse que surgiu no horizonte, em 2004 – Amazon. Ela, que se tornou a empresa mais rica do planeta em 2018, com 840 bilhões de dólares de capitalização na Bolsa de Valores, e um milhão de funcionários no mundo, em 2021, comprou a Metro Goldwyn Mayer no primeiro semestre desse mesmo ano, além de se dotar de drones capazes de entregar seus pacotes em qualquer lugar do planeta. Quando ela afirmou ser "a maior livraria do mundo", em 1997, a cadeia de lojas Barnes and Noble a processou por publicidade enganosa, mas o caso terminou com um arranjo amigável, exatamente comparável ao que seria feito com o Walmart no ano seguinte. Todavia, foi em novembro de 2014 que a empresa de Seatle conseguiu sua maior vitória, quando obrigou o Hachette Book Group a baixar os braços e entregar as armas mostradas com veemência alguns meses antes. A questão tinha começado no momento da negociação do contrato entre a Hachette e a Amazon, para a comercialização pela Internet de seus livros digitais. Duas estratégias se opunham, então: a da Hachette, mas também da Simon and Schuster e dos editores em geral, que consistia em manter artificialmente em nível elevado o preço dos livros vendidos em formato digital, a fim de não conceder a eles uma vantagem comparativa, relativamente aos preços de venda dos livros impressos; e a estratégia da Amazon, para a qual só o que conta é vender a maior quantidade possível de objetos, sejam eles impressos ou em arquivo digital[36].

Jeff Bezos, cuja ambição não era só transformar sua empresa na número um de Wall Street, mas impor sua lei a todos com quem tratasse ou que cruzassem seu caminho, quis obrigar os líderes da edição mundial a baixar de modo significativo seus preços. Foi o que levou a Hachette a romper seus acordos, antes de ceder, alguns meses depois, por temor de ver a empresa californiana retirar de seus *sites* toda e qualquer referência aos seus catálogos. Simon and Schuster também acabou por se vergar a suas exigências, em 2015, e, tanto em um quanto no outro caso, meros comunicados lacônicos informaram o público sobre o fim dos diferendos, mas o conteúdo dos novos contratos permaneceu secreto, e a Amazon continua correndo na frente, decidida a dominar o universo da distribuição. Quando, na França, a lei proibiu que se oferecesse frete grátis de livros, em 2016, a Amazon não hesitou em faturar seus fretes a um centavo de euro, a fim de conservar sua posição dominante. Uma lei está atualmente em discussão no Parlamento, a fim de impor uma espécie de "garfo" de preços do envio dos pacotes – sem dúvida entre três e cinco euros – o que equivaleria a devolver às livrarias menores um espaço para praticar, elas também, a venda pela Internet. Essa disposição legal viria completar a Lei Lang, suprimindo uma das brechas encontradas pela grande distribuição, ou pelos gigantes do comércio eletrônico, para escapar das imposições da legislação.

Se Facebook e Apple, os dois outros GAFA, além da Microsoft, se preferirmos falar de GAFAM, são menos presentes no mercado do livro do que Google e Amazon, isso não significa que amanhã eles não decidam se introduzir nesse mercado, que continua muito atrativo. Outras empresas do setor da net-economia juntaram-se às fileiras desse exército, como Twitter, cujas mensagens em 280 caracteres podem ter um impacto sobre o tempo médio de concentração dos leitores. À força de reduzir o tempo de vigília e atenção necessários para tomar conhecimento de uma informação, de uma publicidade ou de uma mensagem, esses gigantes da comunicação influenciam a capacidade de leitura dos consumidores. Já assistimos, atualmente, às universidades francesas promoverem, ano após ano, um concurso de desempenhos orais intitulado "minha tese em 180 segundos", o que dá vantagem aos saltimbancos ou sofistas, que sabem melhor do que os pesquisadores o que convém às multidões, como ilustrou de modo caricatural a presidência de Donald Trump nos Estados Unidos. Seus *tweets* diários, até que ele fosse banido daquela mídia por ter incitado seus partidários a invadir o Capitólio, ficaram famosos em razão da imaturidade e da megalomania do autor, mas eles tinham dezenas de milhões de leitores assíduos e persuadidos que seu presidente era o único capaz de devolver ao país a grandeza do passado.

QUAL O BALANÇO DE UMA LEI DE DEFESA DA LIVRARIA?

Quarenta anos depois de ter sido votada e promulgada, a Lei Lang continua sendo comentada e, em plena pandemia de Covid-19, em 2020, ela ganhou um novo sopro de vida, quando o fechamento das livrarias, decretado durante o primeiro confinamento, levou de chofre o público a se questionar sobre o que é a livraria, fundamentalmente. Enquanto o Sindicato da Livraria Francesa (SLF) incentivava seus filiados a respeitar as determinações governamentais e fechar suas lojas, inúmeros livreiros dissidentes continuaram a atender os pedidos de seus clientes. Praticando o *click and collect*, antes mesmo que a expressão fosse adotada, recebendo pedidos por telefone e entregando os pacotes a bicicleta ou de carro, eles assumiram um serviço público que o Estado tinha abandonado ao fechar também as bibliotecas e mediatecas. Quem tinha livros em quantidade em casa não ficou incomodado com essa situação e a releitura dos clássicos, como *A Peste*, de Albert Camus, ou *Diário do Ano da Peste*, de Daniel Defoe, além dos romances e contos de Franz Kafka, parecia ser a resposta ideal a uma situação no mínimo de tormenta. Contudo, para os demais, os que não tinham uma biblioteca particular, não havia outra solução a não ser se voltar para as séries de TV ou os *videogames*, que bateram recordes de audiência naquele período.

A polêmica que opôs os livreiros dissidentes e seu sindicato ecoou no espaço público e, no mês de abril de 2020, a revista de classe *Livres Hebdo* abriu sua tribuna digital a quem contestava o imobilismo do Sindicato da Livraria Francesa. O sociólogo Claude Poissenot recebeu uma saraivada de críticas, da parte dos dirigentes do SLF, por ter ousado afirmar o caráter "indispensável" do livro[37], mas nossa tomada de posição extremamente firme, publicada dez dias depois, sob o título "La Librairie, un Commerce Vital" ("A Livraria, um Comércio Vital")[38], obrigou o SLF a abandonar sua posição absurda e entender que era preciso se aproveitar das circunstâncias para colocar a livraria no cerne de um debate sobre o papel do livro em nossas sociedades. Reabertas, juntamente com o restante do comércio, em 11 de maio de 2020, depois de permanecerem fechadas por dois meses, as livrarias se beneficiariam de uma lei de exceção um ano depois, por ocasião do segundo confinamento, em razão do caráter então reconhecido como "essencial", pelo governo, em decreto de 25 de fevereiro de 2021. A França surpreendeu um bom número de observadores estrangeiros por ter assumido essa posição singular, em consonância com a política de exceção cultural que ela, França, havia tantas vezes defendido anteriormente. Para além da inscrição de uma medida política no longo prazo, podemos ver uma consequência indireta da lei sobre o preço único dos livros, adotada em 1981.

A questão da leitura sempre suscitou polêmicas na França e podemos facilmente recuar ao século XVIII, ao momento em que os pioneiros da leitura pública militavam pela reforma da instrução universal, por perceber as premissas das oposições ferrenhas entre duas concepções de mundo. No século XIX, a questão das bibliotecas populares e da imprensa de grande tiragem também foi objeto de enfrentamentos, até mesmo no Parlamento, que votou, em julho de 1850, um imposto aberrante, que incidia sobre as brochuras[39]. A transformação, em 1936, das "bibliotecas paroquiais" em "bibliotecas para todos" foi um primeiro sinal da evolução de mentalidade e, após 1970, cidades de direita e de esquerda priorizaram dispor de soberbas midiatecas, demonstrando a importância que conferiam aos equipamentos culturais. Foi nesse contexto que a Lei Lang saiu vitoriosa. Em um momento no qual a unanimidade política que se manifestava na Assembleia Nacional atestava uma modificação de primeira importância, com os oponentes não mais no campo dos ideólogos reacionários, mas sim no campo do mercado e de seus aduladores. A oposição entre Jack Lang e Jacques Delors, no interior do próprio Partido Socialista, assumiu um sentido completamente diferente, com os "liberais", no sentido francês do termo[40], defendendo não as liberdades individuais e do cidadão, mas as das grandes empresas e conglomerados, considerados indispensáveis ao bom funcionamento da economia.

Em conclusão, insistiremos na capacidade de homens e mulheres de se opor às tendências brutas do mercado, quando certas questões vitais se colocam. Mesmo que possamos considerar um tanto grandiloquente a expressão "o pão do espírito é tão indispensável aos homens quanto o pão feito pelo padeiro", o que quisemos foi reafirmar o papel essencial do livro. Quando um editor como Michel Lévy explicava a George Sand que ele queria, graças às coleções de livros a um franco (cinco euros atuais), criar uma necessidade de ler tão importante quanto a de comer e beber[41], ele queria, é bem verdade, estender ao infinito a difusão de suas coleções, mas, ao mesmo tempo, ele afirmava sua fé nesse objeto estranho que há milênios os livreiros se esforçam em espalhar pelo universo. Comerciantes, mas também transmissores do conteúdo dos livros, portanto mediadores culturais, eles só conseguiram sobreviver às idas e vindas da História reinventando-se permanentemente. Porém, sem o apoio dos poderes públicos e da opinião pública eles teriam sido incapazes de dar continuidade à sua atividade. A Lei Lang, que se tornou uma espécie de bem nacional, um patrimônio comum a toda a nação, pelo consenso que ela reúne em torno de si, é portanto a prova viva de que em certas circunstâncias a vontade humana é sem limites.

NOTAS

1 No Senado, em 30 de julho, ela havia obtido 276 votos a favor e somente nove contra.

2 Mohammed Aïssaoui, "La Loi Lang, le Succès, c'Est Tomber Sept Fois, se Relever Huit", *Que Vive la Loi Unique du Prix du Livre! La Loi Lang a 40 Ans*, Paris, Association Verbes, 2021, pp. 26-35.

3 As "110 proposições" do Partido Socialista continham a totalidade do programa do candidato François Mitterrand à eleição presidencial de 10 de maio de 1981. Em 1974, defendeu o Programa comum de governo dos três partidos de esquerda – o próprio Partido Socialista (PS), o Partido Comunista Francês (PCF) e o Movimento dos Radicais de Esquerda (MRG) – que Miterrand concorreu à eleição. Derrotado naquele ano, ele manteve o programa até 1977, quando o fracasso das negociações que tinham o objetivo de atualizá-lo levou os três partidos a voltarem a sua autonomia. O PS pôs então as "110 proposições" do candidato François Miterrand no lugar do antigo programa dos três partidos de esquerda, o Programa comum de governo.

4 Mohammed Aïssaoui, , "La Loi Lang, le Succès, c'Est Tomber Sept Fois, se Relever Huit", pp. 32-33..

5 A carta de François Mitterrand a Jérôme Lindon data de 17 de novembro de 1977. Ela precisa de imediato o alcance de sua adesão à política de preços defendida pela APU: "Depois de uma reflexão madura, o Secretariado Nacional de Ação Cultural do Partido Socialista está convencido, pelas razões indicadas em sua carta, que efetivamente o preço único é a melhor solução em matéria de tarifação do livro" (citado em *Que Vive la Loi Unique du Prix du Livre*, p. 16).

6 Em abril de abril de 2003 acontecia na abadia de Ardenne, sede do Instituto Memórias da Edição Contemporânea (IMEC), o colóquio que reunia a maior parte dos protagonistas do setor na época, tanto Jack Lang como seus oponentes, André Essel em especial. As decisões foram publicadas três anos depois, sob outro título, *Le Prix du Livre. 1981-2006. La Loi Lang*, Paris, Comité d'Histoire du Ministère de la Culture/IMEC, 2006.

7 Bernard Pingaud, em *Le Prix du Livre. 1981-2006. La Loi Lang*, pp. 70-71: Isso realmente nos incomodava, enquanto socialistas, o fato de apoiar uma medida que ia de encontro à baixa de preços. [...] As livrarias tradicionais não eram muito abertas ao grande público, nós havíamos discutido com Jérôme Lindon e Raymond Péju, o livreiro de Lyon que era o ponta de lança da operação [a campanha promovida pela APU] e nos demos conta que, do ponto de vista democrático, era desejável que todo mundo, em todos os pontos do território francês, e não somente nas Fnac, pagasse o mesmo preço pelo livro".

8 Anunciada em 10 de janeiro de 1979 e assinada em 23 de fevereiro, a Portaria Monory, nome do Ministro da Economia da época, substituía o "preço recomendado", proposto pelo editor (ou "preço marcado"), pelo "preço líquido", na realidade um preço que variava segundo cada livraria, em função dos acordos de desconto negociados com cada editor.

9 Inscrita no capítulo V da terceira parte do *Programa Comum de Governo*, essa medida desapareceu das "110 proposições" do candidato François Mitterrand, que era ligado aos dirigentes da Hachette desde seus primeiros tempos na política. Em 1945, tendo cedido aos argumentos de quem o financiava havia muitos anos. Ver Jean-Yves Mollier, *L'Âge d'Or de la Corruption Parlementaire – 1930-1980*, Paris, Perrin, 2018, pp. 291-292, e, para o financiamento de François Mitterrand, por ocasião da eleição presidencial de dezembro de 1965 e as eleições legislativas de março de 1967, pp. 273-282.

10 Ver Patricia Sorel, *Les Libraires, les Editeurs et la Loi Lang. Un Combat pour le Livre (1974-2008)*, Paris/Villeurbanne, École Nationale des Chartes/Presses de l'Enssib, 2021, p. 85, sobre a adesão de Jacques Chirac, em 1980, às posições da APU.

11 Foram todavia necessárias quatro portarias sucessivas da Corte Europeia de Justiça, entre janeiro de 1985 e julho de 1988, para que os adversários da Lei Lang cessassem suas manobras destinadas a combatê-la ou desvirtuá-la. Ao importar da França livros supostamente impressos na Bélgica, a Fnac e os centros Édouard Leclerc pensavam

ter ganho a parada mais decisiva, mas não obtiveram aprovação nem da Comissão Europeia, nem da Corte de Justiça Europeia (CJE), as mais altas autoridades na matéria (ver *Le Prix du Livre – 1981-2006. La Loi Lang*).

12 Um preço único de venda de livros é hoje aplicado na Áustria e na Alemanha, na Bélgica e Países Baixos, na Itália, Grécia, Dinamarca, Noruega, assim como na Hungria e Eslovênia, e a questão de uma disposição comum aos 27 países membros da União Europeia permanece em discussão. Na Suíça, apesar de amplamente aprovada nos cantões francófonos, essa medida foi rejeitada por uma "votação" popular.

13 GAFA, hoje GAFAM: Google, Apple, Facebook, Amazon, Microsoft (N. da T.).

14 Jean-Yves Mollier, *Histoire des Libraires et de la Librairie depuis l'Antiquité jusqu'à nos Jours*, Paris/Arles, Imprimerie Nationale Éditions/Actes Sud, 2021.

15 Philippe Lane, "La Librairie, Nouveau Moteur de l'Édition ?", *Où Va le Livre?*, sous la dir. de J.-Y. Mollier, Paris, La Dispute, 2002, pp. 93-105.

16 André Schiffrin, *L'Édition sans Éditeurs*, Paris, La Fabrique, 1999, p. 78.

17 *Économie du Livre. Le Secteur du Livre: Chiffres-Clés 2018-2019*, Paris, Ministère de la Culture, 2020.

18 André Schiffrin, *The Business of Books*, London/New York, Verso, 2001.

19 André Schiffrin, *Le Contrôle de la Parole. L'Édition sans Éditeurs, Suite*, Paris, La Fabrique, 2005.

20 Jean-Yves Mollier, *L'Argent et les Lettres. Histoire du Capitalisme d'Édition*, Paris, Fayard, 1988.

21 Jean-Yves Mollier, *Édition, Presse et Pouvoir en France au XXe Siècle*, Paris, Fayard, 2008.

22 *Idem*, pp. 364-370.

23 *Idem*, p. 306.

24 Sobre todos esses episódios de concentração, ver Jean-Yves Mollier, dir., *Où Va le Livre. Édition 2007-2008*, Paris, La Dispute, 2007; e Jean-Yves Mollier, *Édition, Presse et Pouvoir en France au XXe Siècle*.

25 A quantidade de objetos impressos é superior à de livros, mas a estimativa de 20 a 25 milhões digitalizados é plausível.

26 Robert Darnton, "La Bibliothèque Numérique Américaine est Lancée", *Bulletin des Bibliothèques de France (BBF)*, n. 5, pp. 6-10, 2013.

27 Surgida em 2004 sob a denominação de Google Books Print, conhecida em seguida como Google Books Search, a Google Books agrupa hoje vários serviços diferentes: uma ferramenta de pesquisa intratexto ou de consulta de livres *on-line*, uma livraria *on-line* e várias outras funções.

28 Numa bibliografia extremamente abundante, ver Bruno Racine, *Google et le Nouveau Monde*, Paris, Plon, 2010; Robert Darnton, *The Case for Books, Past, Present and Future*, New York, PublicAffairs, 2009, e Bertrand Legendre, *Ce que le Numérique Fait aux Livres*, Grenoble, PUG, 2019.

29 Thibault Soleilhac, *Les Bibliothèques Publiques, un Domaine Public Immatériel, Actualités Juridiques. Droit Administratif (AJDA)*, Dalloz, 2008, pp. 1133 e ss.

30 Ver Gérald Grunberg, "Les Trois Dimensions des Bibliothèques Numériques", *Numérisation du Patrimoine*, dir. Bernadette Dufrêne, Madjid Ihadjadene et Denis Bruckmann, Paris, Herrmann, 2013, pp. 153-175. Assinado em 2008, o acordo entre a empresa Google com a Biblioteca Municipal de Lyon ensejou, até seu rompimento, em 2012, uma volumosa cobertura de imprensa.

31 É evidente que foi a título gratuito, e não oneroso, que as Edições Fayard e eu mesmo assinamos esse contrato, em abril de 1992. Ele dava aos leitores da BNF acesso gratuito ao exemplar digital desse livro. O projeto acabou sendo abandonado, por não ter sido levado adiante, e o grupo Hachette ou Lagardère Publishing, proprietário da Livraria Fayard, digitalizou todo o acervo e cobra, hoje, pela compra de *L'Argent et les Lettres. Histoire du Capitalisme d'Édition*, ao mesmo título que qualquer outra obra oferecida em versão impressa ou em versão digital. Desde a assinatura, em 2010, de um acordo de parceria entre a Lagardère Publishing e a Google Books, as ações movidas contra a empresa californiana por contrafação de livros, regida pelo direito autoral, foram suspensas e os catálogos da Hachette e de suas filiais utilizados pela Google Books...

32 Jean-Yves Mollier, "Collection et Lecture. Collection et Livre", *Numérisation du Patrimoine*, pp. 141-152.

33 Jean-Noël Jeanneney, *Quand Google Défie l'Europe. Plaidoyer pour un Sursaut*, Paris, Mille et une Nuits Éditions, 2005.

34 Bruno Racine, *Google et le Nouveau Monde*, Paris, Plon, 2010.

35 *La Révolution du Livre Numérique: État des Lieux, Débats, Enjeux*, com Marc Tessier, Bruno Racine, Jean-Noël Jeanneney *et al.*, entrevistas feitas por Claude Capelier, Éric Deschavanne e Alexandra Laignel-Lavastine, Paris, Odile Jacob, 2011.

36 Ver Jean-Yves Mollier, *Hachette, le Géant aux Ailes Brisées*, Paris, Les Éditions de l'Atelier, 2015.

37 Claude Poissenot, "Le Livre: Bien Indispensable?", *Livres Hebdo*, 2.4.2020.

38 Jean-Yves Mollier, "La Librairie, un Commerce Vital", *Livres Hebdo*, 14.4.2020.

39 Jean-Yves Mollier, *La Lecture et ses Publics à l'Époque Contemporaine. Essais d'Histoire Culturelle*, Paris, PUF, 2001.

40 Nos EUA, a oposição entre "radicais", os democratas, e "liberais", os republicanos, tem um sentido completamente diferente.

41 Jean-Yves Mollier, *Michel et Calmann Lévy ou la Naissance de l'Édition Moderne: 1836-1891*, Paris, Calmann-Lévy, 1984.

A LEI LANG VISTA PELOS PROFISSIONAIS FRANCESES DO LIVRO

PATRICIA SOREL

Nos anos 1950-1960, o mundo da livraria na França foi sacudido pelo surgimento do livro de bolso, pelas mudanças dos modos de vida e pelo aparecimento dos super e hipermercados, gerando novas práticas de consumo. Mais e mais as grandes redes, que conheceram um desenvolvimento extremamente rápido, passaram a oferecer setores de livros acessíveis em sistema de autoatendimento, enquanto a livraria tradicional via sua participação relativa na distribuição do livro ser reduzida pouco a pouco. Mas foi a abertura da livraria Fnac, na rue de Rennes, em Paris, em março de 1974, que cristalizou todas as críticas.

Fundada em 1954 por André Essel e Max Théret, a Fnac é uma importante empresa parisiense que vende material fotográfico, toca-discos, discos, e que é conhecida por sua prática de descontos. Ao propor descontos sistemáticos de 20% sobre os livros, a Fnac criava dificuldades ao regime do preço sugerido, então em vigor[1]. O sucesso rápido da Fnac deu lugar a amplos debates, todos eles ressaltando a fragilidade da livraria tradicional. Todavia, as opiniões relativas ao remédio para esse mal divergiam. No comando da poderosa Federação Francesa de Sindicatos de Livreiros (FFSL), Jean-Baptiste Daelman declarou ser favorável ao preço livre (ou seja, pela liberação de preços), enquanto muitos de seus pares se alinharam a Jérôme Lindon (diretor das Éditions de Minuit), que lutava pela instauração do preço único. Para Jean-Baptiste Daelman, o regime do preço livre faria o desconto desaparecer, pois não haveria mais preço de referência. Sobretudo, ele permitiria que o livreiro fixasse o preço do livro e, portanto, que ele mesmo calculasse sua margem de lucro, ao passo que o preço único seria sinônimo de ameaça a sua liberdade de comerciante. Para Jérôme Lindon, a liberdade de preços provocaria o fechamento de inúmeras livrarias independentes e, por consequência, um empobrecimento da produção editorial.

Se o preço único foi rejeitado por uma parte dos livreiros, tampouco foi uma unanimidade entre os editores, em especial com a resistência manifesta dos grandes grupos. Como constatou Jérôme Lindon, alguns "não permaneceram insensíveis [...] ao aumento de pedidos que os novos mercados que se abriam ofereciam a eles momentaneamente"[2]. Com dificuldade de mobilizar o conjunto de seus pares e confrontado à oposição da FFSL, Jérôme Lindon decidiu continuar o combate reunindo no seio de uma só associação os editores e os livreiros favoráveis ao preço único. Em 15 de março de 1977, ele redigiu os estatutos da Associação pelo Preço Único, da qual era o presidente e Raymond Péju, livreiro em Lyon (cidade do sudeste da França), o vice-presidente. A Associação pelo Preço Único salientava seu caráter interprofissional e ressaltava que era "sem dúvida a primeira vez que no seio de uma profissão conhecida [...] pelo individualismo de seus membros, se manifestou uma conjunção tão ampla, tão representativa e tão audaciosa". Por esse motivo, ela pedia "para ser considerada pelos poderes públicos como o único interlocutor representativo de todos os ramos do comércio do livro"[3]. Jérôme Lindon e a Associação pelo Preço Único lançaram-se numa vasta campanha de informação e de *lobbying* junto dos profissionais do livro e dos responsáveis políticos. Em 27 de fevereiro de 1978, uma moção "Pelo Preço Único", assinada por 572 livreiros e 21 editores, foi entregue ao Primeiro-Ministro Raymond Barre e a François Mitterrand, primeiro-secretário do Partido Socialista, que declarou seu apoio ao preço único.

DO PREÇO LIVRE AO PREÇO ÚNICO DO LIVRO (1979-1981)

Mas em 10 de janeiro de 1979, algumas horas após o Conselho de Ministros ter deliberado a liberação total de preços na França, o Ministro da Economia René Monory anunciava o fim próximo do preço sugerido para os livros e sua substituição pelo preço livre. Se Jean-Baptiste Daelman se declarou "satisfeitíssimo", a Portaria Monory, que entraria em vigor em 1º. de julho de 1979, foi rapidamente objeto das mais vivas críticas, enquanto várias pesquisas alarmistas sobre as consequências eram divulgadas pela imprensa. Em fevereiro de 1980, *Que Choisir?*, revista da União Federal de Consumidores (UFC), também declarava ter feito uma constatação preocupante: "Os inconvenientes do sistema adotado saltam hoje aos olhos: diminuição de títulos vendidos, graças à generalização dos preços sugeridos, para algumas obras, desaparecimento provocado de livreiros de pequenas cidades, sob o impacto da concorrência dos magros setores 'literários' instalados nos hipermercados, incremento do poderio de alguns grandes distribuidores, dentre os quais a Fnac em primeiro lugar, ditando suas condições aos editores"[4]. Na edição de 20-27 de março de 1980, *Les Nouvelles Littéraires* também divulgaram os resultados de uma pesquisa realizada junto aos livreiros. Dos setecentos que participaram, 91,5% pronunciavam-se contra a liberação de preços e 76,5%

diziam-se favoráveis à instituição de uma "nova fórmula, baseada no preço fixo"[5]. A posição da FFSL, cada vez mais contestada pelos livreiros da base, provocou uma divisão interna. Um novo sindicato foi criado, a União dos Livreiros da França (ULF), cuja assembleia constitutiva aconteceu em 24 de março de 1980. Seu objetivo era obter a anulação da portaria Monory, assim como a instauração de um regime de preço único do livro. Ou seja, uma linha de fratura atravessava o universo da livraria.

Em 21 de maio de 1980, o Sindicato Nacional da Edição (SNE) e a ULF publicaram um texto conjunto pedindo ao governo "a modificação sem mais delongas do regime atual de preço dos livros, que leva à destruição irreversível da livraria e da edição de língua francesa". Pela primeira vez, editores e livreiros assumiram juntos uma posição contra a Portaria Monory e, ao mesmo tempo, contra a FFSL, que se encontrava mais e mais isolada.

A eleição de François Mitterrand à presidência da República, em maio de 1981 e, em seguida, a vitória do Partido Socialista e de seus aliados nas eleições legislativas, algumas semanas depois, renovaram as esperanças dos partidários do preço único. Em suas "110 Proposições para a França", o então candidato socialista à presidência da República comprometia-se a anular a liberação do preço do livro. Mas uma lei precisou ser votada, já que uma simples portaria não poderia instaurar o preço único do livro. Graças ao voluntarismo de Jack Lang, nomeado Ministro da Cultura, a lei foi adotada em 31 de julho de 1981 por quase unanimidade, no Parlamento, e promulgada em 10 de agosto daquele mesmo ano. Com base na convicção de que o livro não é uma mercadoria como qualquer outra, a lei "relativa ao preço do livro" foi uma das medidas mais emblemáticas defendidas por Jack Lang, por cujo nome ela passaria a ser chamada. Limitando a 5% o desconto sobre o preço do livro, doravante fixado pelo editor (artigo 1º), a lei tem como principal objetivo o apoio ao pluralismo editorial, em especial às obras mais difíceis, para a manutenção de uma rede densa de livrarias em todo o território francês. Com o preço único, a concorrência passava a ser feita relativamente à qualidade de serviços e não mais sobre os preços. Contudo, a lei prevê algumas exceções.

Os varejistas podem praticar descontos superiores a 5%, no caso de livros publicados ou importados há mais de dois anos e cujo último fornecimento remonte a mais de seis meses. Para os livros vendidos por corretagem, por assinatura ou por correspondência, o preço é livre por nove meses após o início de venda da primeira edição. Por fim, as coletividades locais (autarquias), os estabelecimentos públicos e as bibliotecas podem negociar livremente o preço de compra.

Como constatam as "Réflexions sur a Mise en Œuvre de la Loi du 10 Août 1981" ("Reflexões Sobre a Instauração da Lei de 10 de Agosto de 1981"), apresentadas em maio de 1983 pela Associação Nacional para a Formação e Aprimoramento Profissional em Livraria e Papelaria (Asfodelp), a Lei Lang confiou "a responsabilidade" do preço ao editor e privou o livreiro de liberdade comercial. Mas, consideram os três redatores desse relatório (Pierre Descomps, Michel Chaffanjon e Jean-Guy Boin), "mais do que uma retirada de poder, é um ato de confiança lúcido e corajoso a serviço do livro, uma dupla confiança: o livreiro confia nos editores para impedir os preços de venda não dissuasivos para os leitores-compradores potenciais; o livreiro confia nos editores para que sejam aplicadas a margem de distribuição e a margem de difusão de que ele precisa para financiar a variedade de oferta, reunir os leitores potenciais dispersos e estimular as vendas"[6]. Como ressaltou Jack Lang em sua fala no Senado, a instituição do preço único deveria provocar "a revisão profunda das relações comerciais entre os editores e as diferentes redes de difusão do livro"[7].

OS ATAQUES À LEI DO PREÇO ÚNICO: A OFENSIVA DA FNAC E DOS CENTROS LECLERC

Jack Lang lembra que "depois de votada a lei, tudo estava só começando"[8]. Com efeito, o preço único sofreu uma ofensiva da Fnac e dos centros Leclerc (rede de grande distribuição). Édouard Leclerc (fundador) anunciou de imediato que não respeitaria a Lei Lang, oferecendo ao mesmo tempo "preços Mitterrand" e "preços Leclerc" (nitidamente mais baixos) e abriu um processo no Tribunal de Justiça das Comunidades Europeias, por entrave à liberdade de comércio.

O decreto de 29 de dezembro de 1982, relativo às infrações à Lei Lang, foi publicado no *Journal Officiel* (Diário Oficial) no dia 1º de janeiro de 1983. Em caso de infração, previam-se multas de cento e cinquenta a trezentos francos por obra e, em caso de reincidência, uma pena máxima de prisão de seis dias poderia ser decretada. Mas como o decreto não tinha sido assinado pelo ministro da Economia e das Finanças (Jacques Delors), Édouard Leclerc e seu filho Michel-Édouard contestaram sua validade e anunciaram que continuariam a praticar os descontos. A seu turno, a Fnac lançou em maio de 1983 a operação intitulada "Preços europeus". Aproveitando-se de uma falha jurídica, ela oferecia descontos de mais de 5% para livros publicados na França, mas exportados à Bélgica e reimportados. Em suas dezesseis lojas, as obras que ostentavam uma faixa verde eram vendidas com um desconto de 20%. Os livreiros e editores, já então todos favoráveis ao preço único, mobilizaram-se para que a lei fosse respeitada, por vezes de modo conflituoso, os primeiros fazendo pressão sobre os segundos, para que estes cessassem de abastecer os contraventores. O SNE não considerou aceitável essa medida de retorsão, por um lado porque os tribunais tendem a considerar que a recusa de venda é ilícita, e por outro porque os varejistas têm sempre a possibilidade de comprar de um atacadista.

No nível jurídico, a maior confusão subsistia na espera de uma decisão do Tribunal de Justiça das Comunidades Europeias. Numa portaria de 10 de janeiro de 1985, para grande alívio dos partidários do preço único, o Tribunal validou as principais disposições da Lei Lang. Mas algumas grandes lojas, Leclerc à frente, continuaram a praticar descontos superiores a 5% em certos períodos do ano, em especial na volta às aulas e na época de festas de fim de ano. Em setembro de 1988, o SNE promoveu novas ações judiciais contra os descontos de volta às aulas, praticados em especial pelos centros Leclerc e pelos hipermercados Auchan. Em fevereiro de 1989, foi a vez de a FFSL citar os centros Leclerc na 1ª câmara do Tribunal de Grande Instância de Paris, sob acusação de ter cometido mais de três mil infrações desde o mês de fevereiro de 1988. E mesmo que as infrações tenham persistido nos anos seguintes, elas tornaram-se menos frequentes. A partir do fim dos anos 1990, elas passaram sobretudo a acontecer nas vendas pela Internet.

AS DIVERGÊNCIAS ENTRE LIVREIROS E EDITORES NA APLICAÇÃO DA LEI LANG

Uma outra ameaça ao preço único denunciada pelos livreiros foi a prática chamada de "espécimes pagantes", que começou a se desenvolver no fim dos anos 1980. Os editores escolares passaram a propor sempre com maior frequência suas obras aos professores, com descontos de 20, 30 ou 50%. Essa prática estendeu-se ainda aos livros universitários, aos paradidáticos e aos dicionários, de onde os protestos dos livreiros. Foi só após longas negociações que livreiros e editores chegaram a um compromisso: em 1996, relativo aos livros escolares e em 2002, relativo aos livros universitários. Os livros didáticos escolares passavam a ser gratuitos, mas salvaguardando-se o direito de cobrar dos professores despesas sobretudo de transporte. Quanto aos livros didáticos universitários, eles passavam a ser limitados a um único exemplar por título e enviados ao professor de ensino superior sob justificativa de sua respectiva disciplina e do nível de ensino.

Ao mesmo tempo, os livreiros enfrentavam uma outra batalha, esta contra a concorrência considerada desleal, a dos atacadistas. Como os descontos às coletividades não tinham seu teto máximo fixado pela Lei Lang, inúmeros livreiros viram-se excluídos de um mercado cada vez mais monopolizado por alguns grandes fornecedores, capazes de propor descontos significativos às bibliotecas e estabelecimentos escolares. Mas os editores escolares opunham-se de modo extremamente particular a um teto de desconto do preço dos livros escolares. Segundo certas estimativas, um teto de 10% amputaria em 20% o volume das compras do Ministério da Educação, o que diminuiria também em 20% o faturamento da edição escolar e poria em risco certos editores. Quanto a este ponto, foi também somente após duras negociações que livreiros e editores encontraram um ponto de entendimento. Em seguida, foi preciso que eles convencessem os parlamentares e as coletividades locais. Uma lei foi finalmente votada em 2003. Ela limitava em 9% o percentual de desconto às coletividades, excluindo-se o livro escolar, se o comprador fosse o Estado, uma coletividade territorial, um estabelecimento de ensino ou uma associação de pais de alunos cujo objeto estatutário pudesse facilitar a aquisição de livros escolares para seus membros. A lei de 18 de junho de 2003, que reforçava a de 10 de agosto de 1981, instaurava assim condições de concorrência mais equitativas e permitiria aos livreiros que reconquistassem uma parte importante do mercado das coletividades.

Mas os principais pontos de divergência entre livreiros e editores são os que dizem respeito aos descontos e ao funcionamento do sistema dos chamados *envois d'office*[9], pois os livreiros insurgem-se contra o uso inflacionário destes últimos e contra os descontos insuficientes concedidos às pequenas e médias livrarias.

Se a Lei Lang é principalmente conhecida por ter instituído o preço único, ela também estipula em seu artigo 2º que os editores devem integrar em suas condições de venda a "qualidade dos serviços prestados pelos varejistas em favor da difusão do livro". A lei fixa os princípios sem precisar o que compreende por "qualidade dos serviços prestados". Ela especifica somente que "os descontos correspondentes devem ser superiores aos que resultam da importância de quantidades adquiridas pelos varejistas". A definição precisa dos critérios de atribuição do desconto qualitativo foi extremamente debatida entre livreiros e editores. Coube a Patrice Cahart, funcionário público de alto escalão e escritor, nomeado mediador do livro em 1990 por Jack Lang, encontrar um ponto de entendimento entre as duas partes. Sua missão foi especialmente difícil, porque os livreiros estavam então divididos entre vários sindicatos e associações, tendo por isso dificuldade de se entender entre si. Após a mediação Cahart (1990-1992), que levou à assinatura de um primeiro protocolo (1991), as negociações sobre a definição de descontos qualitativos e sobre as condições de funcionamento do sistema dos até então chamados *envois d'office*, na ocasião rebatizados de serviço de novidades, prosseguiriam até a adoção de um segundo protocolo em 2001, e em seguida de um terceiro em 2008. Ainda em vigor hoje, este último redefine mais precisamente as condições dos descontos qualitativos com dois critérios, dos quais quatro obrigatórios, que devem representar entre 30 e 70% do desconto qualitativo. Menos conhecido do que o artigo 1º. sobre o preço único, o artigo 2º sobre o desconto comercial concedido pelo editor ao livreiro é um elemento essencial da Lei Lang. O reconhecimento da "qualidade dos serviços prestados" deve com efeito possibilitar que o varejista consiga lidar com os custos extras gerados por uma oferta diversificada, que inclui obras de escoamento mais lento.

Assim, a Lei Lang modificou profundamente as relações comerciais entre os editores e os livreiros. E mesmo apesar de ela não ter posto fim a seus diferendos, toda e qualquer tentativa de colocar em causa o preço único suscita de imediato uma onda de protestos e um apelo à união interprofissional. No momento em que se comemora seu quadragésimo aniversário, a lei do preço único continua sendo um elemento "federador" entre os profissionais do livro. A entrada em cena e o desenvolvimento do digital não alteraram a visão segundo a qual "o livro não é um produto como os outros". Longe de tornar a Lei Lang obsoleta, as mudanças pelas quais o mundo do livro passou só reforçaram a vontade de torná-la "mais viva e ainda mais forte", como proclama a chamada pública "Pelo Livro", lançada em 2008 pelo Sindicato da Livraria Francesa (SLF) e assinado por inúmeras personalidades do mundo do livro[10].

NOTAS

1 Preço "sugerido" pelo editor, que deixava ao livreiro a possibilidade de oferecer descontos a uma parte de sua clientela, ou a sua totalidade.

2 Nota publicada na *Bibliographie de la France*, n. 25, 22.6.1977.

3 *Idem*.

4 "Prix: Livres 'Libérés', Lecteurs Prisonniers", *Que Choisir?*, p. 20, fev. 1980.

5 "91,5 % des Libraires se Prononcent contre la Libération des Prix", *Les Nouvelles Littéraires*, n. 2729, p. 15, 20-27.3.1980.

6 "Réflexions sur la Mise en Œuvre de la Loi du 10 Août 1981", *Livres Hebdo*, n. 28-31, p. 41, 11.7.1983.

7 *Idem*.

8 Daniel Garcia, "La Véritable Histoire de la Naissance de la Loi Lang", *Livres Hebdo*, n. 433, p. 67, 6.7.2001.

9 Os *envois d'office* são um contrato entre fornecedor e comerciante que fixa o número de novas publicações que serão fornecidas sem pedido prévio, com a possibilidade de devolver as não vendidas. Trata-se de um contrato pelo qual o livreiro se compromete a encomendar um certo volume a um fornecedor, com a contrapartida de poder devolver os não vendidos de três a doze meses após a publicação (N. da T.).

10 Chamada pública "Pour le Livre" (Pelo Livro), jun. 2008. Disponível em: pourlelivre.files.wordpress.com/2008/07/appel-pour-o-livre.pdf. Chamada publicada no jornal *Le Monde*, 2.7.2008.

O MERCADO EDITORIAL E LIVREIRO NO BRASIL: A CBL UNIDA PELA BIBLIODIVERSIDADE

VITOR
TAVARES

O mercado do livro abrange uma cadeia criativa e produtiva que, além de impulsionar a economia brasileira, também contribui para a descoberta e disseminação de novas vozes. Há 75 anos, a Câmara Brasileira do Livro (CBL) representa as empresas do setor, promovendo ações que democratizam o acesso ao livro, estimulam a leitura e contribuem para a bibliodiversidade.

O ano passado não foi fácil para este mercado, que se manteve unido e resiliente para enfrentar a crise e a pandemia. De acordo com os dados da pesquisa *Produção e Vendas do Setor Editorial de 2020*, houve uma queda de 6% nas vendas em relação a 2019. Isso significa um recuo de mais de 10%, considerando a variação do IPCA de 4,52% no período. Os títulos didáticos, por exemplo, apresentaram diminuição de 11% nas vendas — em termos reais, essa redução é de 15%. O subsetor de obras gerais foi o único que obteve crescimento nominal, registrando um aumento de 3,8%, referente a mais de 126 milhões de exemplares. Em consequência, o faturamento também caiu: tanto em vendas ao mercado quanto nas realizadas para o governo, em 10% e em 13%, respectivamente.

O ano de 2020 também não foi próspero em produções. O período apresentou uma redução de 20% nas tiragens, se comparado a 2019. O número de edições também caiu: em 2020, dos 46 mil títulos editados no Brasil, apenas 24% eram novos. O último dado aponta uma queda na bibliodiversidade do mercado brasileiro. Isso quer dizer que, hoje, nossas editoras estão lançando menos títulos inéditos do que no passado. Há, portanto, menos vozes sendo ouvidas, menos pontos de vistas apresentados, empobrecendo nossas reflexões como nação. E a diminuição não é recente, entre 2020 e 2019, por exemplo, a queda foi de 17,4%, já entre 2019 e 2018, foi de 6,6%.

Outro movimento que não é novo, e muito menos ocasionado pela pandemia, é o de desaparecimento das micro e pequenas livrarias. De acordo com o levantamento da Confederação Nacional do Comércio de Bens, Serviços e Turismo (CNC), a partir de dados do Ministério do Trabalho, mais de 21 mil estabelecimentos foram fechados no país desde 2007. Em dez anos, as livrarias e papelarias brasileiras diminuíram 28,6%. Em 2020, o enfrentamento da crise contou com ferramentas como o Retomada das Livrarias, projeto da Câmara Brasileira do Livro que reuniu forças para ajudar financeiramente micro, pequenos e médios empreendimentos durante a pandemia e contou com o apoio de mais de trezentas pessoas e empresas, que contribuíram para uma arrecadação de R$ 530 mil, distribuídos para uma seleção de 53 contempladas.

O auxílio foi crucial para mitigar as perdas, mas a situação das livrarias no Brasil é estarrecedora. Hoje, 64% dos custos fixos de um livreiro são direcionados para a compra de livros, e os empreendedores não têm controle sobre o preço de capa. Além disso, o valor pelo qual os livros são vendidos da editora para a livraria são definidos com desconto sobre o preço de capa, que variam de 27% a 40%. Essa estrutura de negócio não permite aos livreiros margem para promoções, decisivas no momento da compra e fidelização de consumidores. Com isso, o pequeno e médio empresário do mercado editorial fica impossibilitado de praticar um preço competitivo e fazer frente à concorrência, o que diminui pontos de vendas e reduz a oferta de títulos.

E foi pensando na bibliodiversidade, a qual se consolida com a existência de livrarias, que a ex-senadora e hoje governadora potiguar Fátima Bezerra redigiu o Projeto de Lei 49/2015, que tramita no Senado.

A lei pela bibliodiversidade prevê a limitação de descontos nos lançamentos. Isto quer dizer que todos os livros já em catálogo poderão receber descontos com mais de 10%, com exceção daqueles lançados nos últimos doze meses.

Essa foi uma solução encontrada não só pelo Brasil, mas por diversos outros países, para o combate à concentração de poder econômico no mercado editorial.

A experiência europeia com a política de regulação de preço mostra como a iniciativa tem resultados eficientes. Estudo apresentado por Markus Gerlach, diretor do instituto de pesquisa francês KOS Research, durante o 1º. Seminário Libre de Proteção ao Livro, mostrou, com muita clareza, como a lei da bibliodiversidade é necessária. Gerlach compara dados levantados pelo professor Georg Götz, da Universidade de Giessen, Alemanha, sobre o Reino Unido, que abandonou a iniciativa em 1995, e países como França e Alemanha, que mantiveram a iniciativa.

Entre 1995 e 2002, a diminuição do número de livreiros no Reino Unido foi de 12%, enquanto na Alemanha, de apenas 3%[1] . Esses dados mostram como a lei regula não só preços, mas também a concentração de mercado. Por exemplo, no Reino Unido, somente a Amazon possui uma fatia de mercado entre 45 e 50%, enquanto as pequenas livrarias dividem-se entre 5 e 10%. Já na Alemanha, 30% das vendas são feitas por empreendimentos independentes. O comércio *on-line* e as grandes cadeias de livrarias detêm 30% e 20% do mercado, respectivamente.

E os ganhos vão além. Com a lei, o consumidor também é beneficiado. Isto porque o preço do livro é mais justo em mercados onde há maior diversidade de livrarias. O estudo analisou o valor do livro entre os anos de 1996 e 2018, revelando que na França e na Alemanha a política de regulação de preços garantiu a médio prazo menor aumento do que no Reino Unido. Na Alemanha, o crescimento de valor foi de 29% e, na França, 24%. Já no Reino Unido, o preço médio subiu 80%.

A experiência alemã é de grande valor, e devemos levá-la em consideração quando discutimos a regulamentação do preço do livro no Brasil. Na Alemanha, a lei garantiu a qualidade e a diversidade deste mercado, que hoje ostenta o *status* de segundo maior do mundo. Os resultados da pesquisa da Universidade de Giessen demonstram, de forma eloquente, os efeitos de 150 anos de regulação do mercado germânico: a garantia para a construção de uma rede de livrarias densa e diversa, que atua não só na distribuição, mas, também, na divulgação de novos autores e pequenas e médias editoras.

No Brasil, essa política é um fator vital para garantia da bibliodiversidade e para a criação de novas livrarias, que hoje diminuem a cada dia com a impossibilidade de praticar valores competitivos. A lei é, também, um ato de proteção ao livro, pauta que transcende o mercado e resvala nos direitos do brasileiro de acesso à cultura e à educação.

Na CBL trabalhamos diariamente pela democratização do livro e difusão da leitura, e temos certeza de que ambos passam pelo aumento da bibliodiversidade. Assim, por consequência, todos ganham: em ofertas de títulos aos leitores, qualidade de obras publicadas e pluralidade de vozes amplificadas.

NOTAS

1 A relação que se observa hoje, na França, entre livrarias e pontos de venda, está na ordem de 44 e 350, respectivamente, por um milhão de habitantes. [N. da E.]

LEI CORTEZ OU LEI DO PREÇO COMUM: PENSAR AS POLÍTICAS PÚBLICAS DO LIVRO PARA ALÉM DAS ISENÇÕES E DAS GRANDES COMPRAS GOVERNAMENTAIS

HAROLDO CERAVOLO SEREZA

A realização de um Simpósio sobre a Lei Cortez[1], dentro da Universidade de São Paulo, pelo Instituto de Estudos Avançados, é um marco no debate sobre as políticas do livro no Brasil. Embora o conceito da bibliodiversidade seja já objeto de vários estudos feitos nas faculdades e universidades brasileiras, inclusive dentro da USP, é a primeira vez, salvo engano, que ele é debatido por tantos especialistas do livro e da leitura, políticos e também por agentes do mercado como um tema central.

A bibliodiversidade é um termo que vem sendo pensado e trabalhado pelos editores, e especialmente pelos editores independentes, há pouco mais de duas décadas. Ele se nutre de outros conceitos ligados à ideia de diversidade, mas mantém a sua independência: as diversidades de gênero, cultura, linguísticas, de raça e política no mundo do livro são mais bem garantidas quando há bibliodiversidade, ou seja, diversidade editorial.

O uso do termo bibliodiversidade, no debate público, porém, nem sempre é preciso e/ou em consonância com a elaboração feita por esses editores. Não raro a bibliodiversidade é entendida de modo muito diminuído, como a simples existência de muitos títulos ou muitos autores[2], e não da forma complexa, como a presença, nos mercados do livro, de projetos editoriais diversos, em equilíbrio dinâmico e produtivo.

Creio que, nesse sentido, vale a pena registrar a definição pactuada na Cidade do Cabo, em 2014, por mais de sessenta editores, de 28 países, presentes no encontro:

> Bibliodiversidade é a diversidade cultural aplicada ao mundo do livro. Ecoando com a biodiversidade, ela refere-se à necessária diversidade da produção editorial disponibilizada aos leitores. Se os grandes grupos participam, pela importância quantitativa da sua produção, de uma certa diversidade editorial, isto não garante a bibliodiversidade, que não é medida somente no número de títulos disponíveis. Os editores independentes, embora estejam preocupados com o equilíbrio econômico da sua editora, estão principalmente preocupados com o conteúdo que publicam. Suas obras podem trazer uma outra visão e uma outra voz para além do discurso mais padronizado dos grandes grupos editoriais[3].

Essa declaração, de cuja elaboração participei, traz também uma excelente definição do que, em português, foi traduzido por "igualdade de expressão" (*fair speech* em inglês):

> A noção de igualdade de expressão (*fair speech*) completa a liberdade de expressão (*free speech*). Em um contexto de concentração dos *media*, as potências dominantes (sejam elas políticas, econômicas, religiosas, ideológicas etc.) são mais representadas e ouvidas. O *fair speech* defende, desse modo, o igual acesso à expressão (por exemplo, mulheres, grupos historicamente marginalizados etc.), permitindo uma real diversidade de vozes[4].

O uso, na mesma página introdutória do manifesto, dessas duas definições mostra bem como os editores independentes entendem a relação entre a bibliodiversidade e as outras diversidades. Para completar este breve mergulho no conceito, creio que vale, ainda, citar a definição de bibliodiversidade feita pela feminista Susan Hawtorne, editora e poeta australiana:

> Bibliodiversidade é um complexo e autossustentável sistema de contar histórias, escrever, publicar e de outras formas de produção da oratura e da literatura. Os escritores e produtores do livro são comparáveis aos habitantes de um ecossistema. Bibliodiversidade é um fator que contribui para uma vida cultural próspera e para um ecossistema social saudável[5].

Susan Hawtorne faz ainda uma bela analogia entre um sistema "bibliodiverso" e a vida de uma árvore ancestral. A árvore, com suas raízes profundas, não está sozinha numa floresta: ela mantém uma relação de interdependência com uma série de organismos vivos em seu entorno. Algo semelhante deve ocorrer com a bibliodiversidade: em vez das monoculturas da mente, de poucos projetos editoriais dominantes e de ambições oligopolistas, desejamos um ambiente cheio de vida e interação.

O conceito de bibliodiversidade nasceu a partir de experiências de editores militantes dentro do mercado editorial, editores que pensam o sentido econômico, político (em termos amplos, não necessariamente partidário) e cultural do que fazem. Hawthorne atribui o surgimento dele aos editores chilenos. Sua apropriação pelos editores independentes do Brasil, Índia, Austrália, México, Madagascar, África do Sul etc. faz dele um conceito nascido (ainda que haja alguma controvérsia sobre o tema) e amplificado por editores do Sul Global, organizados numa associação com sede na França, mas em articulação permanente com editores de países periféricos. O *site* dessa entidade, a Aliança Internacional dos Editores Independentes, traz uma bibliografia significativa sobre o conceito, mas essa produção é muito inferior à qualidade do debate travado pelos editores: ao contrário do que talvez as pessoas imaginem, esses editores registram menos do que deveriam seus debates internos. Talvez por deformação profissional, eles preferem trabalhar com textos e ideias de outros autores e campos.

Assim, o convite feito pelos organizadores deste evento, sobretudo pela professora Marisa Midori Deaecto, é uma oportunidade para aprofundarmos e registrarmos esse riquíssimo debate sobre a bibliodiversidade.

BIBLIODIVERSIDADE NO BRASIL

Os editores independentes brasileiros vêm discutindo o tema da bibliodiversidade também há muitos anos, quase desde o surgimento do termo. A própria fundação da Liga Brasileira de Editoras, em 2002, é resultado disso. A palavra ainda não circulava por aqui, tanto quanto corria na América Latina e na Espanha, mas os problemas que originaram esse conceito já estavam postos no Brasil na virada do século XX para o XXI: a concentração no mercado de livrarias, a exclusão dos editores independentes dos espaços privilegiados de exposição das grandes redes, a venda de "vitrines" e a adoção de práticas comerciais destrutivas pelas maiores empresas do setor. A criação da Libre, após a Primavera dos Livros, de 2001, foi uma reação a essa conjuntura de mercado que já apontava para as crises que ficariam mais claras na década de 2010.

A discussão específica do preço comum, como a Libre passou a denominar o que até recentemente se chamou, criando bastante ruído, de preço fixo, tornou-se rapidamente uma questão relevante dentro da entidade. Ela, no entanto, também já estava posta antes no debate sobre as políticas do livro. Ainda quando repórter, em 1999, fiz uma matéria para o jornal *Folha de S.Paulo*[6] sobre o preço comum, quando a Fnac entrou no Brasil, causando uma crise no mercado editorial – não nas proporções do que a gente vive hoje, mas uma crise importante. E um dos motivos dessa crise é que a Fnac, aqui, adotou desde o início uma política de preços que era proibida de praticar na França e em outros países da Europa, por conta da Lei Lang e de outras leis congêneres aprovadas em diferentes Estados daquele continente. A Fnac chegou ao Brasil aplicando o preço verde dos anos 1970, ou seja, 20% de desconto nos lançamentos, enquanto na França (de onde eu acabara de voltar, trabalhara em Paris como correspondente da *Folha de S.Paulo*) esse valor se limitava a 5% e, em Portugal e Espanha, onde também a Fnac atuava, este valor estava limitado a 10%.

O mundo deu muitas voltas desde então (vinte e duas, para ser preciso), e hoje, muito resumidamente, a Fnac, para competir com a Amazon, precisa desta lei – e também de outras facilidades garantidas pelo Estado francês, como a possibilidade de fusão com a rede de venda de equipamentos eletrônicos chamada Darty, para seguir operando em condições de enfrentar a Amazon.

A Libre, ao longo de várias diretorias, desde a primeira, da Camila Perlingeiro, discutiu o tema do preço comum. Citarei alguns marcos importantes desse debate, correndo o risco de deixar alguns dos participantes de fora, para que este relato não fique extenso demais. Angel Bojadsen, da Estação Liberdade, defendeu sua adoção e chamou os editores a apoiá-la em artigo intitulado "A Questão do Preço Fixo", publicado no jornal *O Estado de S. Paulo*[7]. Na gestão de Araken Gomes Ribeiro, da Editora Contraponto, em 2006, foi publicado pela entidade, do pesquisador Markus Gerlach[8], *Proteger o Livro – Desafios Culturais, Econômicos e Políticos do Preço Fixo*, e, em 2007, ano de posse da presidenta Renata Farhat Borges, *Editores Independentes: Da Idade da Razão à Ofensiva?*, de Gilles Colleu. Em 2009, a Libre, sob a presidência de Cristina Warth, da editora Pallas, selou um acordo com a Edinar (Editores Independientes de Argentina por la Diversidade Bibliográfica) no sentido de tentar construir indicadores de bibliodiversidade[9], o que infelizmente não se concretizou.

Em 2010, às vésperas das eleições gerais, também na presidência de Cristina Warth, a diretoria da Libre publicou um manifesto intitulado "Um Programa em Defesa da Bibliodiversidade"[10], em que o tema é citado explicitamente. O texto foi distribuído a alguns candidatos e, a partir de 2011, a diversos gestores públicos, já com o apoio da AEL (Associação Estadual de Livrarias) do Rio de Janeiro, da ANL (Associação Nacional de Livrarias), à época dirigida por Vitor Tavares, atual presidente da CBL (Câmara Brasileira do Livro), e da Câmara Rio-Grandense do Livro.

Este manifesto, republicado no catálogo de diferentes Primaveras do Livro, defende categoricamente a adoção do "preço único do livro e desconto justo em todos os níveis da cadeia", o que significa, inclusive, um passo além do proposto na Lei Cortez – Lei do Preço Comum. O texto diz ainda que "a Libre defende a adoção da política de preço único e de desconto justo como garantia de sobrevivência das pequenas e médias livrarias, sem as quais se torna inviável a distribuição dos *long-sellers*, os livros de fundo de catálogo, os livros que não tem prazo de validade e que dão lastro a nossa cultura".

Ainda este manifesto, num segundo item, justificava a defesa do preço comum:

> Políticas agressivas de marketing, não apenas das grandes redes de livraria, mas inclusive de outros setores da economia (como bandeiras de cartão de crédito), têm atuado fortemente no setor de livros estabelecendo uma concorrência desleal entre grandes e pequenos livreiros e entre grandes e pequenos editores, o que a médio prazo destrói a cadeia do livro e, portanto, a Bibliodiversidade. Para que fique bem claro: quando os pequenos editores têm de negociar com as grandes cadeias, os descontos finais ao consumidor se traduzem em preços não viáveis para as pequenas editoras e, também, para as pequenas livrarias. Por isso o preço único, neste setor da economia, em que a concorrência se dá entre produtos que são em essência diferentes entre si, tende a favorecer a redução do preço final do livro e a concorrência, e não o contrário.

Além da defesa do preço comum, o manifesto defende outras políticas públicas inovadoras, mais condizentes com os problemas que o mercado editorial brasileiro vive hoje.

Historicamente, as políticas públicas para o livro no Brasil têm se pautado por duas frentes. Uma, a isenção de impostos, cujo marco é o texto constitucional de 1946, quando se determina a isenção do papel, até o governo Lula, momento em que ocorre a desoneração final do produto livro, com a Lei 10.865/2004 – é importante registrar que as editoras não são isentas de impostos, elas os pagam em diversos momentos de sua vida econômica: Imposto de Renda, impostos e contribuições trabalhistas, impostos de serviços. A segunda política principal foi a das compras públicas. No texto, defendia-se a adoção de tarifas especiais para o livro nos Correios (hoje sob ameaça de privatização, o que ampliaria os custos do envio dos livros para editores independentes[11]), isenção de IPTU para livrarias de rua etc.

Nas presidências seguintes (dois mandatos meus, dois de Raquel Menezes e mais um de Tomaz Adour, atual presidente), a Libre manteve a questão da bibliodiversidade em pauta, organizando discussões e participando ativamente de diversos fóruns do mercado editorial e da sociedade civil. A Libre discutiu, ao longo dessas duas décadas, muito abertamente com diferentes governantes a adoção de critérios de bibliodiversidade em diferentes editais – e isso se expressa numa participação muito maior de editores independentes nessas compras do antigo Minc (Ministério da Cultura) e do MEC, do qual o atual PNLD literário é o melhor exemplo. Essas compras ganharam em diversidade e transparência, e ainda há muito o que avançar nos processos, sobretudo nos Estados e municípios.

Na cidade de São Paulo, representei a Libre e o mercado editorial no Grupo de Trabalho que elaborou a proposta do projeto de lei do Plano Municipal do Livro, Leitura, Literatura e Bibliotecas da cidade. Após uma série de quarenta reuniões plenárias, além das discussões internas do grupo, foi elaborado um projeto que menciona a bibliodiversidade como um dos princípios fundamentais ("o estímulo à bibliodiversidade em todas as suas formas") e um de seus objetivos ("debater e promover a bibliodiversidade"), além de estabelecer uma série de metas de curto, médio e longo prazo para o livro e a leitura na cidade sustentadas por este conceito.

O livro de Gerlach, originalmente publicado na França, em 2003, discutiu muito claramente a questão da Lei do Preço Comum sob a perspectiva econômica. Já na época, este trabalho mostrava que o impacto da Lei Lang havia sido positivo não só na criação de livrarias e na construção de um mercado livreiro mais equilibrado, como também atuaria no sentido de reduzir o preço médio do livro no médio prazo. Apesar desses estudos apontarem a fragilidade dos mercados livreiros desregulados diante daqueles que adotaram a lei, as grandes redes de livrarias brasileiras, e penso sobretudo na Cultura e na Saraiva, resistiram até a morte, literalmente, à adoção do preço comum.

Nesse aspecto, a política do preço comum a ser introduzida no Brasil pela Lei Cortez é essencial para a construção de um mercado de livros *bibliodiverso*. Como deveria ocorrer com qualquer política pública, essa construção deve ser profundamente negociada com a sociedade e, por isso, é importante destacar a legitimidade para tratar do tema que têm as livrarias independentes, principais prejudicadas pela falta de regulação do mercado, e os editores independentes, que defendem essa bandeira há muitos anos. Muitas vezes, podemos perceber uma certa vontade de Snel (Sindicato Nacional dos Editores de Livros) e CBL de recuperarem o tempo perdido nessa discussão. É claro que só podemos comemorar a adesão plena dessas entidades à Lei Cortez. Essa boa vontade, no entanto, é tão mais bem-vinda quanto mais cuidadosa for em não apagar o protagonismo das pequenas e médias livrarias e editoras, atores do mercado com forte penetração na sociedade e, para usar um conceito caro a nosso tempo, com muito lugar de fala para tratar das vicissitudes do mundo do livro no Brasil.

Evidentemente, os leitores também são parte desse diálogo, e os estudos de acompanhamento de preços e de presença de livrarias nos países que adotaram o preço comum sugerem que eles são grandes beneficiários de uma lei do gênero: os leitores precisam saber que eles têm direitos, como a presença de uma livraria perto de casa, e que essa lei cria condições para que este, entre outros direitos, se tornem realidade.

REGULAÇÃO OU AUTORREGULAÇÃO

Bernardo Gurbanov, presidente da ANL, sugeriu, dentro do fórum de entidades do livro, em 2016, um *Manual de Boas Práticas para o Setor Editorial e Livreiro*, documento que a Libre, na presidência de Raquel Menezes, apoiou. Trata-se de um texto curto, mas muito interessante. Vou citar alguns de seus itens, que tratam dos principais temas debatidos naquele encontro. O *Manual* previa:

1. "incentivar a bibliodiversidade com estímulo à presença e exposição de livros de editoras independentes e acadêmicas nas livrarias e nos canais de divulgação do setor"; e
2. "procurar mecanismos junto com o Poder Público e a iniciativa privada que promovam o aumento do número de livrarias e pontos de venda alternativos, até atingirmos a meta recomendada pela Unesco, que é de uma livraria para cada 10 mil habitantes" [...];
5. inibir a concorrência desleal ou predatória definida como a manipulação do preço de venda ao consumidor, operando com prejuízo ou deixando de ter lucro ou mesmo aplicando preços incompatíveis com a mínima margem para a viabilização do negócio visando aumentar sua participação no mercado[12].

O documento indica, com muita clareza, para onde a massa dos atores do mercado quer ir. Mas o consenso, ou algo próximo disso, não necessariamente caminha para uma autorregulamentação. Em termos de *realpolitik*, num cenário de hiperconcentração e, simultaneamente, com centenas de editores atuantes dependendo de poucos grandes negócios, avalio como praticamente impossível alcançarmos, como muitas vezes é proposto no setor, um acordo geral que coloque freios nos descontos sobre os lançamentos. Primeiramente, porque isso poderia, do ponto de vista legal, vir a ser (o que seria um absurdo, mas é um cenário que pode acontecer) considerado formação de cartel. Em segundo lugar, porque há grandes editoras que vivem desse jogo e, para tirá-las desse lugar, creio que apenas uma regulação externa tenha força suficiente, ao impor uma regulação universal e, ao mesmo tempo, garantir para seus gestores que o mercado caminha realmente para um sentido único. Para que tal mudança dê certo, em outras palavras, é preciso que as empresas envolvidas tenham certeza de que seus concorrentes também seguirão esse caminho, caso contrário, a "natureza do negócio" (uso aspas propositadamente) tenderá a jogar essas empresas no sistema de descontos urgentes, em busca da garantia do fluxo de caixa.

Para pensarmos a economia do livro, é central nunca esquecer que o livro é também uma mercadoria, embora não seja "uma mercadoria qualquer". Num dezembro recente, a Nielsen, que acompanha parte significativa das livrarias, registrou a venda de cerca de sessenta mil títulos diferentes. Estamos falando de títulos, evidentemente, não de exemplares. São sessenta mil produtos diferentes. Não existe nenhum outro produto no mercado capitalista que tenha tamanha diversidade.

Esse é, do ponto de vista da economia, um dos fatores que explicam o relativo sucesso das regulações do livro. Porque o livro é um produto sem prazo de validade definido ou pré-definido. Isso faz com que a maior parte dos produtos disponíveis no mercado permaneçam "vivos" no mercado para além dos dois anos estabelecidos na Lei Lang, ou um ano previsto pela Lei Cortez. Se há, portanto, uma regra que faça com que essa massa de títulos circule melhor, ainda que eventualmente reduzindo levemente a circulação de *best-sellers*, a massa dos livros ficará mais barata, porque esses livros sem grande apelo de marketing passam a ter condições melhores de disputar o mercado dos leitores. Se a massa dos títulos circula mais, os livros custarão menos em juros, estoque e administração, levando a uma redução do preço médio do livro.

O ganho para o consumidor, portanto, apesar de contra intuitivo, como destacou o mediador Paulo Werneck, durante a minha participação no Simpósio é, visto desta perspectiva, muito evidente. Como a autorregulamentação é difícil de ser alcançada, creio que o melhor caminho é a adoção de uma lei capaz de impor essa solução. Para aprová-la, precisamos ampliar o apoio da sociedade, que tem de perceber que está indo atualmente para o caminho errado sem ela:

a ausência de regulação atrapalha a circulação das ideias, corrói a bibliodiversidade e faz aumentar o preço do livro.

Se quisermos um grande mercado do livro, um mercado em que se vislumbre a existência de vinte mil livrarias no país, e de centenas, talvez um milhar de editoras em condições de atender a essas livrarias, se quisermos uma presença mais forte de editoras regionais, será necessário priorizar a pequena burguesia do livro, os pequenos negócios do livro. Diante da proporção que ganharam os outros mercados, o mercado editorial é e permanecerá pequeno em relevância econômica. Mas é ele que favorece a circulação de ideias complexas, a democracia, a formação qualificada dos trabalhadores, dá espaço para os atores marginalizados – pensemos, por exemplo, no papel que a literatura periférica teve no fortalecimento do movimento negro em São Paulo e no Brasil.

Se conseguirmos direcionar nossas reflexões no mercado editorial, no debate político e legislativo e na produção de conhecimento pelas universidades para esse setor, tenho a convicção de que vamos construir políticas públicas que favoreçam o que, ao fim e ao cabo, deve ser o real compromisso de todos nós: a construção de um país de leitores.

NOTAS

1 A decisão de nomear o PLS 49/2015 como Lei Cortez foi anunciada pelo senador Jean Paul Prates um dia depois de minha fala no seminário. Incorporei a ideia ao título desta versão impressa de minha fala *a posteriori*, portanto. Esta versão traz acréscimos à exposição oral, mas procurou, tanto quanto possível, manter seu espírito.

2 No *paper* "Tendências da Era Digital na Cadeia Produtiva do Livro", publicado em BNDES *Setorial*, n. 43, mar. 2016, a definição de bibliodiversidade adotada é a seguinte: "Diversidade das publicações, em número de novos títulos, disponíveis para os leitores em determinado momento" (p. 47). O texto é de autoria de Gustavo de Mello, Diego Nyko, Fernanda Garavini e Patrícia Zendron.

3 Aliança Internacional dos Editores Independentes, *Declaração Internacional dos Editores e Editoras Independentes – Para Manter Viva e Fortalecer a Bibliodiversidade*, Cidade do Cabo, AIEA, 2014, p. 2. Disponível em alliance-editeurs.org/IMG/pdf/declaracao_internacional_dos_editores_e_editoras_independentes_2014_brazil.pdf.

4 *Idem, ibidem*.

5 Susan Hawtorne, *Bibliodiversity: A Manifesto for Independent Publishing*, Melbourne, Spinifex Press, 2014, p. 1.

6 Publicada em 4 de novembro de 1999, no caderno *Ilustrada*. Creio ser importante registrar que eu me tornei um editor de livros apenas em 2004, quando fui um dos fundadores da Alameda Casa Editorial.

7 Edição de 8 de agosto de 2003, *Caderno 2*, p. D-3.

8 Markus Gerlach participou do "Primeiro Seminário Libre de Proteção ao Livro – Lei do Preço Comum" em 2021. O conjunto das cinco mesas do seminário está disponível no link operamundi.uol.com.br/politica-e-economia/70978/lei-do-preco-comum-do-livro-e-necessidade-economica-nao-so-cultural-diz-markus-gerlach.

9 Cf. abrelivros.org.br/site/por-um-indice-de-bibliodiversidade/

10 Os trechos foram tirados do *Catálogo 2012-2013 - Primavera dos Livros 2012*, São Paulo, Secretaria de Cultura/Libre, 2012.

11 A discussão atual na França sobre a padronização do custo de envio de livros mostra como é fundamental termos uma política para o livro como uma mercadoria especial, especialmente com o crescimento do comércio eletrônico. Lá, o debate procura impedir as políticas de frete zero ou frete simbólico, praticados pela Amazon e pela Fnac.

12 ANL, *Manual de Boas Práticas do Setor Editorial e Livreiro*. Disponível em anl.org.br/docs/Manual_de_Boas_Praticas_do_Setor_Editorial_e_Livreiro.pdf.

POR UMA LEI DA BIBLIODIVERSIDADE: 40 ANOS DE INQUIETAÇÕES NOS DIÁLOGOS FRANÇA-BRASIL

MARISA
MIDORI
DEAECTO

Uma educação pela pedra: por lições;
para aprender da pedra, frequentá-la;
captar sua voz inenfática, impessoal
(pela de dicção ela começa as aulas).
A lição de moral, sua resistência fria
ao que flui e a fluir, a ser maleada;
a de poética, sua carnadura concreta;
a de economia, seu adensar-se compacta:
lições da pedra (de fora para dentro,
cartilha muda), para quem soletrá-la.

JOÃO CABRAL DE MELO NETO, 1966

Em 10 agosto de 2021, a Lei Lang – ou Lei do Preço Único – completou quarenta anos. A sociedade francesa foi uma vez mais convidada a celebrar esse grande marco da regulação do preço do livro. Objeto de ampla campanha midiática, que preencheu a agenda cultural do país durante toda a primavera – *saison* particularmente festejada, após mais de um ano de confinamento em razão da crise pandêmica – o que se observava na maior parte dos programas televisivos, nos jornais e nas mídias sociais era a ênfase na diversidade e na pujança do mercado livreiro francês. Em 24 de abril, por ocasião da Fête de la Librairie Indépendante, houve o lançamento de um livro dedicado exclusivamente a esta efeméride[1]. A edição lançou luz sobre os desafios vivenciados naqueles anos difíceis, mas, também, ou sobretudo, sobre os heróis e os vilões de uma batalha renhida e vencida no governo de François Mitterrand, três meses após sua posse, quando o projeto foi aprovado por quase unanimidade pelos parlamentares franceses. Sem dúvida, aquele volume festivo, que ostenta na capa flores vicejantes sobre um fundo azul royal, com tiragem de 25 mil exemplares, distribuídos gratuitamente para a clientela das 480 livrarias independentes que cobrem todo o país, imprimiu com eloquência esse sentimento de orgulho que a Lei Lang ainda desperta na população francesa.

É bem verdade que a Lei do Preço Único jamais saiu dos holofotes. Desde os anos de 1970, quando o célebre *patron* das Éditions de Minuit, Jérôme Lindon), articulou a Association pour la Loi du Prix Unique (APU)[2], a divisa da campanha, um verdadeiro mantra – "o livro não é uma mercadoria como qualquer outra" –, tornou-se o argumento central, não apenas na França, mas em todo o mundo, a ser reproduzido e rebatido nas ocasiões em que os fundamentos da Lei vinham à tona. Uma propaganda permanente, sem dúvida, que consistiu em reforçar a dupla vocação do livro: mercadoria e fermento cultural[3].

Jean-Yves Mollier e Patricia Sorel[4] desenvolveram em detalhes os momentos e as motivações que antecederam e sucederam à adoção do projeto de lei na França, bem como seu processo de europeização e, cabe dizer, de globalização, acompanhando as próprias mutações da economia do livro nas últimas décadas[5]. De modo sintético, a história ensina que a lei se fez valer malgrado todas as dificuldades que se colocavam, no plano político, econômico e cultural. Lembremos que a "era Mitterrand" foi precedida pelo presidente Valéry Giscard D'Estaing, um político francês de centro-direita que exerceu seu mandato de 1974 a 1981. Nestes anos de recessão econômica, marcados por duas crises do petróleo (1973 e 1977) e por uma conjuntura inflacionária[6], a diretriz adotada pelo governo foi a livre-concorrência. Não se pode, outrossim, perder de vista que o mundo se encontrava dividido em dois blocos hegemônicos (socialista e capitalista) e a vitória de Margaret Thatcher, a dama de ferro que impôs ao Ocidente seu credo neoliberal, como Primeira-Ministra da Inglaterra, entre 1979 e 1990, parecia consolidar a cultura da mão invisível, reforçando o tabu da intervenção do Estado na economia[7].

É sintomático observar que, no Brasil dos anos 1980, os representantes das entidades do setor livreiro estão de acordo com a ideia de que o Estado atrapalha. Pelo menos é esta a imagem que a leitura dos jornais faz transparecer. Vejamos o que anuncia esta reportagem altamente instrutiva sobre as razões do atraso do mercado nacional:

> O editor Alfredo Machado, quando perguntado sobre quais as medidas que deveriam ser tomadas para melhorar a situação editorial no Brasil respondeu: "A maior contribuição que o Governo pode dar é não atrapalhar, já é alguma coisa. Recentemente, vimos o que aconteceu com o Imposto Sobre Operações Financeiras que o Governo instituiu, deu o maior trabalho, conseguimos voltar atrás. Para chegarmos ao zero a zero foi uma batalha"[8].

Mesmo quando se aponta uma possibilidade de ação governamental efetiva, com vistas no desenvolvimento da economia do livro, ela se resume a medidas muito pontuais. Ou seja, não se vislumbra uma interferência sobre bases legais e sólidas, com alcance a médio e longo prazo. Por exemplo, Antônio Houaiss, que em 1980 presidia o Sindicato dos Escritores Brasileiros, faz um diagnóstico preciso do problema do livro no Brasil: a população não lê, produz-se pouco e faltam pontos de venda. De fato, as relações de causa e consequência poderiam girar ininterruptamente em torno desses três fatores, sem que se vislumbrasse uma luz do fim do túnel. Mas o autor apresenta uma saída imediata para sanar a escassez das livrarias no território nacional, quando propõe: "Os bancos oficiais e particulares deveriam dar financiamentos para a implantação de novas livrarias, principalmente nas cidades que não possuem nenhuma livraria"[9]. Porém, a questão de como manter essas livrarias continua em suspenso. Afinal, o livro era caro, pois era caro o papel, as tiragens eram baixas, a taxa de analfabetismo altíssima e o país vivia sob a sombra da hiperinflação. O índice acumulado entre dezembro de 1980 e dezembro de 1981 foi de 95,62%. Dez anos mais tarde, no período de dezembro de 1991 a dezembro de 1992, o país atingiu o índice recorde de 1119,10%. Como pensar em uma política de fixação do preço diante desse cenário? O país conheceu um novo ciclo de estabilidade apenas em meados dos anos de 1990, quando uma série de medidas foram tomadas, dentre elas, a reforma monetária (o Plano Real, de 1994)[10].

Trinta anos mais tarde, a ideia do Estado como um corpo ineficiente, usurpador e autoritário, desprovido de um projeto nacional capaz de alavancar a política, a economia e a sociedade, mantendo o compromisso de um desenvolvimento sustentável e equitativo, assusta e produz a sensação de que a história segue estagnada. As ameaças recentes de taxação do livro reavivam o sentimento de que a "maior contribuição que o Governo pode dar é não atrapalhar"[11]. No entanto, a aposta na mão invisível já não se sustenta mais tão facilmente, de modo que a perspectiva de uma intervenção tão drástica como aquela efetivada na França, nos já distantes anos 1980, pode ser vislumbrada no país com serenidade. Afinal de contas, as pedras se movem, ainda que no solo profundo as estruturas teimem em se manter intactas. E o que as faz mover?

A ESPERANÇA NO FIM DO TÚNEL

Em 1999, o editor Raul Wassermann lança uma luz do fim do túnel. Segundo o presidente da Câmara Brasileira do Livro, havia no país aproximadamente quatrocentas editoras e 1200 livrarias. A formação dos conglomerados editoriais e sua expansão no mercado brasileiro inquietava os investidores locais, embora o clima de otimismo, uma vez vencidos os fantasmas da hiperinflação e da instabilidade política, parecesse inevitável. Na cidade de São Paulo, ou mais precisamente, no bairro de Pinheiros, a Fnac abria as portas do edifício envidraçado e suntuoso, que antes abrigara a primeira *megastore* da cidade, quiçá, do país, o Shopping Ática. Porém, a inserção do Brasil em uma economia globalizada, ao mesmo tempo que acendia os espíritos mais afoitos, mal disfarçava um diagnóstico alarmante: a cadeia permanecia frágil, pois não era capaz de romper os limites da produção e vendas. Nas palavras de Wassermann:

> Se esse tipo de aquisição facilita a entrada do dinheiro externo numa área descapitalizada, também preocupa os empresários brasileiros do setor. "O Brasil não tem necessidade disso", diz. "A nossa produção é de 15 mil exemplares por ano, *talvez excessiva para a demanda*"[12].

Mas, agora, diferente de antes, era possível vislumbrar uma luz no fim do túnel:

> Uma das alternativas, segundo Wassermann, é a criação de uma lei para unificar o preço do produto. Ao sair das editoras, os livros teriam preços de capa (como os jornais e revistas) que valeriam para todas as livrarias e pontos-de-venda do País. A margem de lucro seria igual para todas as livrarias. O projeto para igualar o valor das obras brasileiras já existe [...] Ele conta que há cerca de três anos o setor preparou a Lei do Livro, mas o projeto continua na gaveta do Ministério da Educação[13].

O presidente da CBL demonstra, nessa entrevista, um avanço significativo na forma de encarar os problemas do mercado em sua relação com o Estado. Pela primeira vez, deparamo-nos com a exposição de uma medida efetivamente protecionista, que aponta a possibilidade de igualar "a margem de lucro [...] para todas as livrarias". Após dezoito anos, os princípios da Lei Lang finalmente ecoaram no Brasil. E tudo isso foi provocado, entre outros fatores – ironia da História? – pela entrada da Fnac no país. Hoje sabemos que a concorrência desleal entre os *players* apenas iniciava sua trajetória na cadeia do livro, pois o mastodonte digital estava logo ali[14].

"Mas a falta de vontade política", prossegue Wassermann, "é um dos fatores que têm feito com que o projeto ainda fique só na teoria". Em certo sentido, sobrevive a ideia de que o Estado atrapalha, agora, pela omissão.

Uma nova conjuntura política permitiu ao país a adoção da Lei do Livro ou, de modo mais preciso, da "Política Nacional do Livro – Lei 10.753/03", sancionada pelo presidente Luiz Inácio Lula da Silva, em 30 de outubro de 2003. Embora o problema da regulação do preço tenha ficado a reboque de um debate mais amplo, empenhado em definir as diretrizes das políticas públicas para a promoção do livro e da leitura no país, algumas questões do mercado se apresentam como garantidoras das bases materiais para que os objetivos da Lei fossem alcançados. É o vemos nos antigos destacados abaixo:

CAP. 1 Art. 1º.: Esta Lei institui a Política Nacional do Livro, mediante as seguintes diretrizes:

I assegurar ao cidadão o pleno exercício do direito de acesso e uso do livro;

II o livro é o meio principal e insubstituível da difusão da cultura e transmissão do conhecimento, do fomento à pesquisa social e científica, da conservação do patrimônio nacional, da transformação e aperfeiçoamento social e da melhoria da qualidade de vida;

III *fomentar e apoiar a produção, a edição, a difusão, a distribuição e a comercialização do livro;*

IV estimular a produção intelectual dos escritores e autores brasileiros, tanto de obras científicas como culturais;

V promover e incentivar o hábito da leitura;

VI *propiciar os meios para fazer do Brasil um grande centro editorial*;

VII *competir no mercado internacional de livros, ampliando a exportação de livros nacionais*;

VIII *apoiar a livre circulação do livro no País*;

IX *capacitar a população para o uso do livro como fator fundamental para seu progresso econômico, político, social e promover a justa distribuição do saber e da renda*;

X *instalar e ampliar no País livrarias, bibliotecas e pontos de venda de livro*;

XI *propiciar aos autores, editores, distribuidores e livreiros as condições necessárias ao cumprimento do disposto nesta Lei;*
XII assegurar às pessoas com deficiência visual o acesso à leitura.

A Lei do Livro se coloca como um marco regulatório fundamental para as iniciativas que a sucederam, tanto no que toca às políticas públicas em prol do livro e da leitura, quanto ao seu impacto sobre a cadeia produtiva. Segundo Felipe Lindoso, os programas governamentais, lançados pelos ministérios da educação e da cultura, fizeram do Estado brasileiro o maior comprador de livros no novo milênio. É claro que essas mudanças estruturais observadas nas políticas públicas se refletiram no mercado, o que gerou um ciclo virtuoso da economia. Um exemplo flagrante, apontado pelo autor, foi o crescimento das pequenas e médias editoras. Essas mesmas editoras independentes que encontraram seu espaço de atuação política na Libre[15], ou antes, em 2001, na Primavera dos Livros no Brasil. Muitas outras iniciativas, como a própria Festa do Livro da USP, cimentaram o caminho das vendas diretas com descontos. Diferente dos tradicionais salões do livro, modelo implementado pelas bienais de São Paulo e do Rio de Janeiro, nas "festas" o foco era o preço, com a prática de 50% de desconto sobre o valor de capa. Se de um lado essas medidas rompiam a barreira que distanciava o leitor em potencial dos livros, de outro o problema das livrarias permanecia em suspenso[16].

O ritmo da história se acelera e, na década de 2010, a percepção da cadeia produtiva se altera, tanto quanto o perfil do leitor, no Brasil e no mundo[17]. Importante observar que essas mudanças não enfraqueceram a lei, pelo contrário, elas demandaram ajustes, novos debates e o entendimento de que a emergência das novas tecnologias de informação e comunicação alterou o ecossistema do livro. Os suportes de leitura são hoje multifacetados e não se pode ignorar seus efeitos sobre as práticas e as sensibilidades dos leitores, como bem observa Ana Elisa Ribeiro[18]. O cenário se torna ainda mais instável diante da ofensiva do *e-commerce*. Não é por acaso que os franceses investem hoje em uma nova divisa: "A qualidade das nossas livrarias é única. O preço do livro também"[19]. Qualidade, bem-estar, respeito à bibliodiversidade são fatores em alta e não podem ficar à margem desse processo de propaganda e renovação permanente da Lei Lang.

De forma análoga, podemos inferir que esse novo cenário alterou nossa compreensão sobre o papel das livrarias na sociedade, ao mesmo tempo que movimentações sutis, mas expressivas, no comportamento do leitor brasileiro, após quase duas décadas de políticas inclusivas, nos permite vislumbrar nova luz no fim do túnel[20]. Não seria o momento de voltar nossos olhos para o comércio livreiro, justamente nessa conjuntura de crise, em que ele se reinventa?

E as pedras continuam a se movimentar. Em 2015, o projeto de lei "Política Nacional do Livro e Regulação de Preços" (PL 49/2015), apresentado pela senadora Fátima Bezerra (PT-RN), deu fôlego novo ao tema. Representantes das entidades do livro, profissionais da cadeia, especialistas – inclusive, franceses, a exemplo de Jean-Guy Boin – foram convidados a participar de diferentes fóruns, com o objetivo de debater o projeto de lei, esclarecer a população sobre os mecanismos e os impactos de uma tal proposta, mas também de aprimorar o texto[21]. De Brasília a Paraty, passando por diferentes capitais brasileiras, o projeto foi exaustivamente discutido, contando com a adesão das entidades do setor e com ampla cobertura da mídia. Tudo indicava, naquele momento, que uma lei do preço único não demorava a entrar em vigor no país... Mas "o mar da História", ensina Maiakóvski, "é agitado".

40 ANOS+: EXPERIÊNCIAS E EXPECTATIVAS

Os objetivos e as diretrizes do projeto de lei "Política Nacional do Livro e Regulação de Preços" se colocam nos seguintes termos:

ART. 1º. Esta lei institui a política nacional de fixação do preço do Livro em todos os seus formatos, tendo por objetivos e diretrizes:

I Fomentar o livro como bem cultural.

II Garantir que sua oferta seja acessível ao grande público pelo estímulo à leitura, pluralidade de pontos de venda, *bibliodiversidade* de títulos e maior disponibilidade do bem em todo o território nacional.

III Estabelecer a fixação de preço de venda do livro ao consumidor final, visando assegurar ampla oferta de exemplares e pontos de venda, fixando preço único para sua comercialização[22].

A palavra bibliodiversidade foi acrescentada na última versão do projeto e, sem dúvida, ela expressa um sentimento bastante atual de que o desenvolvimento do mercado depende de uma cadeia diversa, saudável, na qual profissionais, leitores e as próprias edições enriqueçam "a ecologia cultural do país", retomando uma expressão da jornalista Pauline Gabinari. Nesse sentido, talvez o texto mereça uma reformulação pontual, sob o risco de restringir o conceito da bibliodiversidade à noção de quantidade de títulos disponíveis para um público amplo. Sabemos que não se trata apenas disso. Trata-se, antes, de assegurar uma maior capilaridade da distribuição e venda de livros, em condições iguais, em todo o território brasileiro, visando quebrar aquele velho ciclo vicioso, segundo o qual a população não lê, produz-se pouco e faltam pontos de venda – para retomar o diagnóstico de Antônio Houaiss, nos anos 1980. E o que garante a noção de igualdade de condições de venda em todo o território nacional? Nos termos da lei, o preço de capa – o que nos faz pensar que estamos apenas no começo de uma grande batalha pela bibliodiversidade. A lei propõe que os lançamentos editoriais não podem ser vendidos com um desconto superior a 10%, durante o prazo de um ano. Há exceções, nos casos dos livros didáticos ou das vendas governamentais. A proposta francesa é mais severa: o desconto máximo é de 5%, no prazo de dois anos. Portugal acaba de ampliar o período de proteção de 18 para 24 meses[23].

O projeto de lei tramita, é verdade, em uma conjuntura política difícil, em que outra velha ideia, já enunciada neste texto, a de que o Estado atrapalha, parece assombrar a todos. A desvalorização da moeda brasileira, o retorno do fantasma da inflação, a carestia dos preços e a postura autoritária do governo teimam em nos empurrar para o passado, quando Sérgio Lacerda, presidente do sindicato patronal dos editores, esbravejava, em alto e bom som: "O mercado cresce constantemente, apesar do papel aumentar 450% no ano de 84 e da interferência do Estado no setor"[24]. Mas as pedras se movem. A interlocução que o Snel tem mantido com o governo e com a sociedade, não apenas no sentido de apoiar, mas de contribuir para a formulação e a aprovação do projeto de regulação do preço do livro, como tem sustentado Marcos da Veiga Pereira, o presidente da entidade, é o exemplo mais eloquente de que a história não seguiu estagnada[25].

As resistências persistem, na mesma medida que o *e-commerce* mantém uma estratégia agressiva de conquista do mercado. Em uma excelente matéria publicada pela revista *Piauí*, com o título emblemático "Pânico nas Livrarias", dois executivos do ramo editorial expõem, de modo eloquente, suas visões sobre a crise e as mudanças pelas quais passa o mundo do livro. Segundo Luiz Schwarcz, as vendas *on-line* perfazem, hoje, 50% do faturamento de sua editora, a Companhia das Letras, cifra expressiva, que lhe permite a seguinte reflexão: "Tenho que admirar o idealismo, mas as livrarias não se atualizaram. As livrarias físicas têm todo o meu amor, mas elas precisam mudar mais". Para outro executivo, que se pronunciou "sob condição de anonimato", não há meias palavras, nem meias verdades: "A Amazon é muito mais rentável para as editoras. As livrarias mais atrapalharam do que ajudaram, porque o modelo é ruim. O que uma livraria faz para atrair uma adolescente negra no Brasil?"[26] Ora, até mesmo uma historiadora, sem nenhuma formação técnica, é capaz de compreender a importância dos "quatro pês" de Kottler e Keller para a formulação de uma boa estratégia de marketing. E o "pê" que nos interessa, aqui, significa justamente "ponto de comércio". Segundo a "bíblia do marketing", quanto mais *places*, ou pontos de venda, melhor a posição estratégica da empresa e as condições de venda do produto[27]. Em bom português: "o melhor meio de tornar a livraria um canal de acesso do público consistiria na prática de sua expansão. Quanto maior o número de livrarias, mais largo será o acesso"[28]. Cumpre, nesse sentido, zelar pela manutenção de uma cadeia saudável. Isso também é bibliodiversidade.

É difícil precisar em que medida o debate sobre a lei da regulação do preço do livro alavancou as discussões sobre a bibliodiversidade – e, mais do que isso, a necessidade de vivenciá-la – ou vice-versa. Interessa observar que o engajamento hoje verificado em torno da lei, ou mesmo em defesa do livro imune, representa um avanço fundamental na relação do brasileiro com a vida política. Isso ocorre porque a percepção de que o Estado não atrapalha, pelo contrário, ele deve abrir uma "janela política" para a sociedade, decorre, como assinala Yves Surel, de "uma mudança de paradigma da ação pública". Para o autor, "essas mudanças profundas são o fruto de reavaliações dos princípios e dos objetivos da ação pública, elas mesmas ligadas à valorização de maneiras diferentes de apreender os problemas sociais e a natureza das respostas que o Estado é suscetível a oferecer"[29]. A experiência francesa ensina que não se pode subtrair das políticas públicas, como, por exemplo, a campanha pela regulação do preço do livro, seu conteúdo político. Falta à campanha brasileira uma liderança política de peso, como aquela exercida pelo Ministro da Cultura Jack Lang. Acerta a jornalista Pauline Gabinari quando assume que a lei bem poderia ter se chamado "Lei Lindon", considerando a importância do editor no processo de mobilização do setor e da sociedade. No entanto, foi Jack Lang, o ministro nomeado pelo presidente Mitterrand, que se agarrou, naquele momento, para citar uma vez mais Surel, "a uma medida simbólica legitimada por sua ação protetora da 'cultura'"[30]. Sem dúvida, Jack Lang foi a personificação da cultura francesa, naquilo que ela tinha de resistente, protecionista e universal[31].

Essa "mudança de paradigma" do político frente às questões políticas que se colocam na sociedade só pode ser pensada no âmbito de um Estado democrático. Logo, foram necessárias algumas décadas para que a recepção dos problemas apresentados pelos profissionais do livro e pela sociedade brasileira se desse no âmbito das políticas públicas para o livro e a leitura, de forma coordenada. É claro que essa lei não representa uma panaceia para todos os problemas relacionados à leitura, à educação e à economia editorial no Brasil. Na verdade, a lei da regulação do preço do livro se apresenta como uma extensão da Lei do Livro, de 2003, no que toca, particularmente, ao objetivo firmado no artigo 3º, do primeiro capítulo: "fomentar e apoiar a produção, a edição, a difusão, a distribuição e a comercialização do livro".

Hoje alguns editores podem se satisfazer com a perspectiva aberta por um mastodonte digital, capaz de suprir suas necessidades ao absorver 50%, ou mesmo 60% de suas vendas. Mas a quem interessa este tipo de monopólio?[32]

Portanto, a Lei do Preço Único, ou Lei Cortez, não existe apenas para atender às necessidades de uma parte do setor livreiro, às custas dos leitores. Ela existe para tornar a cadeia produtiva mais rica e diversificada. Não se trata, apenas, de um gesto de amor àqueles que aparentemente perderam seu compasso no ritmo acelerado da história. Trata-se, no final das contas, de fortalecer um setor muito frágil e desigual. E, embora a lei da regulação do preço do livro se apresente, na verdade, como um primeiro mecanismo destinado a romper com aquele velho ciclo, composto pela tríade livro caro, produção pequena, leitores escassos, é preciso vencer esta primeira batalha para que outras possam igualmente ser superadas.

Enfim, são muitos os fatores que concorrem para a defesa da lei. O leitor certamente encontrará neste e em outros livros argumentos verdadeiramente sólidos para compreender não apenas os mecanismos, mas também os fundamentos de uma política de regulação do preço do livro. Vale a pena correr atrás.

E se, como ensina Fernand Braudel, a dinâmica da história pudesse ser comparada com o movimento das marés, eu diria que os argumentos em favor da lei de regulação do preço do livro se situam na superfície do mar, eles conformam as espumas das ondas. Ocorre que nem sempre a sua observação dá conta das correntes que circulam nas águas profundas. De forma análoga, é preciso compreender que um projeto de lei como este avança, é claro, por suas qualidades intrínsecas, porém, são essas mesmas qualidades que podem barrá-lo, a depender da classe política no poder e do modelo de Estado que se coloca em jogo. Pois, no fim das contas, se as pedras se movem, foi porque camadas mais profundas do solo as fizeram mover.

NOTAS

1 *Que Vive la Loi Unique du Prix du Livre! La Loi Lang a 40 Ans*, Paris, Association Verbes, 2021.

2 A APU foi fundada em 1973 e trabalhou pela união de livreiros e editores pela adoção de um instrumento de regulação do preço do livro. Investiu no lobby político e em uma campanha midiática de peso. Em 27 de fevereiro de 1978, endereçou ao Primeiro-Ministro uma petição assinada por 572 livreiros e 21 editores, contra o decreto Monory, que fixou o preço líquido do livro. Logrou conquistar o apoio do então candidato à presidência da república, pelo Partido Socialista, François Mitterrand, que incorporou no seu programa de governo, intitulado "as 110 proposições para a França", no item 100, a seguinte promessa: "a liberação do preço do livro será revogada" (*Le Prix du Livre, 1981-2006, La Loi Lang, Contextes, Débats, Documents*, dirigé par Laurent Martin, Paris, Comité d'Histoire du Ministère de la Culture, IMEC, 2006, p. 27). Para Pauline Gabinari, em matéria publicada em 19 de abril de 2021, "chama-se a comumente 'Lei Lang'. Mas ela poderia ter sido igualmente batizada de 'Lei Lindon', tal foi a luta empreendida pelo diretor das Éditions de Minuit, desde os anos 1970, para que se adotasse este símbolo da ecologia cultural do país" (Pauline Gabinari, "Jérôme Lindon: Il Était Minuit Moins Une", *Livres Hebdo*, 20.4.2021).

3 O caráter ambivalente do livro, mercadoria e fermento, firmara-se em 1958, quando da publicação de *O Aparecimento do Livro*, por Lucien Febvre e Henri-Jean Martin (Paris, Albin Michel).

4 Ver, neste volume, Jean-Yves Mollier, " "A Lei Lang e as Mutações do Livro: Balanços e Perspectivas (1981-2021)", pp. 41 e ss. e Patricia Sorel, "A Lei Lang Vista pelos Profissionais do Livro Franceses", pp. 61 e ss.

5 É ampla a bibliografia que dá conta dessas mutações. Registro apenas uma referência que me parece importante e expressa bem a leitura francesa da economia do livro no limiar do século XXI: *Où Va le Livre?*, dir. Jean-Yves Mollier (dir.), Paris, La Dispute, 2007.

6 A inflação acumulada atingiu dois picos na década de 1970/1980: o primeiro, em 1974 (13,7%) e o segundo em 1980-81 (13,6% e 13,4%) (france-inflation.com/inflation-depuis-1901.php). É nesse período que se observa a maior desaceleração da economia do livro: de 1962 a 1971, na "era de ouro da edição francesa", registrou-se o crescimento médio de + 7,3%; em 1971, de + 12,3%; de 1972 a 1981, o crescimento médio esteve na ordem de +1,44%, com dois anos fortes de recessão: 1974 (- 0,66%) e 1981 (- 6,6%). São flagrantes as quedas nas vendas das livrarias tradicionais: se em 1968, elas representam 51% do mercado, em 1981, elas estão na ordem de 35%, ao mesmo tempo que aumenta a participação das grandes redes varejistas no comércio livreiro (*Le Prix du Livre 1981-2006. La Loi Langue...*, p. 11).

7 No capítulo dedicado à luta que se travou entre as editoras independentes e as redes varejistas, nos Estados Unidos, no final do século passado e início do novo milênio, Thompson não coloca no horizonte de expectativas dos profissionais do livro a possibilidade de união por uma lei federal de regulação do preço do livro. Eles se apegam, quando possível, às leis gerais existentes, o que resulta em dispendiosos e intermináveis processos jurídicos. Destarte, a solução aos problemas se situa no plano local, amparada pela noção dos talentos individuais ou de certos grupos. "As livrarias independentes que sobreviveram foram aquelas que eram bem administradas e que construíram fortes laços com suas comunidades locais, organizando e sediando eventos de vários tipos [...]" (John Thompson, *Mercadores de Cultura*, São Paulo, Ed. Unesp, 2013, p. 40).

8 *Tribuna da Imprensa*, 19-20.7.1980, p. 9.

9 *Idem, ibidem*.

10 Desde então, o maior índice acumulado de inflação se deu entre setembro de 2020 a setembro de 2021, a saber, 10,25% (dados extraídos de inflation.eu/pt/taxas-de-inflacao/brasil/inflacao-historica/ipc-inflacao-brasil-1981.aspx).

11 A este respeito, vale uma reflexão: "Era de se esperar que, após o trauma social de 21 anos de ditadura, encurralados que fomos em encruzilhadas autoritárias do tipo 'Brasil: ame-o ou deixe-o', as escolhas pudessem ter a virtuosidade de caminhos iluminados

pela ciência, pela educação, pela cultura, pela literatura e pelas artes" (José Castilho Marques Neto, "A Leitura como Política e Projeto de Futuro", *Livros Para Todos. Ensaios Sobre a Construção de Um País de Leitores*, org. por Daniel Louzada, Rio de Janeiro, Editora Nova Fronteira, 2021, p. 105).

12 *O Estado de S. Paulo*, 17.10.1999 (grifos nossos).

13 *Idem*. Importante observar que os editores independentes se engajaram nesse projeto desde o início dos anos 2000, como observa Haroldo Ceravolo Sereza, em seu estudo "Lei Cortez ou Lei do Preço Comum: Pensar as Políticas Públicas do Livro para Além das Isenções e das Grandes Compras Governamentais", pp. 75 e ss.

14 "[...] a Amazon.com passou a existir comercialmente em julho de 1995, a partir de uma garagem do subúrbio de Seattle; no final de 1998, ela havia se tornado a terceira maior empresa vendedora de livros dos Estados Unidos [...]. De sua base original no mercado de livros dos Estados Unidos, a Amazon expandiu suas operações para além-mar e diversificou sua linha de produção [...]". Após investimentos pesados no mercado britânico, "outras filiais foram subsequentemente abertas no Japão, na França e no Canadá. Em 2007, 45% da receita da Amazon estava sendo gerada fora da América do Norte" (John Thompson, *Mercadores de Cultura*, pp. 49-51).

15 Felipe Lindoso, *O Brasil Pode Ser um País de Leitores?*, São Paulo, Summus Editorial, 2004, pp. 109-172.

16 Haroldo Ceravolo Sereza traça, neste livro, um histórico preciso da importância que a Liga Brasileira de Editores (Libre) reservou à política de regulação do preço do livro, desde sua fundação, em 2002.

17 Na verdade, mudanças profundas provocadas pela emergência de novas tecnologias de informação e comunicação já eram apontadas, no início do milênio, por vários especialistas, dentre os quais, Jorge Manuel Martins, em *Profissões do Livro. Editores e Gráficos. Críticos e Livreiros*, Lisboa, Verbo, 2005.

18 Ana Elisa Ribeiro, "Livro, Hoje: Multiversidade e Aspectos Tecnológicos", pp. 129 e ss.

19 Pauline Gabinari, "Jérôme Lindon: Il Était Minuit Moins Une".

20 Esperançosos, mas preocupados. Ao comentar a 5a edição da pesquisa *Retratos da Leitura no Brasil* (2021), Zoara Failla afirma que "as livrarias físicas ou virtuais – continuam sendo as preferidas dos leitores para a aquisição de livros (41%) e podem ter sido a forma de aquisição, também, de boa parte de livros presenteados (25%). Nos três meses anteriores à realização da pesquisa – continua a autora – 23% da população ou cerca de 44 milhões de pessoas compraram algum livro. Aproximadamente metade desses compradores (47%) têm renda familiar superior a dez salários mínimos; os demais têm renda familiar abaixo de dez salários mínimos, contrariando, também, a partir desses números (53%), a afirmação de que somente 'ricos leem' ou compram livros. Mas esse dado também revela que mais de 70% dos brasileiros não compraram nenhum livro em um período de três meses, e que 53% nunca compraram ou compraram um livro há mais de dois anos". Zoara Failla, "O Brasileiro que Lê, Lê o Quê?" (*Livros Para Todos. Ensaios Sobre a Construção de Um País de Leitores*, org. por Daniel Louzada, Rio de Janeiro, Editora Nova Fronteira, 2021, p. 101).

21 O leitor observará, no final do volume, que uma nova versão do projeto de lei, aprovada pela Comissão de Constituição, Cidadania e Justiça do Senado (CCJ), sob a relatoria do senador Lindbergh Farias (PT-RJ), em 2017, apresenta-se mais abreviada e consistente do que o primeiro texto.

22 O projeto de lei "Política Nacional do Livro e Regulação de Preços" ainda tramita no Senado. A matéria segue com nova relatoria, desde 2019, do senador Jean Paul Prates (PT-RN). Nós nos valemos da última versão, revista e emendada pela CCJ (grifos nossos).

23 Nuno Medeiros, "Fixar o Preço, Salvar o Livro. Convergências, Tensões e Percursos no Caso Português", pp. 113 e ss.

24 *Tribuna da Imprensa*, 27.3.1985, p. 12.

25 Na avaliação de Marcos da Veiga Pereira: "O que vira a chave é o desenvolvimento do varejo *on-line*. No Brasil, o varejo *on-line* é que traz a dimensão de quanto o livro pode ser utilizado como objeto de atração do consumidor, com práticas comerciais abusivas". https://www.publishnews.com.br/materias/2021/10/15/lei-do-preco-fixo-passa-a-se-chamar-lei-jose-xavier-cortez

26 Gustavo Zeitel, "Pânico nas Livrarias", *Piauí*, n. 182, nov. 2021, pp. 55 e 58.

27 Philip Kotler e Kevin Lane Keller, *Administração de Marketing*, 12. ed., São Paulo, Pearson, 2006.

28 Oswaldo Siciliano, "Livrarias, Meios de Acesso aos Livros", *Políticas Editoriais e Hábitos de Leitura*, org. por José Carlos Rocha, São Paulo, Com-Arte, 1987, p. 24.

29 Yves Surel, "Quand la Politique Change les Politiques. La Loi Lang du 10 Août 1981 et les Politiques du Livre", *Revue Française de Science Politique*, 47e année, n. 2, 1997, p. 148.

30 *Idem*, p. 158.

31 Em um debate duro, travado com André Essel, fundador da rede Fnac, em 2003, Jack Lang defende a postura adotada como ministro defensor da Lei, em 1981: "Eu, politicamente, falo e assino embaixo. Eu quero dizer que a política, para mim, é a capacidade que podem ter em um determinado momento tais ou quais homens políticos de assumir suas responsabilidades, não seguindo a última moda, e tampouco se submetendo às pesquisas, ou mesmo se submetendo aos grupos de pressão... A democracia não consiste em se dobrar, em se dobrar e a seguir os mais fortes. Na realidade, éramos minoritários no Senado, que no final das contas votou a favor da lei, minoritários entre os profissionais, minoritários na imprensa. É por esse motivo que não podíamos nos demorar, era preciso ser rápido, agir energicamente, avançar" (Jack Lang. *Le Prix du Livre 1981-2006. La Loi Langue...* p. 87).

32 De acordo com um executivo da editora Todavia: "A Amazon tem uma participação muito importante, mas ninguém quer que ela seja o único canal de venda" (Gustavo Zeitel, "Pânico nas Livrarias", p. 57).

PA
T

SOBRE O PREÇO DO LIVRO E O VALOR DA LEITURA: UMA ABORDAGEM GLOBAL

A LEI DO PREÇO FIXO NO MUNDO

JEAN-GUY BOIN

ELEMENTOS INTRODUTÓRIOS

A ideia, a esperança, a questão de um preço fixo em toda parte, por vezes chamado de "preço único", não é nova. De fato, durante muito tempo os vendedores de livros eram quem fazia sua impressão. A diferenciação, cuja origem podemos situar em meados do século XVIII, levou à diversidade de preço de venda para uma mesma obra.

Em 1763, em sua *Lettre sur le Commerce de la Librairie*[1] – texto considerado uma forma de relatório encomendado pela organização profissional dos impressores livreiros da época –, Denis Diderot fala da organização da cadeia do livro, das questões ligadas à liberdade de criação, do papel do poder político, da censura. Ele descreve o que chamamos atualmente de sistema de perequação (ou "subvenções cruzadas"), quer dizer, o financiamento de uma maioria de títulos deficitários por algumas obras que se vendem bem, e aventa a hipótese de um dispositivo de fixação do preço de venda, para o qual ele lembra a importância de se estar atento a sua aplicação.

Em 1829, os editores ingleses definiram um preço fixo por obra, constatando que os livreiros que dedicavam espaço aos livros de venda mais lenta perdiam dinheiro, de modo que os varejistas não conseguiam mais conceder descontos significativos e, assim, desestabilizar o comércio do livro. Cerca de vinte anos depois, a Sociedade de Autores, presidida por Charles Dickens, conseguiu que esse dispositivo fosse deixado de lado, por lhe parecer que ele era contrário ao interesse dos criadores.

Em 1887, o Böersenverein des deutschen Buchhandels, associação do comércio livreiro alemão, instaurou o preço único do livro após anos de oposição dos negociantes de saldos, poderosos intermediários presentes nas grandes feiras do livro, dentre as quais a famosa Feira de Leipzig.

Como as regras europeias não autorizavam a existência de acordos interprofissionais, que são vistos como acordos que ameaçam a concorrência, esse dispositivo teve que ser abandonado e, de modo comparável ao que houve na França em 1981, uma lei sobre o preço único do livro foi votada pelo Parlamento alemão.

MODOS DE FIXAÇÃO DO PREÇO DO LIVRO POR PAÍS

São apresentadas aqui informações oriundas de diversas fontes públicas e profissionais. Elas não refletem necessariamente a situação atual, uma vez que as fontes de dados não são sistematicamente atualizadas. O autor pede que o leitor o desculpe por determinados erros dessa natureza. Lembrando, aliás, que o panorama não é exaustivo. Na maior parte dos países vigora o sistema de preço de venda do livro fixado por cada varejista.

No Brasil, hoje, a questão do modo de estabelecimento do preço do livro está em discussão. Os diferentes exemplos, na forma de enumeração heteróclita, podem contribuir com elementos complementares à reflexão que se faz.

UNIÃO EUROPEIA

- **Alemanha:** Um acordo interprofissional levou em 1887 à instauração de um preço único do livro. Esse acordo atravessou as fronteiras, ou seja, foi aplicado também na Áustria e na Suíça germânica, além da Alemanha.

  As regras europeias de concorrência proibiam tais disposições, por isso a dimensão transfronteiriça foi deixada de lado há cerca de vinte anos. Se, como foi indicado mais acima, as mesmas regras proíbem acordos interprofissionais, o princípio de subsidiariedade se aplica no domínio da cultura, no seio da União Europeia. Dito de forma mais clara, isso significa que cada Estado membro pode organizar a política pública para esse setor, bem como uma lei de âmbito econômico como essa, possibilitando fixar um preço único de venda. Desde 2002, a Alemanha dispõe de uma lei desse tipo.

  Não existe desconto possível (com exceção dos livros escolares, para as compras feitas por organismos públicos) e para as bibliotecas públicas de empréstimo de exemplares (10% no máximo), bem como as universitárias (teto de 5%), e a duração de preço fixo é de 18 meses após a publicação.

  O livro digital também está sob a égide do preço único desde 2016.
- **Áustria:** Lei sobre o preço único criada em 2000. Duração de dois anos após a publicação e possibilidade de desconto máximo de 5% e de 10% para todas as bibliotecas. Exceção para o livro escolar (acordo contratual entre o Estado e os editores). A lei também se aplica ao livro digital.

- **Bélgica:** As disposições são recentes – 2019 para a região da Valônia (Bélgica francófona) e Bruxelas Capital; 2017 para a parte flamenga, concernindo tanto o livro impresso quanto o livro digital – nessa região, o preço é único durante seis meses após a publicação, exceção feita ao livro escolar, e desconto possível de 20% para as bibliotecas.

  Para as outras regiões, desde abril de 2019 preço fixo com desconto possível de 5%, duração de 24 meses após publicação (doze meses para os quadrinhos), teto de 15% para as bibliotecas.
- **Dinamarca:** Acordo interprofissional de preço único em 1837, abandonado em 2006 para se conformar às regras europeias. Atualmente, não há desejo de votar uma lei.
- **Espanha:** Decreto de 1974 instaurando um preço único, 5% de desconto autorizado, duração de dois anos após publicação, exceção feita aos livros escolares, 15% de desconto máximo para as bibliotecas. Livro digital ao preço fixado pelo editor.
- **Finlândia:** Acordo interprofissional de preço existente até 1970, abandonado após novas leis sobre a concorrência.
- **Grécia:** Preço único instaurado em 1977, suspenso a pedido das autoridades monetárias internacionais em 2014 e reinstaurado em 2018. Duração de dezoito meses após a publicação, desconto máximo de 10%, sem limite de desconto para as vendas às bibliotecas.
- **Hungria:** Acordo interprofissional contestado pelo Estado. Tentativa ainda em vigor de obter uma lei sobre o preço único.
- **Irlanda:** Antigo acordo interprofissional abandonado em 1992.
- **Itália:** Lei sobre o preço do livro votada em 2001, mas insuficientemente clara para ser aplicada. Essa lei foi várias vezes revisada. Desde o início de 2020, o desconto máximo é de 5%.
- **Luxemburgo:** Inexistência de lei, mas o preço do livro aconselhado pelo editor é geralmente aplicado em todos os pontos de venda.
- **Países Baixos**: Preço único desde 1903, codificado pela lei de janeiro de 2005. Duração de doze meses após publicação, desconto possíveis de 10%. Isenção para o livro escolar.

- **Portugal:** Lei de 1996, duração de dezoito meses após a publicação, desconto máximo de 10% para o público e 20% para as bibliotecas, isenção para o livro escolar.
- **Eslovênia:** Único país da ex-Europa central e oriental a dispor de um regime de preço fixo sob forma de um acordo interprofissional.
- **Suécia:** Antigo acordo sobre o preço do livro abandonado em 1970, em nome do direito à concorrência.

EUROPA GEOGRÁFICA NÃO PERTENCENTE À UNIÃO EUROPEIA

- **Reino Unido:** O Net Book Agreement, acordo interprofissional entre editores e livreiros, estabelecia o princípio do preço único para o livro. Em 1995, sob pressão de cadeias de livrarias, a maioria dos editores ingleses denunciou esse acordo.
- **Turquia:** Existe um sistema de preço único, mas inúmeros pontos de venda não o respeitam e o tema não parece preocupar o governo.

ÁFRICA

- **África do Sul:** Preço recomendado pelo editor, em geral respeitado.
- **Argélia:** Lei sobre o preço único votada em 2005, muito pouco respeitada na prática.
- **Costa do Marfim:** Uma lei fixando o princípio de um preço único para o livro foi votada recentemente, mas o decreto de aplicação não foi publicado ainda.

AMÉRICA CENTRAL E LATINA

- **Argentina:** Uma lei existe desde 2002. Um desconto de 10% é autorizado, em especial para as vendas nas feiras do livro. Descontos extremamente importantes podem ser concedidos ao Estado, às bibliotecas e a diversas estruturas públicas.
- **México:** Uma primeira lei sobre o preço único do livro foi votada em 2006, finalizada em 2008 e revista em 2015. A duração

do preço fixo vai até dezoito meses após a primeira edição e não diz, portanto, respeito às reimpressões, além desse prazo.

ÁSIA

- **Coreia do Sul:** Lei de 2002 sobre o preço fixo. As livrarias físicas não podem dar descontos durante dezoito meses após a publicação, mas as livrarias *on-line* sim. O desconto máximo é de 10% ou de 5%, quando se trata de um desconto indireto (cartão de fidelidade ou vale-presente que não o livro).
- **Japão:** Sistema de manutenção do preço de venda (*Resale Price Maintenance System*). Trata-se de um acordo voluntário entre os editores (a maioria aceita) e os livreiros. Isso diz respeito aos primeiros dois anos das obras e o desconto máximo é de 5%.

ALGUNS ELEMENTOS DE REFLEXÃO

É, portanto, no Reino Unido, na Alemanha e nos países escandinavos que se instaura o sistema do preço fixo do livro. Além da Alemanha, seria nesses mesmos países que se observa o abandono desse sistema durante o século XX? Esse abandono está ligado, na maior parte dos casos, à evolução das políticas públicas, em particular a uma reticência quanto à intervenção do Estado e, portanto, a "legislações econômicas", em questões financeiras, como resposta ao desenvolvimento de grandes entidades comerciais para as quais a concorrência pelo preço é o principal eixo de política de desenvolvimento.

Inversamente, nos países do Sul da Europa ocidental, os sistemas de preço fixo apareceram mais tardiamente. É fácil entender esse fato como uma demanda aos Estados pelos profissionais do livro, de regular a economia do setor do livro, frente à agressividade comercial dos novos vendedores. Também é preciso lembrar que a proibição estabelecida pelas regras europeia de acordos profissionais sobre a fixação do preço de venda levou esses países a exigirem leis específicas ao preço do livro.

Essa dualidade na Europa corresponde também a pontos de vista diferentes, dos profissionais do livro, entre os países do Norte (de tradição majoritariamente protestante) e os do Sul (de tradição majoritariamente católica), relativamente às relações entre a esfera econômica e o Estado – os primeiros vendo a si mesmos primeiramente como agentes econômicos, e os segundos priorizando seu papel cultural. Essa observação sobre as diferenças de apreciação das relações Privado/Público encontra eco nos debates gerais, no seio da Europa, sobre a condução dos assuntos públicos e sua interação com os agentes econômicos.

Nos outros países do mundo, os sistemas de preço fixo dizem respeito a muitos poucos países para que possamos esboçar uma hipótese sobre a gênese de sua aplicação em cada uma das regiões.

NOTA

1 Denis Diderot, *Lettre sur le Commerce de la Librairie*, *Œuvres Complètes de Diderot*, éd. Assézat et Tourneux, Paris, Garnier Frères, 1875-1877 (ed. br. *Carta sobre o Comércio do Livro*, Rio de Janeiro, Casa da Palavra, 2002).

FIXAR O PREÇO, SALVAR O LIVRO. CONVERGÊNCIAS, TENSÕES E PERCURSOS NO CASO PORTUGUÊS

NUNO MEDEIROS

O livro, "esta mercadoria", como o categorizaram seminalmente Henri-Jean Martin e Lucien Febvre, emerge como realidade histórica que se impôs com toda a força à atividade dos seus próprios agentes de produção e distribuição, enquanto membros de uma "indústria regida pelas mesmas leis que as outras indústrias", que sempre se viram obrigados a "ganhar a vida" num mercado que "sempre foi semelhante a todos os outros mercados"[1]. Se a interiorização – e também exteriorização – desta realidade foi inevitável pelos membros dessa indústria ao longo do processo histórico de autonomização da edição como campo, das profissões do livro como atividades distintas entre si e da cultura impressa como palco de processos produtivos de base capitalista, verifica-se que a esfera editorial é povoada em número cada vez maior por agentes, sobretudo editores, dispostos a assumir um conjunto de práticas de base intrinsecamente econômica suportando essas práticas num discurso pragmático e sustentado em motivações mais ligadas a modelos de gestão do que a princípios de abnegação ou intervenção cultural.

E face a esta natureza marcadamente mercantil da obra, surge um dos desafios maiores enfrentados pela esmagadora maioria dos editores: o de que cada livro é único e que o mercado do livro é indeterminado[2]. A edição, designadamente a de pendor generalista (mas não apenas esta), navega na ambiguidade quanto ao perfil dos putativos leitores de um livro e quanto à amplitude das suas reações. No lado da oferta, a edição pode ser programada (e é-o com muita frequência). No entanto, no lado da procura, o seu destino é desconhecido, se forem excluídos deste raciocínio aqueles casos em que as vendas estão garantidas à cabeça através de contrato específico para isso, muitas dessas vendas ou a sua totalidade até antes do próprio livro existir.

E esta dimensão do desconhecido decorre em larga medida do fato de que o público leitor, apesar de funcionar como mola da ação editorial, não deixa de ser uma massa indefinida, uma entidade projectada, uma fonte profícua de confusões. A audiência de um livro específico não é confundível com o público que frequenta regularmente as livrarias, e este não é confundível com o público leitor, categoria sumariamente definível como o conjunto de pessoas que conseguem realizar autonomamente atos de leitura[3]. Em face desta indeterminação, ao editor restam duas alternativas: ou publica os valores que acredita serem seguros, incluindo gêneros por ele comprovados e autores consagrados (mesmo que sejam autores de nicho), ou arrisca seletivamente, assumindo as consequências do desconhecido. Sublinhe-se que é amiúde neste vetor de imprevisibilidade que acaba por residir o fator criador da edição. De maneira inversa, "à medida que o processo de trabalho de uma empresa vai ficando mais racionalizado, o seu resultado torna-se mais homogêneo e a sua capacidade de inovação diminui"[4].

A incerteza quanto à aceitação de uma obra ou de uma coleção pelo público, que é insuscetível de ser conhecida antecipadamente com rigor e segurança, é um dos pilares da organização da edição enquanto setor industrial e comercial, com um número muito significativo de casas editoriais a ser confrontado com a necessidade de gerir a incerteza e a de minimizar o risco. Um dos exemplos mais evidentes desta necessidade corresponde ao modelo de ressarcimento dos direitos autorais em função de um montante percentual das vendas, modelo amplamente usado e que é mesmo um dos elementos identificativos do setor editorial.

Verificam-se, pois, como assegurou José Afonso Furtado, "limites evidentes para a análise econômica do livro. Esses limites devem-se à irredutibilidade do texto às categorias econômicas habituais"[5]. A natureza do livro, simultaneamente material e imaterial, com um suporte físico – mas igualmente cada vez mais digital – a que é possível atribuir um valor pecuniário e um valor intangível quase sempre muito difícil de estimar[6], confere-lhe uma excentricidade econômica, já que o valor de troca raramente – se é que alguma vez – corresponde ao valor de uso.

O livro partilha obviamente várias propriedades com outros bens de troca a que se outorga valor intelectual ou estético[7]. A singularidade do livro reside precisamente na possibilidade da sua reprodução sem que isso corresponda a uma depreciação, a uma suspensão ou a uma anulação do seu preço e das suas qualidades intrínsecas. Apesar da sua particularidade econômica, a edição enquanto atividade inscrita num mercado de tipo capitalista[8] é afetada – ainda que de modo diferente do de outras áreas de produção – pela aceleração do desenvolvimento tecnológico, pelo aumento da massificação ou pela inevitabilidade da flutuação dos preços.

Retorna-se, assim, neste fio narrativo ao truísmo de que o livro publicado é mercadoria, ou melhor, é também mercadoria. E é nessa condição que o livro organiza um sistema de articulação e entrelaçamento complexos de produção e venda que é gerado por, e gerador de tensões. Para além das várias posições e oposições presentes no nem sempre fácil diálogo entre as dimensões de comércio e as de cultura, que constituem o pano de fundo da discussão em causa, o sistema de fabrico e circulação comercial do livro gera outro tipo de tensões, que extravasam o debate interno entre agentes do mundo editorial e o projetam para uma discussão de âmbito mais geral em torno da relação de conflito "entre as condições gerais de liberdade de concorrência comercial e a especificidade das atividades econômicas que tocam o domínio da cultura"[9].

O desenvolvimento histórico de uma indústria editorial numa moldura da expansão de formulações mais ou menos liberais conjugadas com processos sociais, políticos e econômicos de afirmação de uma certa realidade de massificação de usos, consumos e capacidades, desencadeia-se no decurso de um longo e duradouro debate sobre os efeitos das trocas comerciais de natureza capitalista global e o papel de instituições da modernidade quando confrontadas com esses efeitos. Este processo geral, que foi tomando forma de maneiras variadas em contextos sócio-históricos particulares, forja ele próprio um feixe de tensões próprias no seio do mercado do livro (embora não somente no mercado do livro): tensões entre crescimento do mercado, diversidade do mercado e regulação do mercado[10].

Elementos como a dimensão do mercado do livro e o seu amadurecimento, a expansão das práticas de leitura ou a heterogeneização das modalidades de acesso ao impresso acarretam consequências específicas nos equilíbrios – mais estáveis ou mais precários – entre interesses e possibilidades dos agentes econômicos de produção e venda do livro. Estes equilíbrios ou desequilíbrios se traduzem nas estratégias e nos comportamentos de diferenciação e de especialização da atividade editorial e, portanto, na maior ou menor diversificação de títulos, na viabilização econômica de projetos de edição e de distribuição do livro ou nas possibilidades de expansão do mercado e da ampliação da concorrência. Estas dimensões (que são: diversidade de títulos e gêneros; viabilidade econômica; e expansão do mercado e aumento da concorrência) têm suscitado ao longo do tempo, já desde o século XIX[11], mas com particular premência a partir do último quartel do século XX, a discussão em torno da necessidade de dispositivos de regulação do mercado e de mitigação ou anulação dos desequilíbrios no setor do livro, quer se operem esses dispositivos através de mecanismos inerentes à autorregulação dos atores ligados à edição e à venda, quer decorram de uma intervenção direta das estruturas político-administrativas.

A regulação do mercado do livro mediante uma ação direta na política de preços é um dos elementos mais salientes desta discussão, suscitando debate aceso – e amiúde extremado – e permitindo uma janela aberta sobre os processos que o setor de produção, distribuição e venda do livro têm vindo a sofrer, com particular acuidade a partir da década de 1960[12]. Assim se passou também no caso português, sobre o qual se traçará uma panorâmica necessariamente breve, mas suficiente para uma primeira noção do trajeto das dinâmicas globais do setor em Portugal que precipitaram o nascimento, crescimento e densificação de um debate em torno da necessidade de uma intervenção no mercado por via de uma regulação de preços, debate esse que teve um dos pontos culminantes na publicação pelo governo da República Portuguesa, em 21 de Setembro de 1996, do Decreto-lei n. 176/96, conhecido como a Lei do Preço Fixo.

O contexto de surgimento da discussão que antecedeu a legislação sobre o preço fixo do livro em Portugal reporta-se aos atributos do próprio universo editorial e livreiro do país, estruturalmente diminuto e temporalmente defasado (pelo menos, no que respeita a um conjunto de aspectos do seu funcionamento) quando comparado com outros universos congêneres, tidos e vistos como centrais e referenciais. O sistema de edição e venda de livros destes países viu-se atravessado por transformações que só mais tarde se fizeram sentir em Portugal, como o aparecimento em força das cadeias de varejo (em espaços mais ou menos especializados, incluindo o de hipermercados), a partir dos anos 1960, e um incremento da concentração editorial e livreira, com especial incidência a partir das décadas de 1970 e 1980, sobretudo em países como os Estados Unidos da América, o Reino Unido, a França e a Alemanha.

Nesses países, a entrada em cena de novos participantes e o desencadeamento de novas dinâmicas de presença no setor provocou uma reorganização do sistema de produção e comercialização do livro, cujas ondas de choque afetaram os padrões até então dominantes de edição e venda. Essas ondas de choque traduziram-se essencialmente numa desregulação de preços e na introdução de novas modalidades do comércio do bem impresso como livro, mas repercutiram igualmente em tendências de hipervalorização de certos gêneros editoriais e autores. E este movimento acabou, por um lado, por erodir ou destruir formas de autorregulação para o preço do livro existentes (algumas das quais com antiguidade assinalável, como o Net Book Agreement no Reino Unido, em vigor entre 1900 e 1995) e, por outro, acabou também por despertar ou reacender reações dos poderes públicos de vários Estados, no sentido de enquadrar juridicamente acordos entre membros do setor do livro ou de regular os preços através de legislação própria[13].

A realidade portuguesa segue esta tendência, embora mais tardiamente. Exibindo índices de leitura significativamente mais baixos do que a maioria dos países aqui designados como centrais, o sistema-livro português apresenta ainda um tecido empresarial que é criativo e com algum dinamismo, embora seja caracterizado principalmente pela fragilidade econômico-financeira, pela reduzida dimensão do seu mercado e pela volubilidade da larga maioria dos seus agentes[14]. Procurando estabelecer uma linha cronológica dos acontecimentos e das diversas fases que pautam o início do debate que colocou a questão do preço fixo do livro na agenda dos profissionais do setor e dos agentes políticos, num primeiro momento, e depois os projetou para uma discussão pública mais alargada, num segundo momento, pode-se afirmar que, em meados da década de 1980, esta questão nasce como tema de debate em Portugal.

Vários fatores contribuíram para este início, cuja convergência temporal criou as condições indispensáveis para a tomada de posições que vão construindo um espectro de pontos de vista e de defesa de princípios gerais e interesses mais particulares, espectro esse que, apesar de ser diversificado e denso, não deixou de gerar polarizações.

Entre esses fatores, podem destacar-se os seguintes: a discussão em torno da aplicação do imposto sobre o valor acrescentado (IVA) aos livros (a aplicação do IVA aos livros, ainda que em taxa reduzida, veio a suceder em 1992); a necessidade cada vez mais sentida de reformulação regulamentar de aspectos da atividade editorial como os direitos de autor; a divulgação, em 1986, pela Associação Portuguesa de Editores e Livreiros (Apel), do documento elaborado pelo Grupo de Editores de Livros da Comunidade Econômica Europeia, intitulado *Uma Política para o Livro*, no qual se levantavam questões como a do preço fixo dos livros, contribuindo para a sua discussão pública[15]; a afirmação da concentração no sector livreiro, com a instalação e crescimento das cadeias livreiras, como as livrarias Bertrand, Bulhosa, Almedina ou espaços como a Fnac (já em finais dos anos 1990); e a abertura, a partir de 1985, dos grandes varejistas, os hipermercados, dotados de espaços de venda de livros.

A entrada em campo dos hipermercados terá sido, nas palavras de Rui Beja, a "[m]ãe de todas as transformações"[16]. Segundo o autor, com o aparecimento e a proliferação das grandes superfícies, deu-se início a uma alteração profunda do panorama até então existente em Portugal. Tratou-se de "uma autêntica revolução tanto do lado da oferta como nos hábitos de compra dos consumidores. Todos os agentes atuantes no mercado do livro foram abrangidos pelo impacto de um novo conceito que veio pôr em causa os modelos tradicionais, conduzindo a alterações profundas em todas as frentes"[17].

Com efeito, o pequeno mundo português do livro não estava preparado para as práticas agressivas de atores comerciais movidos por estratégias de venda agressivas e com grande capacidade de influência nos pressupostos da formação de preços. A sua filosofia de comercialização de livros suportava-se em premissas claras e de enorme alcance nas relações econômicas do setor da edição, mas também no da distribuição e nos canais tradicionais de escoamento, constituídos na sua maioria por livrarias independentes. E que premissas de venda do livro nas grandes superfícies são essas? Privilegiar o *best-seller*, a literatura generalista de alta rotatividade, os livros infantojuvenis e escolares; negociar descontos elevados e prazos de pagamento dilatados em função de grandes quantidades de livros encomendados às editoras; pressionar as editoras para que estas contribuam de modo direto e regular nas campanhas de promoções; e apresentar o livro ao comprador em sistema de *self-service* desprovido de aconselhamento profissional.

As repercussões não se fizeram esperar. Não só nas práticas e nos discursos dos profissionais do livro, mas igualmente no domínio das normas legais. Logo em 1989, sob proposta governamental, o parlamento português aprova a liberalização da venda dos livros escolares e a abolição do seu preço mínimo através da Lei n. 33/89, de 23 de agosto, abrindo alas à desregulação da única parcela do setor que estava sujeita a algum controle em termos da fixação de preços. Na esfera associativa, profissional, empresarial, midiática e política desenham-se diagnósticos e estruturam-se argumentos em torno dos riscos ou oportunidades que as novas condições geravam para o comércio do livro. Estavam, assim, criadas todas as condições para a emergência do debate em torno da necessidade ou da não necessidade de uma política para o preço dos livros em Portugal e sobre como o fazer.

Os riscos identificados por quem defendia um mercado regulado com fixação de preço pelo editor giravam em redor do potencial de forte perturbação do setor que as práticas agressivas de descontos e o poder negocial das grandes empresas de venda a retalho tinham, com efeitos na limitação da oferta editorial em termos da redução da diversidade de escolha e empobrecimento de gêneros e autores disponíveis, no encerramento de livrarias, no fechamento de distribuidoras ou enfraquecimento do seu papel e na forte diminuição de margens dos editores com menor poder de negociação.

No âmbito dos agentes políticos ligados à intervenção no mundo da cultura foi sendo cada vez mais visível uma inclinação para a defesa de mecanismos legais que protegessem o preço do livro de práticas de descontos com potencial de desagregação dos setores da edição e da livraria. Um primeiro projeto de decreto-lei, promovido pela Secretaria de Estado da Cultura em 1990, é discutido e rejeitado no Conselho de Ministros do governo de centro-direita em novembro de 1992, na sequência da oposição do Ministério do Comércio e Turismo e da Secretaria de Estado da Concorrência e Distribuição. O Ministério da Cultura não se pronunciou dado o fato de não existir nessa altura.

Com o malogro desta iniciativa, a Secretaria de Estado da Cultura defendeu, então, a adoção de um sistema de acordo entre as partes para a regulação do preço do livro. Sob a égide do governo, em junho de 1993 têm início as negociações entre a Apel e a Associação Nacional de Supermercados (ANS) para que se estabelecesse um acordo que permitisse a fixação de um preço mínimo para os livros. As negociações são interrompidas em outubro, por abandono da ANS, cuja posição se manteve inamovível na não aceitação de qualquer intervenção no princípio e na prática do livre estabelecimento de preços.

Em novembro de 1993, a Secretaria de Estado da Cultura volta à carga, diligenciando o começo da discussão que pudesse vir a conduzir à concretização de um preço fixo do livro por convenção entre os próprios profissionais do setor, os editores. Em abril de 1994, conclui-se o resultado dessas diligências, com a apresentação do *Acordo de Editores Relativo às Condições de Fixação dos Preços de Venda de Livros ao Público*. Este projeto de convenção é submetido ao Conselho Superior da Concorrência para parecer. O parecer, vindo a lume em setembro de 1994, é inconclusivo e retira espaço de manobra aos envolvidos na elaboração do acordo, inviabilizando a sua concretização. Do ponto de vista da tomada de posições no debate sobre o preço fixo, este talvez corresponda ao período de maior dramatização e de intensificação do antagonismo[18].

Na panorâmica de que aqui se dá nota breve acerca do percurso em que se forjaram as encruzilhadas e as opções de convergência e tensão em torno da discussão sobre o preço fixo do livro em Portugal, as quais acabaram por conduzir à aprovação de um dispositivo legal de regulação, as lógicas políticas contam muito, tanto quanto as dinâmicas verificadas no interior do heteróclito setor da edição e venda de livros. A chegada ao poder de um governo de centro-esquerda, em outubro de 1995, mudou o jogo. O programa de governo advogava e anunciava a "implementação transitória, por via legislativa, do preço fixo para o livro"[19]. Com a elevação da área da cultura a ministério, o ministro, Manuel Maria Carrilho, encarrega logo em dezembro de

1995 um grupo de trabalho para a elaboração da proposta de decreto-lei, que é submetido na sua forma final e depois de consulta pública ao Conselho de Ministros, em 1 de agosto de 1996, aprovando o diploma legal que vem a constituir o Decreto-lei n. 176/96, publicado em 21 de setembro seguinte. Ao assumir a sua influência na arena onde se joga o destino do livro, o Estado tomava para si o papel de maior protagonismo, resolvendo ser ator e não meramente espectador[20], optando decididamente por uma intervenção corretiva no mercado.

Depois de ultrapassado o impasse que persistiu durante anos entre a tutela política da cultura e a da economia e concorrência, a opção governativa, em Portugal, privilegia a via da intervenção dos poderes públicos nesta matéria, operada por ação legislativa, em detrimento de uma via de tipo mais supletivo, de mediação entre as partes envolvidas num processo negocial. O ministro da cultura justifica a opção tomada com base em dois princípios fundamentais: por um lado, a defesa da diversidade do livro enquanto produto autoral e editorial e, por outro, a renovação e viabilização do comércio livreiro mais tradicional, baseado em unidades normalmente separadas e independentes de editoras, cadeias ou redes de venda. Logo a seguir à adopção do decreto-lei do preço fixo do livro, Carrilho declara ter-se procurado "repor no setor uma concorrência saudável e, assim, defender a diversidade cultural em dois planos fundamentais: o da atividade editorial, de modo a que ela possa traduzir a vitalidade e a heterogeneidade da criação e produção culturais, e o de uma renovada rede livreira, que consiga garantir uma oferta multifacetada, disseminada, próxima dos cidadãos"[21].

Venceu a visão de que os livros são diferentes, mantra de proclamação do cariz peculiar dos livros, recorrente no discurso de editores, livreiros e de outros membros da comunidade do livro (de bibliotecários a escritores, de tradutores a docentes), mas também passível de penetrar nos pressupostos ideológicos e programáticos dos agentes políticos. Triunfou em Portugal, para já e por enquanto[22], a ótica de que importa fixar o preço, salvar o livro e resgatar uma parcela fundamental da infraestrutura da sua venda e circulação. Essa perspectiva é proclamada pelo Decreto-lei n. 176/96, logo no preâmbulo que justifica a sua existência:

> O livro tem sido o instrumento privilegiado de natureza cultural e educativa propiciador da formação das pessoas. Esta função eminente permitiu sempre que ao livro não se aplicassem, de um modo redutor e simplista, as regras normais vigentes e adequadas ao comum produto econômico. A nossa civilização tem considerado como prioridade cultural a possibilidade de o livro ser objeto de fruição pelos indivíduos, de um modo geral, o que, entre outras coisas, implica a necessidade de colocar o referido bem à livre e fácil disposição do público, em qualquer parte do território nacional[23].

Passado um quarto de século da vigência do decreto-lei do preço fixo do livro em Portugal, atualmente vive-se num contexto diferente daquele que deu origem à legislação em vigor. A realidade portuguesa do livro está mais internacionalizada, sofreu processos de concentração editorial que deram origem a alguns grupos de fileira, experimenta o peso do comércio eletrônico de livros e da proliferação de plataformas de tipo *marketplace* (que permitem a qualquer entidade ou pessoa vender livros de maneira direta e muitas vezes exterior ao controle legal), assiste à consolidação de um mercado profissional de autoedição, testemunha a existência de formação especializada e pós-graduada nos ofícios ligados diretamente à edição (desde a gestão de processos editoriais até às artes da revisão), entre outros processos. Não obstante haver alguma discussão em torno do potencial de afinação do Decreto-lei n. 176/96, que entretanto sofreu já três alterações (com os Decretos-Lei n. 216/2000, de 2 de setembro de 2000, e número 196/2015, de 16 de setembro de 2015, acompanhados de um novo diploma legal promulgado pelo presidente da república em novembro de 2021)[24], pode-se afirmar que, no que tange à chamada lei do preço fixo, nota-se em Portugal, pelo menos no plano do debate público, o efeito de alguma naturalização e aceitação generalizada da legislação que regula o preço dos livros a partir da sua definição editorial, não obstante persistirem bolsas – que não são pequenas – de quem a pretende eliminar.

Convém que se reconheça uma certa diversidade interna aos argumentos contra a adoção, pelos poderes públicos, de medidas de regulação do mercado do livro mediante a restrição da liberalização de preços. Algumas perspectivas em favor do fim do preço fixo do livro em Portugal, por exemplo, procuram não discutir princípios, mas a ineficácia dos mecanismos legais, que justificaria "que, na realidade, não precisamos dela [da legislação]"[25]. Contra estas e outras vozes, que não desistiram de uma abolição do princípio de regulação do preço do livro e que tem hoje curso legal no país, escute-se Nuno Seabra Lopes, na forma enfática com que salienta a relevância da legislação existente:

> Se é verdade que os nossos agentes utilizam a Lei contra o seu espírito, tenhamos no entanto a certeza de que se a Lei não existisse os nossos agentes utilizariam a falta dela no mesmo sentido e o cenário estaria profundamente pior. [...] Se a Lei não foi [é] suficiente para impedir muitos dos desvios hoje verificados, também não é responsável por eles, tendo inclusive até auxiliado a minimizar essas alterações. Sem a Lei, existiria ainda mais concentração nos principais canais comerciais, seria ainda maior a dependência e a aposta nos produtos de alta rotatividade e, consequentemente, muito maior a discrepância de força de mercado, assim como seriam mais os instrumentos de negociação (estratégias de preço) utilizados nesta relação desigual entre a indústria (e distribuição) e os canais da grande distribuição/comercialização[26].

Concluindo, não é temerário assumir-se que na esfera do livro muitas das fragilidades estruturais do mercado permanecem em Portugal. A adoção de regulamentação do preço de venda do livro ao público por via legal, materializada no Decreto-lei n. 176/96, que comemorou 25 anos no início do mês de setembro de 2021, não salva nem redime, por si só, o mercado do livro; nem é uma garantia absoluta de bibliodiversidade; nem de um acesso mais democrático à leitura; nem da manutenção de uma rede de livrarias físicas assentes numa certa tradição de existência independente (descritas na taxonomia de língua inglesa como *brick-and-mortar booksellers*). Mas é um instrumento fundamental para chegar mais perto destes objetivos.

NOTAS

1 Lucien Febvre e Henri-Jean Martin, *O Aparecimento do Livro*, 2. ed., São Paulo, Edusp, 2017, p. 191. Autores como Pierre Bourdieu propõem uma lógica de observação e explicação do mercado do livro a partir de pressupostos diferentes, defendendo que para uma parte significativa da edição (na verdade, essencialmente a literária) o que tende a imperar é uma economia do avesso, marcada pelo recalcamento do elemento econômico e pela denegação do ganho financeiro. E nesta singularidade assentaria uma vasta parcela da economia dos produtos simbólicos, de que o livro seria provavelmente o exemplo mais paradigmático (vejam-se Pierre Bourdieu, *As Regras da Arte: Génese e Estrutura do Campo Literário*, Lisboa, Presença, 1996; e Pierre Bourdieu, *Razões Práticas: Sobre a Teoria da Acção*, Oeiras, Celta, 1997.

2 Sobre este tópico, veja-se Robert Follet, "The Economics of the Publishing Project", em Philip Altbach e Edith Hoshino (ed.), *International Book Publishing: An Encyclopedia*, New York/London, Garland, 1995, pp. 80-89.

3 Sobre este assunto, vejam-se Robert Escarpit, *Sociologie de la Littérature*, Paris, Presses Universitaires de France, 1958; Robert Escarpit, *A Revolução do Livro*, Rio de Janeiro, Fundação Getúlio Vargas, 1976; e Robert Escarpit e Ronald Barker, *La Faim de Lire*, Paris, Unesco/Presses Universitaires de France, 1973.

4 Walter Powell, *Getting into Print: The Decision-Making Process in Scholarly Publishing*, Chicago, University of Chicago Press, 1985, p. 70.

5 José Afonso Furtado, *Os Livros e as Leituras: Novas Ecologias da Informação*, Lisboa, Livros e Leituras, 2000, p. 71.

6 Sobre as particularidades da consignação de valor à dimensão intangível do livro e às dificuldades de o traduzir em termos de preço, veja-se, por exemplo, H. R. Tosdal, "Price Maintenance in the Book Trade", *The Quarterly Journal of Economics*, vol. 30, n. 1, pp. 86-109, 1915; e Richard Blackwell, "The Pricing of Books", *Journal of Industrial Economics*, vol. 2, n. 3, pp. 174-183, 1954. Sobre alguns dos desafios particulares colocados pelo livro digital e no mundo digital, veja-se José Afonso Furtado, *O Papel e o Pixel. Do Impresso ao Digital: Continuidades e Transformações*, Florianópolis, Escritório do Livro, 2006; Robert Darnton. *The Case for Books. Past, Present, and Future*, New York, PublicAffairs, 2009; Nadine Vassallo, "An Industry Perspective: Publishing in the Digital Age", em Suzanne Ward, Robert Freeman e Judith Nixon (ed.), *Academic E-books. Publishers, Librarians, and Users*, West Lafayette, Purdue University Press, 2016, pp. 19-34; e Joost Poort e Nico van Eijk, "Digital Fixation: The Law and Economics of a Fixed E-Book Price", *International Journal of Cultural Policy*, vol. 23, n. 4, pp. 464-481, 2017.

7 Acerca desta partilha de atributos, veja-se, por exemplo, Paul DiMaggio, "Culture and Economy", em Neil Smelser e Richard Swedberg (ed.), *The Handbook of Economic Sociology*, Princeton, Princeton University Press, 1994, pp. 27-57.

8 Para uma introdução a esta inserção capitalista da indústria editorial, vejam-se Albert Greco, *The Book Publishing Industry*, Boston/London, Allyn and Bacon, 1997; Lewis Coser, Charles Kadushin e Walter Powell, *Books: The Culture and Commerce of Publishing*, New York, Basic Books, 1982; Jean-Yves Mollier (dir.), *Où Va le Livre?*, ed. 2007-2008, Paris, La Dispute, 2007; Jean-Yves Mollier, *O Dinheiro e as Letras: História do Capitalismo Editorial*, São Paulo, Edusp, 2010; e Jean-Yves Mollier. *Edição, Imprensa e Poder na França no Século XX*, São Paulo, Editora Fap-Unifesp/Edusp, 2015.

9 Maria de Lourdes Lima dos Santos (coord.), Rui Telmo Gomes, José Soares Neves, Rute Caldeira e Cristina Jorge, *Dinâmicas da Aplicação da Lei do Preço Fixo do Livro*, Lisboa, Observatório das Actividades Culturais, 2000, p. 19.

10 Numa formulação algo esquemática, Frederick van der Ploeg separa as duas grandes posições intervenientes nestas tensões em optimistas culturais (de pendor liberalizante em termos dos efeitos de mercado na esfera dos bens culturais) e pessimistas culturais (inclinados para uma intervenção corretiva desses efeitos pelos

poderes públicos) (Frederick van der Ploeg, "Beyond the Dogma of the Fixed Book Price Agreement", *CESifo Working Paper no. 949*, 2003.

11 Veja-se H. R. Tosdal, "Price Maintenance in the Book Trade".

12 Para uma apreciação global destes processos que o setor do livro tem atravessado, desde os anos 1960 e 1970 até à atualidade, veja-se, por exemplo, Michael Lane. *Books and Publishers: Commerce Against Culture in Postwar Britain*, Lexington/Toronto, Lexington Books, 1980; Pascal Fouché, *L'Édition Française Depuis 1945*, Paris, Éditions du Cercle de la Librairie, 1998; François Rouet, *Le Livre: Mutations d'une Industrie Culturelle*, Paris, La Documentation Française, 2000; Laura Miller, *Reluctant Capitalists. Bookselling and the Culture of Consumption*, Chicago/London, The University of Chicago Press, 2006; David Paul Nord, Joan Shelley Rubin e Michael Schudson (ed.), *The Enduring Book: Print Culture in Postwar America*, vol. 5 de David Hall (gen. ed.), *A History of the Book in America*, Chapel Hill, The University of North Carolina Press, 2009; e John Thompson, *Merchants of Culture. The Publishing Business in the Twenty-First Century*, Cambridge/Malden, Polity Press, 2010.

13 Para uma noção genérica, embora centrada em algumas particularidades do sistema norte-americano, das implicações jurídicas de processos político-legislativos de fixação do preço dos livros (ou, na expressão de língua inglesa, *resale price maintenance*), bem como para uma visão de conjunto (resumida mas abarcante) das opções em torno da regulação do preço do livro adotadas em vários países vejam-se Miriam Marcowitz-Bitton e Jacob Nussim, "Regulation of Book Markets", *Washington University Law Review*, vol. 97, n. 3, pp. 835-901, 2020.

14 Para uma noção global de algumas linhas estruturantes do setor do livro em Portugal e da sua expressão recente, vejam-se José Soares Neves (coord.), Jorge Alves dos Santos, Maria João Lima, Alexandra Vaz e Emanuel Cameira, *Inquérito ao Sector do Livro: Parte I – Enquadramento e Diagnóstico*, Lisboa, Observatório das Actividades Culturais, 2012; José Soares Neves (coord.), Jorge Alves dos Santos e Alexandra Vaz, *Inquérito ao Sector do Livro: Parte II – Inquéritos à Edição e à Comercialização*, Lisboa, Observatório das Actividades Culturais, 2012; e José Soares Neves (coord.), Rui Beja, Jorge Alves dos Santos e Jorge Augusto dos Santos, *Comércio Livreiro em Portugal: Estado da Arte na Segunda Década do Século XXI*, Lisboa, Associação Portuguesa de Editores e Livreiros, 2014.

15 Confiram-se Maria de Lourdes Lima dos Santos (coord.), Rui Telmo Gomes, José Soares Neves, Rute Caldeira e Cristina Jorge, *Dinâmicas da Aplicação da Lei do Preço Fixo do Livro*, p. 64.

16 Rui Beja, *A Edição em Portugal (1970-2010): Percursos e Perspectivas*, Lisboa, Associação Portuguesa de Editores e Livreiros, 2012, p. 90.

17 *Idem*, p. 91.

18 Confiram-se Maria de Lourdes Lima dos Santos (coord.), Rui Telmo Gomes, José Soares Neves, Rute Caldeira e Cristina Jorge, *Dinâmicas da Aplicação da Lei do Preço Fixo do Livro*, p. 70.

19 XIII Governo Constitucional da República Portuguesa, *Programa do XIII Governo Constitucional*, 1995, p. 130. Disponível em historico.portugal.gov.pt/pt/o-governo/arquivo-historico/governos-constitucionais/gc13/programa-do-governo/programa-do-xiii-governo-constitucional.aspx.

20 Para recorrer à dicotomia terminológica de Yves Surel. Veja-se Yves Surel, "L'État, Acteur ou Spectateur?", em Jean-Yves Mollier (dir.), *Où Va le Livre?*, Paris, La Dispute, 2000, pp. 211-228.

21 Manuel Maria Carrilho, entrevista a Carlos Câmara Leme, "Esperar para Ler", *Público*, 21.11.1996, p. 26.

22 A permanência deste tipo de legislação tem, por regra, uma natureza precária. Mesmo depois de aprovadas medidas legais para garantir o preço fixo, tal não significa que, mesmo que não se abandone o dispositivo formal consagrado em lei para assegurar um preço fixo do livro, o aparato existente não possa sofrer modificações no sentido de o tornar menos – ou notavelmente menos – eficaz na sua capacidade de garantir o cumprimento dos princípios de regulação. Foi o que sucedeu no caso grego, por exemplo, em que a lei do preço fixo do livro, instituída em 1997, no ano seguinte ao decreto-lei

português, foi objeto de uma revisão em 2014, que lhe expurgou alguns dos elementos mais restritivos, dando-lhe uma configuração mais liberal. Vejam-se Alexandra Kontolaimou, Pródomos-Ioánnis Prodomídis e Ioanna Konstantakopoulou, "The Issue of Fixed Book Pricing: Evidence Based on the Greek Experience", *Cyprus Economic Policy Review*, vol. 13, n. 2, pp. 102-120, 2019.

23 Preâmbulo do Decreto-Lei n. 176/96, *Diário da República*, I série-A, n. 220, 21.9.1996.

24 Esteve até depois do verão de 2021 em curso um processo de nova redação do diploma legal do preço fixo do livro em Portugal, com audição e consulta a vários atores associativos (Apel e Reli – Rede de Livrarias Independentes) e administrativos (Conselho Nacional do Consumo e Autoridade da Concorrência). Em início de novembro de 2021 o novo Decreto-Lei foi promulgado pelo presidente da república, "alargando o período de novidade do livro para efeitos de venda ao público de 18 para 24 meses sobre a data de edição ou importação", confirmando-se o reforço deste dispositivo específico da legislação inaugurada em 1996 ("Presidente da República promulga dois diplomas do Governo", 03-11-2021. Disponível em presidencia.pt/atualidade/toda-a-atualidade/2021/11/presidente-da-republica-promulga-dois-diplomas-do-governo/). Para mais informação sobre este processo, consulte-se a página web da Apel (que manifesta o seu apoio ao reforço legislativo do preço fixo), mais precisamente apel.pt/pageview.aspx?pageid=914&langid=1.

25 Hugo Xavier, "Do Absurdo", *Blog Edição Exclusiva*, 26.4.2021. Para Hugo Xavier, a legislação em vigor "tinha por objetivo proteger os pequenos livreiros, editores e o cliente final – diziam. Nunca o fez. As grandes cadeias de livrarias e as grandes superfícies violam regularmente essa lei e as multas são ínfimas convidando à prevaricação". Acrescenta que o "efeito concreto que teve foi a desliberalização do mercado que resultou no encerramento de centenas de livrarias e que vários pontos de venda de livros, como papelarias-livrarias e quiosques, abandonassem o livro como produto".

26 Nuno Seabra Lopes, *apud* Rui Beja, *A Edição em Portugal (1970-2010): Percursos e Perspectivas*, pp. 98-99.

LIVRO, HOJE: MULTIVERSIDADE E ASPECTOS TECNOLÓGICOS

ANA ELISA RIBEIRO

Na oportunidade do Simpósio Internacional "Por uma Lei da Bibliodiversidade", que retomou e debateu os "40 Anos de Experiências e de Expectativas Sobre a Lei do Preço Fixo nos Diálogos França-Brasil", minha atribuição foi provocar uma reflexão sobre o que é, hoje, um livro. Embora a tarefa possa, à primeira vista, parecer banal, definir um livro sempre dependeu da reflexão sobre critérios a serem considerados e das condições sociotécnicas de cada época. Minha intenção, neste evento que ocorre em 2021, é considerar o livro sincronicamente, sem, no entanto, perder de vista suas formas e seus fluxos de produção anteriores, numa comparação que, afinal, nos ajude a perceber rupturas e contiguidades em seus modos de produção e circulação, mas principalmente na morfologia desse objeto, afinal, tão caro à nossa sociedade, a despeito das ameaças que ele também sempre sofre. A forma desse objeto, é bom lembrar, também enseja ou provoca práticas sociais de leitura e de consumo que são tão vivas quanto o próprio livro, aqui considerado como uma tecnologia.

FORMAS E PARENTESCOS

São inúmeros os livros que ensinam sobre livros, sendo elemento comum que muitos desses materiais expliquem e exponham a morfologia dos livros impressos, de papel. Nas abordagens históricas, emprestadas a muitas outras áreas do conhecimento, o livro impresso tem protagonismo absoluto. Tecnologicamente, uma espécie de linha do tempo nos esclarece sobre formas anteriores, tais como o rolo ou *volumen*, objetos tomados como predecessores dos livros estruturados em códice, tal como os conhecemos até hoje. Aqui, considero a importância de se notar que mesmo com a mudança significativa de forma ou formato, tal como afirma Roger Chartier em vários trabalhos[1], ainda assim as abordagens históricas nos ensinam sobre contiguidades e continuidades, evitando uma ruptura absoluta, que fizesse o livro em códice se perder de sua linhagem em rolo, provocando uma espécie de "reinvenção da roda" em nada vantajosa para nossa história dos objetos e das práticas de leitura e escrita. Este apontamento nos serve hoje para pensar na contiguidade com o livro digital, por exemplo, que, assim como em outros momentos históricos, teve relação com os discursos sobre o livro, mais até do que com sua efetiva forma de existir e se apresentar.

Também são sempre mencionados, nos livros e compêndios sobre livros, os materiais de que esse objeto é feito, tais como minerais, tecidos, peles e papéis, dando a ver a diversidade incrível de elementos da natureza utilizados para a produção livreira, considerando-se então itens como a matéria mesma de que são feitos, os métodos para sua composição e o uso desses materiais para o alcance de formas que mudam com o passar do tempo, isto é, mudanças tecnológicas que ensejam mudanças de formato, de textura, de fluxos de produção, de circulação etc., culminando ou ecoando em mudanças nas práticas sociais da leitura e da escrita, como já mencionado.

PRÁTICAS SOCIAIS E MODOS DE VER

Tudo no livro tem relação com as práticas sociais por ele favorecidas, encorajadas ou desencorajadas, enfrentadas ou alteradas. As disponibilidades materiais e tecnológicas interferem no ciclo de vida desses livros, assim como eles têm influência sobre a leitura e os/as leitores/as, em épocas diferentes. Fazer um recorte sincrônico nos leva à observação de nossa sociedade atual e dos livros com que lidamos aqui, hoje, tanto do ponto de vista da produção quanto do da leitura ou do consumo. Nosso olhar sobre isso, no entanto, pode selecionar aspectos que podemos chamar de epistemológicos, na medida em que emergem conforme o modo ou o ângulo que escolhemos para a análise. É possível preferir tratar do livro, hoje, em uma relação de sucessivas rupturas e competições com seus predecessores; mas também é possível tecer uma abordagem que enxergue e explicite as contiguidades entre as tecnologias dos livros, preferindo observá-lo e conviver com ele como um elemento plural, diverso e cambiante, não porque esteja necessariamente se perdendo ou finando ante as mudanças tecnológicas e sociais, mas exatamente porque esteja (sobre)vivendo ou participando ativamente de tais mudanças.

Nosso olhar de educadores, mas também de escritores e editores, nos dá a chance de pensar muito fortemente em leitores e leitoras, que, afinal, decidem aparentemente pouco sobre os livros, mas são a razão de ser deles. Ou não?

O QUE É, AFINAL?

No Brasil, um dos mais conhecidos livros de referência sobre o livro é o *Dicionário do Livro: Da Escrita ao Livro Eletrônico*, das pesquisadoras portuguesas Maria Isabel Faria e Maria da Graça Pericão, publicado entre nós pela Editora da Universidade de São Paulo (Edusp), em 2008. O volume apresenta nada menos que 396 entradas para *livro*, a maioria delas adjetivada, além da entrada *livro*, que consta à página 458.

Um livro sem adjetivos assim está lá descrito:

> [...] conjunto de cadernos, manuscritos ou impressos, costurados ordenadamente e formando um bloco • obra, científica ou literária, que forma ou pode formar um volume • cada uma das partes principais em que se dividem os textos dos livros • documento impresso ou não-impresso • transcrição do pensamento por meio de uma técnica de escrita em qualquer suporte com quaisquer processos de inscrição. O livro supõe um suporte, signos, um processo de inscrição, um significado. Integra-se num processo de criação, reprodução, distribuição, conservação e comunicação. Dirige-se a um leitor, possui uma finalidade: a reflexão, o ensino, o conhecimento, a evasão, a difusão do pensamento e a cultura • segundo a agência portuguesa para o ISBN (International Standard Book Number), é toda publicação não-periódica com um mínimo de quarenta e cinco páginas e que esteja sujeita a depósito legal • segundo a ISO (International Standard Organization), é publicação impressa não-periódica, com mais de quarenta e oito páginas, sem incluir as da capa, que constitui uma unidade bibliográfica: monografia • exemplar a partir do qual o editor faz a impressão[2].

Desse verbete podem emergir questões quanto às funções, usos, estrutura ou materialidades do livro, inclusive ressaltando-se que esses elementos sejam empregados como critérios para que se defina ou determine o que é um livro. Podemos nos perguntar: com quantos adjetivos se compõe um livro, no século XXI? Quais adjetivos? E em que medida essa adjetivação tão prolífica e produtiva diz algo sobre as tecnologias do livro e sua história genética?

As quase quatrocentas entradas do *Dicionário do Livro* nos dão alguma noção de quão complexo é esse objeto, e também quão dinâmico, dado que suas formas, funções e materialidades foram se alterando ao longo de milênios, renovando sempre o debate e o interesse sobre ele, ainda que esse tempo seja largo, de longa duração, e que a algumas gerações de pessoas possa parecer que o livro muda pouco ou se exangue em algum momento. Talvez se possa afirmar que esse não é o caso das gerações de leitores e leitoras que vivem em nosso planeta agora. Grande parte de nós testemunha mudanças importantes e notáveis no que identificamos como livro, alimentando um debate que já dura mais de duas décadas, pelo menos, sobre contiguidades e rupturas (talvez mais estas do que aquelas) ligadas a esse objeto que, como sabemos, exibe ao menos duas valências frequentemente tensionadas: o valor simbólico e cultural, incluindo-se aqui o prestígio e o valor econômico, comercial e financeiro. Também somos nós, em sociedade, que admitimos e aprendemos práticas com novos objetos que são chamados de livros, mesmo que sejam principalmente análogos a eles e mesmo que os emulem, sem sê-los. Nós ativamente participamos dos reposicionamentos dos livros, em sua pluralidade tecnológica, embora possamos nos engajar em discussões bastante estéreis sobre a paisagem comunicacional[3] de hoje e de ontem, tendo em vista também o futuro.

Das definições de livro com as quais temos contato, em especial a de Faria e Pericão, é provável que, hoje, não seja possível estarmos satisfeitos/as com as mais limitadas e tradicionais; talvez seja justo dizer que as definições mais fechadas e pretensamente definitivas tornem-se, logo, obsoletas e insuficientes. Pode-se produzir definição e teoria sobre o que quer que seja, mas ao fazermos essa tentativa, provavelmente algo que nos escapa entrará em cena. No caso do livro (ou dos livros, no plural), em sentido muito amplo, há quem exclua objetos existentes com base em definições de enquadre estreito. Aqui, preferimos verificar a existência do objeto nas práticas sociais, que por si dão flagras nas lacunas das definições, provocando novos modelos e definições renovadas, reavivando o cenário e demonstrando dinamismos que nos são caros e que nos impressionam positivamente na história dessas tecnologias. Dito de outro modo: talvez seja preferível atualizar e reconsiderar as definições de *livro* a ignorar objetos de ler reais e que se colocam para as práticas sociais de leitura, assim como para a produção editorial, setor plenamente capaz da inovação e da reproposição, em tantos níveis.

É uma das perguntas que nos fazemos, certamente com respostas frágeis ou efêmeras: com quantos adjetivos um livro pode ser produzido nos dias que correm, e por que tais adjetivos cabem neste objeto? Outras questões podem ser levantadas, em especial em relação a uma aplicação prática para tais definições. Afinal, em que importa definir? Não podemos simplesmente viver e experimentar?

Em um trabalho originalmente publicado em 2012 e republicado em 2018[4], um conjunto de definições de *livro* coletado em obras de referência ou enunciadas por instituições influentes e importantes em nossa sociedade foi cotejado, não exaustivamente. Dessas definições, elementos como (do mais para o menos citado) formato, partes constituintes, processo de produção ou natureza tecnológica, finalidade, volume, gênero de texto, periodicidade, portabilidade e acesso público emergiram, nem sempre juntos, mas em alguma medida coincidindo, para que se pudesse identificar o que é, afinal, um livro. Segundo aquele trabalho, era possível notar que a noção do que seja um livro estaria mais relacionada à sua forma e à existência de partes como capa, miolo, orelha, lombada etc. do que, por exemplo, o fato de ele ser disponibilizado a um público (gratuitamente ou não, isto é, que ele seja efetivamente publicado); também se podia dizer, segundo aquele pequeno *corpus* de definições, que um livro tem mais a ver com papel e a finalidade de ser lido (para estudos, lazer ou outra) do que com o fato já naturalizado de se tratar de um objeto portátil (este é, claramente, um apagamento interessante, já que, há séculos, os livros são tecnologias móveis, mas nem sempre o foram). Daquele conjunto também se depreendia uma visão de livro sob a chave do impresso, em grande medida desconsiderando possibilidades atuais.

NA PRÁTICA

Para o caso do objeto ambivalente que é o livro, é fácil mencionar casos recentes de questões econômicas, inclusive ligadas a impostos e taxações entre países, ocorridas justamente devido às mudanças tecnológicas que nos oferecem uma gama de objetos identificados como *livros*, mesmo que isso se deva a uma nominação quase metafórica. Hoje, queiram as instituições do livro ou não, queiram as livrarias ou não, queiram os acadêmicos ou não, socialmente chamamos de livros (adjetivados ou não) vários objetos de compleições muito diversas. Um bloco compacto de papel pode ser tão identificado como livro quanto um arquivo digital guardado em um *pen-drive*. Se para alguns isso ainda representa algum desconforto, para outros parece absolutamente aceitável (ou aceito). A quem interessam as miradas competitivas, concorrentes, excludentes? E a quem interessam as visões que incorporam, relacionam e conciliam ou, melhor, diversificam?

Para citar a União Europeia, em debate relativamente recente, definir o que seja um livro leva a outras definições sobre valores, importações, entradas e saídas, ganhos e imunidades. Uma solução como assumir que tudo o que tenha ISBN seja livro talvez resolva, marotamente, as questões tributárias, mas pouco diz sobre os movimentos filosóficos, sociais e históricos em torno dessa tecnologia.

EM CENA, SOB AS LUZES

Quando me refiro às tecnologias do livro, é certo que ponho na cena o *e-book* ou livro digital, cuidando para que se considere que ele também não se define inequivocamente ou sem tensionamentos. Embora, historicamente, o livro eletrônico seja uma tecnologia ou um objeto recente, a diversidade de elementos que o podem compor ou mesmo de formas como ele pode se apresentar é grande. Entre os estudiosos dos livros não impressos, não há exatamente consenso sobre o que eles são, como existem, como são feitos e lidos. A diversidade está dentro da diversidade e varia conforme a dimensão desse objeto para a qual atentemos.

A despeito do debate e da disputa – discursiva, tecnológica, mercadológica etc. – sobre os livros, é importante destacar que eles se mantêm fortes no horizonte midiático ou, dizendo com Gunther Kress, em nossa paisagem comunicacional[5]. Ao invés de desaparecer sob novos formatos e formas, o livro reemergiu com novas possibilidades, ou é, afinal, esta a visão que preferimos ter do que aconteceu nas últimas décadas. A linhagem entre esses objetos tão diversos se confirma pelo fato, por exemplo, de eles continuarem sendo produzidos por escritores, ilustradores, designers, editores, revisores, embora outros personagens tenham adentrado essa cena, como programadores e mesmo engenheiros.

Em um trabalho publicado em 2011, no contexto do Congresso Brasileiro de Ciências da Comunicação (Intercom), apontou-se o deslocamento das notícias sobre livros das páginas de cultura para as páginas de tecnologia na imprensa, analisando o caso específico da *Folha de S.Paulo* em 2010. Ali, à luz da análise do discurso de Patrick Charaudeau, foi possível verificar como o livro se mantinha sob o foco dos interesses na cena midiática, embora de maneira ambígua, considerando-se sempre suas dimensões de cultura e de negócio. À época, dizíamos que o livro eletrônico era "quase uma metáfora do livro impresso"[6] e listávamos os temas tocados pela imprensa então: "economia editorial (modelos de negócios, vendas, *marketing*, pagamento de direito autoral, distribuição, lojas), configurações tecnológicas, empresas específicas (Apple, Amazon, grandes editoras) e os atores do processo de edição (editor, autor, leitor, livreiro)"[7].

Socialmente, parece não haver dúvidas de que o livro se desdobra em um leque de possibilidades que, embora sejam relativamente recentes, podem ser identificáveis e reconhecíveis. Uma visão competitiva ou excludente dessa cena nos leva a imaginar (e nos convencer de) que os livros eletrônicos tomam o lugar dos livros impressos, numa espécie de substituição inescapável que logo mostrará seus resultados "evolutivos". No entanto, parece mais justo – e é observável – dizer que a conciliação e uma visão quase ecológica têm sido a tônica, por exemplo, nas práticas de consumo e leitura de livros, conforme a preferência do leitor.

Num trabalho apresentado ao GT de Recepção da Associação Nacional dos Programas de Pós-Graduação em Comunicação (Compós), em 2018, e publicado na revista *Comunicação & Educação*, da USP, discutimos um pouco, com base em uma investigação com grupos focais de estudantes do ensino médio, a relação que esses jovens estabeleciam entre os materiais, conteúdos, práticas e tecnologias que preferiam usar, conforme suas necessidades e conveniências, em situações escolares e sociais, que, afinal, se intercomunicam. Mais do que uma visão sistêmica de seus modos de leitura, esses estudantes modulavam e combinavam, conforme critérios variados, mas distinguíveis, expressáveis, práticas sistêmicas de usos dos livros, conjugando um *kit* de itens à disposição, de maneira menos ou mais precária, mas completamente afinados às possibilidades e condições sociotécnicas de nosso tempo-espaço[8].

MULTIVERSIDADE, BIBLIODIVERSIDADE

A noção de bibliodiversidade, com que simpatiza grande parte dos pesquisadores e pesquisadoras do livro e da edição, em especial aqueles e aquelas que observam e/ou participam da dita edição independente, parece ter sido produtiva desde que foi proposta. Na origem, como sabemos, esta é uma noção transposta da biologia (biodiversidade), ante um mundo de vidas ameaçadas, para a paisagem dos livros e da bibliofilia, pode-se dizer, cabendo bem a sensação de ameaça, agora numa metáfora de disputa e predação entre megaempresas, e eventualmente editoriais, e pequenos negócios honestos e guardiães do ânimo dos livros como objetos de cultura (mais que de comércio). Não à toa, Gilles Colleu, em 2008, já propunha o termo "editor de criação" ou "editor criativo" para separar ou distinguir esse perfil de um outro, menos interessado nos aspectos simbólicos e *bibliodiversos* e mais voltado ao comércio e à padronização dos catálogos[9].

Susan Hawthorne[10] começa seu livro definindo, com farto recurso às analogias e às comparações com a biologia, o plantio e as questões agronômicas, a noção de "multiversidade", segundo a qual são pontos-chave a valorização do conhecimento local e daqueles que têm "ideias mais originais", "ideias que resistem a fazer parte do sistema convencional apoiado globalmente pela religião, pelo capital, pelo consumismo libertário e pelo militarismo"[11].

Em seguida, Hawthorne introduz a noção de bibliodiversidade, cara aos estudos de edição independente no Brasil e em várias partes do mundo. Segundo a autora, trata-se de

> [...] um sistema complexo e auto suficiente de relatos, escrita, editoras e outros tipos de oratura e literatura. Aqui, tanto os escritores quanto os produtores são comparáveis aos habitantes de um ecossistema. A bibliodiversidade contribui para o florescimento da cultura e para a saúde do ecossistema social[12].

Para que a bibliodiversidade exista, é preciso antes haver o que ela chama de "multiversidade cultural"[13]. E, passando aos casos concretos da produção editorial, a autora diz:

> As editoras pequenas e independentes contribuem com a multiversidade cultural ao editar material cultural de maneira consciente, por exemplo, quando se arriscam a publicar textos que se inspiram nas áreas do conhecimento cultural não homogeneizado e quando produzem livros que representam uma ampla variedade de pontos de vista e posições epistemológicas[14].

É importante destacar aqui o foco de Hawthorne, assim como de muitos outros antes e depois dela, sobre o risco que correm esses editores pequenos e independentes, a originalidade, a recusa da homogeneização, a diversidade de pontos de vista, discurso que claramente responde a um outro ou que, conforme se pode inferir, confronta o que grandes grupos editoriais estariam fazendo, prejudicando a multiversidade, de maneira geral, empobrecendo "o solo" da cultura.

A noção de "bibliodiversidade", oportuna e pregnante, exprimiu algo importante, em especial naquele momento histórico, os anos 1990. Segundo Hawthorne, foi um grupo de editores chilenos, organizados na Asociación de Editores Independientes de Chile, que cunhou o termo, a partir de questões prementes num contexto de concentração editorial, quando grandes corporações, em especial fora do mercado editorial, compravam editoras em todo o mundo, sem conhecer a fundo o mercado do livro, levando para o setor lógicas exógenas, asfixiantes e provocando a perda da independência editorial em relação, principalmente, aos conteúdos publicados (a autora cita, nesse ponto, um texto da Alianza Internacional de Editores Independientes, de 2007).

Embora esta história esteja mais precisamente contada no livro de Susan Hawthorne, anos antes o editor francês Gilles Colleu já se dedicava às questões culturais e econômicas decorrentes da concentração editorial, assim como à defesa da bibliodiversidade, com base nos debates chilenos, mesmo que não atribuísse tão seguramente a invenção do termo aos latino-americanos. Segundo Colleu, em nota de rodapé:

> O livro "criativo" é a encarnação da bibliodiversidade, por oposição ao fenômeno da "best-sellerização" (produção editorial que estaria baseada essencialmente em produtos calibrados para grandes números, que represente um risco mínimo e que essencialmente responda a objetivos financeiros). Talvez se possa atribuir a invenção desse termo a editores ou profissionais do livro latino-americanos, reunidos durante o Salón del Libro Iberoamericano, na Espanha, no final da década de 1990[15].

No prefácio à edição argentina do livro de Colleu sobre a edição independente, o Edinar, Coletivo de Editores Independentes da Argentina pela Diversidade Bibliográfica, que assina o texto, afirma:

> O editor alternativo é aquele que assume a missão de nos "brindar com opções" frente à uniformidade da oferta com a que os grandes grupos editoriais tendem a ocupar espaços com coleções similares às de outros grandes grupos editoriais[16].

Nesse sentido, estiveram salientes, sempre, as questões ligadas a "o que" se publica, defendendo-se a diversidade de pontos de vista, posições epistemológicas e contra a replicação homogeneizadora de projetos que simplesmente vendem. Criam-se, aí, dois pólos de práticas editoriais, os quais, mais tarde, serão matizados em pesquisas brasileiras e estrangeiras.

PROPOSTAS E ATUALIZAÇÕES PARA O BIBLIODIVERSO

Já em 2021, em uma pesquisa colaborativa, Mihal, Szpilbarg e Ribeiro propõem que se some à noção de bibliodiversidade as questões autorais diversas e dissidentes, agora para além dos temas, mas alcançando as autorias e os públicos aos quais se dirigem as obras. Ao tratar das "editoras independentes", assumindo a complexidade dessa definição, reiteramos a ênfase dada ao "cuidado com os catálogos e às propostas editoriais", "do estético ou temático"[17]. A proposta é que se inclua a variável "política de linguagem" entre os elementos da multiversidade tratada por editoras (o que quer dizer linguagem neutra, não violenta etc.). Há também a preocupação explícita com a bibliodiversidade ligada à diversidade das identidades de gênero(s), tanto nos conteúdos quanto nas práticas da produção editorial.

Certamente, outros(as) pesquisadores(as) têm agregado aspectos à paleta de elementos que configuram a multiversidade na produção editorial. No entanto, os aspectos estruturantes e tecnológicos dos livros ainda são vistos com desconfiança. Não raro, os debates sobre a relação impressos e digitais são passionais e mesmo irritadiços, a despeito da relação que os próprios leitores têm com as formas de livros a que vão tendo acesso. Talvez seja fundamental considerar que impressos e digitais estão em estreita relação, e não apenas como produtos, mas como partícipes de processos e fluxos de produção editorial já quase intrinsecamente ana-digitais, isto é, conciliando tecnologias desde a origem dos livros até sua chegada às mãos do leitor e da leitora. É, portanto, uma lacuna importante qualquer ausência das questões do DNA analógico e/ou digital nos livros, nos últimos trinta anos; uma intransigência ou uma distração, se for o caso, que não ajudam a renovar ou a atualizar uma visão sistêmica e diversa do livro hoje e para o futuro próximo. Importante notar que a pandemia que assolou o mundo em 2020 talvez deva ser considerada com atenção em relação às formas de circulação dos livros e mesmo à conciliação entre práticas de leitura de parte da população, mesmo em países como o Brasil, onde imperam a desigualdade e a precariedade. Os livros digitais circulam de maneira diferente dos de papel, podendo encorajar trânsitos que carreiam outras coisas, tais como conhecimento, línguas, inovação e renovação de ideias etc. A discussão sobre o acesso ao livro, portanto, passa por suas formas de existência, necessariamente, o que nos obriga à reflexão sobre preços, mas também câmbios entre moedas e transposição de fronteiras de diversas naturezas.

PARA UM ARREMATE

Como pensar preço fixo para o livro em suas diferenças internas, em sua paleta de formas possíveis, sem deixar de ser livro ou num enquadramento que claramente prefere não romper com tecnologias anteriores, a começar pelo nome do objeto tecnológico: *e-book*?

É preciso considerar, mesmo quando insistimos na chave do impresso, que quase nenhum editor, hoje, faz livros 100% analógicos. Mesmo que pensem que sim, mesmo que comercializem obras impressas, um aspecto central de seu trabalho atual é devido aos computadores. Os livros atuais costumam nascer em programas como Word, ser enviados e entregues por e-mail ou por WeTransfer, ser editorados eletronicamente, revisados virtualmente e só aí, talvez, impressos. A mescla tecnológica é fundamental nesse processo, mas parece que os aspectos da distribuição e das vendas guiam nosso olhar aos desafios do livro de papel, embora a digitalidade seja hoje uma condição elementar do livro. Sem falar em questões como acessibilidade, audiolivros, entre outras que se renovam nos ambientes de produção e circulação digitais.

Aos quarenta anos da chamada Lei do Preço Fixo, o Brasil ainda discute possibilidades sobre os livros que não foram postas em prática no país, a despeito de já termos experimentado tantos conflitos e situações claramente desleais em relação, por exemplo, ao comércio desse objeto de cultura. O ensejo permite lembrar que as empresas ditas "de tecnologia" se escondem justamente sob esse manto, que as invisibiliza ou protege contra outros rótulos. Não são agências jornalísticas, não são editoras, não são livrarias, afinal. Com isso, deslizam pelas possibilidades da paisagem comunicacional, sem se comprometer diretamente com os campos estabelecidos, fugindo às responsabilidades editoriais, por exemplo, ou eximindo-se de culpas que "empresas de tecnologia" não têm, inclusive juridicamente. Cabe às políticas públicas do país definir ou reconhecer, nominando, o tipo de empresa no ecossistema em jogo, além de pensar formas de proteção que valham para todos, protegendo dos Davis e controlando os Golias (embora Davi tenha vencido o gigante, lembremos).

Livros, hoje, têm de ser vistos e concebidos no plural, num espectro, e não como pólos (impresso e digital, por exemplo). Esse espectro vai do livro *cartonero* ao livro de luxo (se falamos de impressos) ou ao *e-book* nativo (se saltamos de faixa tecnológica, sem perder o vínculo). O que, afinal, vincula uma coisa à outra? Por que elas se influenciam tanto? Do ponto de vista das editoras, também é preciso ver uma paleta, cada vez mais dispersa e poderosa, em especial porque os agentes desse campo encontram condições tecnológicas (digitais) de se organizar. Na soma, hoje, talvez o grupo de pequenos editores seja maior do que a soma dos grandes, mas com menos força – quem sabe? Por conta dessas mesmas condições tecnológicas, esse grupo precisa ser considerado apenas como um conjunto de empresas de porte pequeno, mas não pode mais ser subestimado, como "amador", por exemplo, como apontou a professora Marisa Midori Deaecto durante nosso encontro. Os livros das casas pequenas existem, fazem seu caminho, mas nem todo leitor/leitora consegue enxergá-los em nossa paisagem conturbada, em especial porque os grandes se colocam nas fileiras da frente, atrapalhando mesmo a visão dos demais. Imaginemos isso como uma metáfora de pessoas na sala de aula, no cinema, no teatro... Para evitar isso, é necessária uma arquitetura de arquibancada, que eleve alguns e mantenha outros.

Outro aspecto que merece ser visto sob o prisma da história é a relação editor e livreiro. Por toda a história editorial oficial do Brasil, isto é, desde o século XIX, livreiros e editores se hibridizam. Hoje, essa mesclagem de certa forma é retomada, quando os editores (grandes ou pequenos) vendem seus próprios livros ou livreiros abrem suas editoras. Há muitos exemplos e em toda parte do país (frise-se que diversidade também é cultura, sotaque, geografia...). A divisão do trabalho que persiste ou insiste na distinção entre livreiro e editor pode ter sido um artifício momentâneo e talvez só consiga existir se houver algo que proíba que alguém que produz livros os venda, ou alguém que os venda também os produza. A diferença, ao que parece, é o *mix*: uma livraria vende os seus (se tiver uma editora) e os outros, enquanto uma editora não costuma vender os outros. Fato é que ser editor(a) é cada vez menos complicado, ao menos em termos tecnológicos.

Mesmo neste simpósio de especialistas, quase sempre nos concentramos nas questões do livro impresso, em especial porque tratamos de livrarias físicas, grandes ou pequenas, assim como de editoras com CNPJ de micro ou mais (o MEI é uma figura recente no país, lembremos, e muitas editoras independentes são MEI). No entanto, é importante iluminar o fato de que as pessoas consomem livros em formatos que dependem de sites, e não propriamente de livreiros e livrarias. A dificuldade de ouvir outras vozes (geográficas, portes, pontos de vista) pode ser má conselheira, se quisermos pensar o livro para o futuro próximo, sabendo que as aceleradas mudanças tecnológicas e sociais trarão outras questões, em breve. Estaremos preparados para nunca estar completamente preparados?

É claro que quem ocupa posições hegemônicas (em mercados, em política, em educação etc.) quer manter sua condição. É mais difícil mudar as regras do jogo se quem ocupa as posições de decisão não puder ou não quiser olhar o banco de reservas, os cartolas, o público na arquibancada. No Brasil, em especial, temos ainda pouquíssima experiência em pensar e agir pelo bem comum. Que ao menos a provocação nos valha.

Décadas depois da proposição da Lei Lang, é fundamental repensar as bases tecnológicas e materiais sobre as quais a lei se assenta, fazendo-nos a pergunta: o que é, hoje, um livro? Diante da mudança tecnológica que alterou as feições desse objeto e seus modos de produção e circulação, afetando também seus modelos de negócio, parece-nos relevante tratar novamente disso, antes de fixar como, onde e por quanto um livro chegaria a seus consumidores, para que ele efetivamente chegue, em muitos e diversos formatos, inclusive. Num país imenso, mas de escassas livrarias e muito menos bibliotecas do que o recomendável, pode ser mais que importante que atentemos para uma nova condição tecnológica que seduza e conquiste o/a leitor/a por sua capacidade de entrega e acesso, além do preço deslealmente praticado, mais do que por outras razões.

NOTAS

1 Por exemplo, *A Aventura do Livro: Do Leitor ao Navegador*, trad. Reginaldo Carmello Correa de Moraes, São Paulo, Unesp, 1998; e *Os Desafios da Escrita*, trad. Fúlvia M. L. Moretto, São Paulo, Unesp, 2002.

2 Maria Isabel Faria e Maria da Graça Pericão, *Dicionário do Livro: Da Escrita ao Livro Eletrônico*, São Paulo, Edusp, 2008, pp. 458-459.

3 A expressão é de Gunther Kress, *Literacy in the New Media Age*, London, Routledge, 2003) e me agrada como metáfora (da natureza, inclusive!) e por sua capacidade de admitir diversidade de contornos e elementos.

4 Ana Elisa Ribeiro, "Do Livro e suas Tecnologias, Seja lá o que ele For", em Cláudia Regina Ziliotto Bomfá (org.), *Desafios: Editoração em Tempos de Convergência*, Santa Maria, Editora Experimental pE.com UFSM, 2018.

5 Gunther Kress, *Literacy in the New Media Age*, London/New York, Routledge, 2003.

6 Ana Elisa Ribeiro, "The Book is on the Tablet: Visadas no Discurso sobre o Livro Digital na Imprensa", *Anais do xxxiv Congresso Brasileiro de Ciências da Comunicação*, 2 a 6 set. 2011, p. 6.

7 *Idem, ibidem.*

8 Ana Elisa Ribeiro, "Sem Modo Avião: Jovens e Leitura de Livros, Hoje", *Comunicação & Educação*, ano xxv, n. 1, pp. 93-108, jan./jun. 2020.

9 Gilles Colleu, *La Edición Independiente como Herramienta Protagónica de la Bibliodiversidad*, trad. Víctor Goldstein, Ciudad Autónoma de Buenos Aires, La Marca Editora, 2008.

10 Susan Hawthorne, *Bibliodiversidad. Un Manifiesto para la Edición Independiente*, trad. Sáez Juan Carlos y Alejandro Caviedes, Ciudad Autónoma de Buenos Aires, La Marca Editora, 2018. A edição original australiana é de 2014. Em 2017, saiu a edição chilena.

11 *Idem*, p. 20.

12 *Idem, ibidem.*

13 *Idem*, p. 22.

14 *Idem, ibidem.*

15 Gilles Colleu, *La Edición Independiente como Herramienta Protagónica de la Bibliodiversidad*, Buenos Aires, La Marca Editora, 2013, p. 31, n.

16 Edinar em Gilles Colleu, *La Edición Independiente como Herramienta Protagónica de la Bibliodiversidad*, p. 11.

17 Ivana Mihal, Daniela Szpilbarg e Ana Elisa Ribeiro, "Livros para Infâncias Diversas: Onze Casos de Editoras Independentes da Argentina e do Brasil", *Estudos de Literatura Brasileira Contemporânea*, n. 62, pp. 1-16, 2021.

ÁGORA DO AGORA: A RELEVÂNCIA DO LIVRO NUM MUNDO DISPERSO

JOÃO VARELLA

Uma coincidência não acadêmica, não científica, porém possivelmente literária aconteceu ao ser convidado para participar do ciclo "Por uma Lei da Bibliodiversidade", que por sua vez deu origem a este livro. Ao receber o cordial *e-mail* me convocando para a mesa, última do ciclo, composta também pelos professores Ana Elisa Ribeiro, Paulo Verano e Marisa Midori Deaecto, respondi com um gracejo. "Sinto como se estivesse sendo chamado pelos Rolling Stones para tocar bateria no encerramento do Rock in Rio". Pois nem uma hora depois do envio dessa resposta surgiu a notícia de que Charlie Watts, baterista dos Rolling Stones, morreu. Fiquei constrangido pela sincronicidade, mandei imediatamente uma nova mensagem avisando que não foi meu intuito fazer uma piada de mal gosto com o mais elegante dos Stones.

Então explico meu lugar real, aquele que nenhum gracejo consegue disfarçar. Sou jornalista, nasci em 1985. Desde 2012 administro a editora Lote 42, uma casa que tem como filosofia um processo de edição cuidadoso, priorizando a qualidade. Represento com este texto uma pequena e brava equipe.

A Lote 42 se desdobrou em 2014 na Banca Tatuí, a primeira banca de rua do país dedicada a livros independentes, no bairro de Santa Cecília, em São Paulo. Ela fechou no início da pandemia, foi depredada. Atendeu durante o isolamento social unicamente pelo site bancatatui.com.br. No final de 2021, enquanto este texto era escrito, estava em processo de reforma para reabrir.

A banca, por sua vez, se expandiu na Sala Tatuí, uma livraria que atende por agendamento. Esses dois projetos, somados à loja virtual, distribuem os trabalhos de mais de 220 editoras, artistas e coletivos independentes.

A Lote 42 ainda produz eventos importantes da cena de arte impressa. Desde 2014, a editora conduz a Feira Miolo(s), na Biblioteca Mário de Andrade. A oitava edição da Miolo(s) teve mais de 185 horas de programação cultural gratuita, formada e fortalecida graças ao esforço coletivo dos participantes.

Além da Miolo(s) a Lote 42 também organiza a Printa-Feira, no Sesc 24 de Maio, com um caráter de formação de público, e já produziu eventos junto a instituições como Unibes Cultural, Espaço Cultural Porto Seguro, IAB (Institutos de Arquitetos do Brasil), entre muitos outros.

Além de editor-produtor e administrador, me aventuro como escritor. Escrevi seis livros, sendo os três mais recentes sobre videogames. O mais recente foi *Videogame Pandemia*, pela editora Elefante. Minha ligação com entretenimento digital é pessoal e profissional.

Antes de fundar a Lote 42 eu era repórter de tecnologia. Tirava o meu sustento do estudo do impacto cultural das inovações digitais.

Observei a tomada da ágora, o espaço de discussão pública, pela comunicação multilateral e abundante. Um bombardeio disparado por plataformas que empregam táticas análogas a de um cassino para manter seus clientes. São oferecidas premiações em forma de curtidas e seguidores. Uma espécie de moeda virtual inventada pelas próprias empresas. Aqueles que fazem acusações graves ganham mais. Se é verdade ou não, isto é secundário.

Essa hiperconectividade promoveu excesso de estímulos na população mundial. Ansiedade, irritabilidade, insônia são algumas das consequências mais evidentes[1]. O Instagram incita o suicídio de jovens, destrói a autoimagem dos mesmos, de acordo com dados internos do Facebook, a *holding* proprietária da rede[2]. Destruir sanidades mentais é um mercado lucrativo e em crescimento. Um tema particularmente importante para o Brasil, quando três quartos da população se preocupam com a saúde mental[3].

Os livros poderiam se firmar como um abrigo nessa crise tecnológica, espiritual e intelectual que vivemos. Afinal, é um raro espaço de absoluta privacidade, sem publicidade, sem algoritmo, sem ter de aceitar duvidosos termos de acesso. Uma experiência humana profunda.

No entanto, é cada vez menor a quantidade de pessoas que reconhecem esse refúgio, os livros perdem relevância. “Não queimamos mais bibliotecas, apenas não ligamos muito para elas”, diz Karnal[4].

O escaneamento dos livros não significa que haja um desinteresse por narrativas. Durante a pandemia, músicas, filmes, séries e videogame foram as linguagens preferenciais do ambiente online, segundo a pesquisa *Hábitos Culturais II* (cf. Figura 1).

O coronavírus bagunçou a economia, isso é inegável. Porém, dados anteriores à Covid-19 demonstravam queda de faturamento em praticamente todo o mundo[5]. A concorrência é feroz, a oferta de entretenimento hoje é vasta e acessível, num arranjo monopolizado ou cartelizado por alguns poucos conglomerados. Se antes comparávamos o preço de um determinado livro a garrafas de cerveja, hoje isso se dá em meses de assinatura de *streaming*.

Figura 1

ATIVIDADES REALIZADAS ON-LINE DURANTE A PANDEMIA VISÃO PELO TOTAL

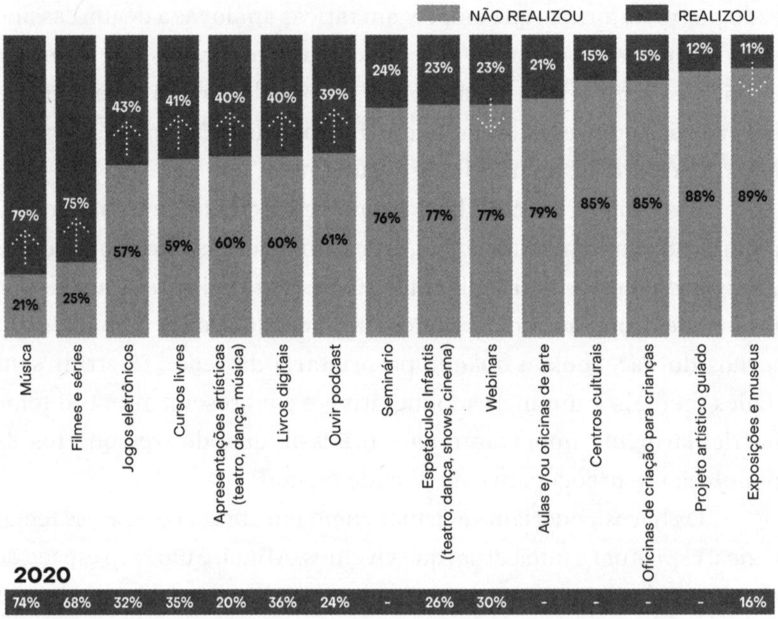

Fonte: Itaú Cultural e Datafolha, *Pesquisa Hábitos Culturais II*, jun. 2021.

Esse cotejo só tumultua ainda mais a percepção de valor do livro no Brasil. Um debate morro acima, dificultado pelo notório déficit educacional e um poder público grande, caro e ineficiente. Cabe a nós, agentes do livro, buscarmos maneiras de remediar isso. Esquadrinhemos nossas práticas e reavaliemos processos.

Um exemplo prático que ajuda a desnudar engrenagens e mecanismos que empurram o livro à irrelevância está plasmado em uma loja do aeroporto Afonso Pena, na cidade de São José dos Pinhais, região metropolitana de Curitiba. Mais exatamente, no setor de embarque.

Nessa área comercial nobre, cujo aluguel ultrapassa facilmente os seis dígitos, está um comércio sem qualquer atendimento humano.

É uma livraria sem alma, como escrevi à *Folha de S.Paulo*[6] num artigo que antecipou alguns dos pontos do presente texto.

Naquela loja há apenas um cartaz avisando que qualquer exemplar custa R$ 20, uma máquina de cartão para o cliente fazer a sua própria cobrança e sacolas plásticas de supermercado para embalar as obras. Sem vigilância, depende da boa vontade do cliente.

Os livros são novos. São obras de destaque como *Genesis*, de Robert Crumb, *Pós-Tudo*, de Marcos Augusto Gonçalves e *Homem do Povo*, de Oswald de Andrade e Pagu. Obras com preço de capa entre R$ 50 e R$ 80. Os livros estão novos, é difícil diferenciar esses produtos daqueles ofertados em uma livraria convencional.

Quem é do meio logo entende que são livros de saldo. Esse espaço disfarça como relação de confiança um severo corte de custos. A menina que roubava livros é ficção ou uma perda insignificante no caixa.

Na novilíngua dos patrões, o saldo foi batizado de "livro de oportunidade"[7]. Em português de dia de semana são obras encalhadas. Algum empreendedor se atreve a fazer isso com vestuário, brinquedos, celular, produtos *pet* ou qualquer outro tipo de produto? Os livros lá estão pelo baixo valor que a sociedade dá a eles.

E como os livros chegam ao ponto de serem largados à própria sorte em um aeroporto? Se deve à prática de editar uma quantidade absurda de títulos por mês, apostando que alguns façam sucesso e banquem o faturamento total da firma. Os fracassos comerciais vão para o saldão.

São manobras contábeis feitas em escritórios fechados que acabam por atingir em cheio a percepção do leitor, alheio a esse modelo. Casos como o dessa loja, que se multiplicam em eventos como as bienais, são um percalço para uma editora requisitar o que é justo e assim remunerar os atores do processo de edição. Prejudica também as livrarias. No Brasil, em média um estabelecimento desse tipo fecha a cada três dias[8].

Nada contra oferecer livros baratos aos leitores, os sebos cumprem esse papel com primor. Todo editor que se preze hoje conhece métodos para confeccionar tiragens de poucas dezenas de exemplares.

Imprimir muito é um modelo de negócio armado para garantir o lucro da firma. A consequência é uma piora na qualidade geral do processo de edição. Um caso que ilustra o problema dessa prática se deu com *Abecê da Liberdade*. Esse livro, voltado para o público infantil, colocava crianças brincando e se divertindo em um navio que transportava pessoas escravizadas. Para Bruno Molinero:

> Sobre o racismo de *Abecê da Liberdade*, podemos discutir se os autores brasileiros conseguiram de forma adequada construir uma narrativa e uma estética que permitam colocar crianças brincando no porão de um navio negreiro. É necessário analisar seus subtextos, se aquela cena é um convite para uma reflexão, como se dá o diálogo entre palavra e ilustração, os níveis de significados, entre outros fatores. E, a partir disso, tecer um veredito. Na minha avaliação, o livro não passa por essa peneira e não justifica a cena. Ao olhar o todo da obra, o episódio das crianças é fraco, gratuito, infeliz e pouco agrega à história. Mas não é examinando só uma página compartilhada à exaustão nas redes sociais que um juízo desse tipo é feito. Ou, ao menos, não deveria ser[9].

Discussão de mérito à parte, fato é que a editora reagiu, recolheu o livro, mas só depois do caso viralizar nas redes sociais. Antes disso era um produto comum, com ao menos duas edições. Milhares de exemplares foram postos em circulação. Nenhum editor veio à ágora explicar seus critérios. Pudera, é constrangedor explicar o que, nas palavras da editora Nandyala, se liga "ao caráter midiático-mercadológico da situação", ou seja, uma "oportunidade de vendas"[10].

O objetivo é ganhar escala e diluir custos. Com sorte, o leitor irá desembolsar menos. É, porém, uma corrida impossível. Jamais o preço do livro será inferior ao entretenimento digital oferecido no esquema "consuma tudo o que puder". Nos encaminhamos à distopia *cyberpunk*, com empresas mais poderosas que o estado. Autores como William Gibson, de *Neuromancer*, pareciam preocupados com a ascensão das *zaibatsu*, as empresas japonesas de tecnologia que atuam em diversos ramos, tanto que a estética nipônica permanece como uma das marcas do gênero. No entanto, quem está fazendo dessa ficção uma realidade são empresas oriundas do Vale do Silício, Seattle e outros endereços americanos.

Para reagir, é preciso entender que preço não é fator relevante. O espantalho de leitores não é o preço de capa. Segundo a pesquisa

Retratos da Leitura, praticamente metade dos brasileiros são não leitores. E isso porque basta ler um pedacinho de qualquer livro para ser chamado de leitor, segundo os critérios da enquete. Discussões metodológicas à parte, do total de não leitores, 84% acham livros desinteressantes – alegam falta de tempo, não gostar, não ter paciência ou preferência por outra atividade. Esse número se dá somando as pessoas que dizem não gostar, não ter tempo, entre outras justificativas fracas.

Figura 2

RAZÃO PARA NÃO TER LIDO NOS ÚLTIMOS 3 MESES

ENTRE OS NÃO LEITORES (%)

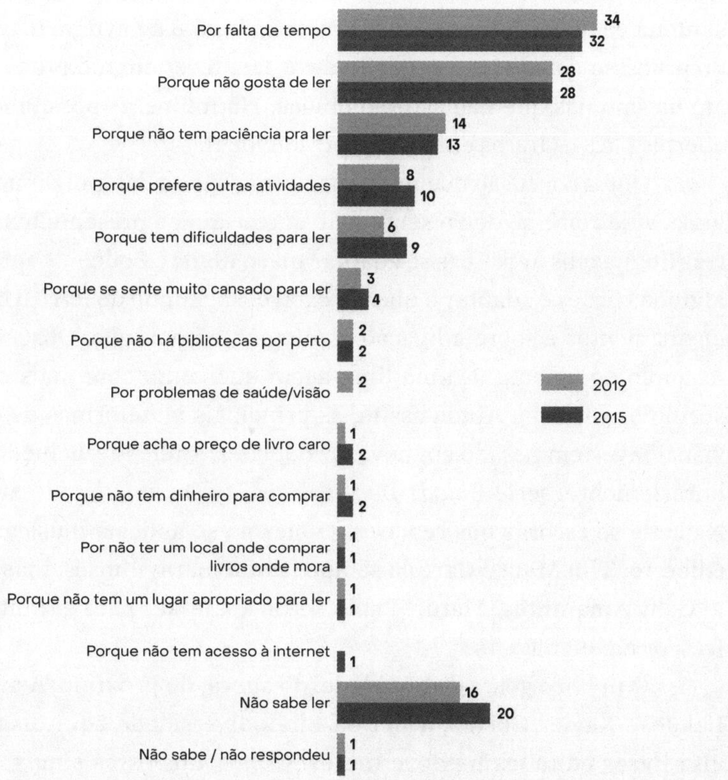

Fonte: Pesquisa Retratos da Leitura no Brasil.

É hora do livro voltar a seduzir, encontrar sua vocação no polo oposto à quantidade, ir ao encontro da qualidade. As editoras deveriam largar seus programas de produtivismo e mergulhar no mérito de seu catálogo.

Livros precisam entregar aquilo que é único de seu meio. Sua potência é a reflexão aprofundada, a imersão naquilo que não vem pronto. Sua materialidade é uma vantagem fator decisivo mesmo nas narrativas convencionais de texto.

Ao falar disso, talvez haja uma confusão entre o que digo e a minha vivência como editor da Lote 42. Não quero dizer que os livros devam vir em forma de cartas como o *Queria Ter Ficado Mais* ou com luvas em serigrafia como na Coleção Gráfica Particular ou ainda em sanfona como é o *Fachadas*. O projeto gráfico é a parte mais visível do processo de edição, o cuidado deve acontecer em todas as etapas, até mesmo nas que não são tão óbvias. Há inúmeras possibilidades abertas para os livros em formato tradicional.

Outra confusão que pode surgir: não quero demonizar a tecnologia, vide como se deu o seminário que origina o presente livro. Outras linguagens artísticas se adaptaram ao digital. Podemos aprender algumas lições e adaptar o que for cabível ao mundo do livro. Um dos ensinamentos é sobre a ligação com o contemporâneo. Observem o exemplo do cinema. É uma linguagem que conta com mais de um século de história. Ainda assim, as principais plataformas de audiovisual investem pesado em novas produções. É telenovela inédita em horário nobre, série *Cidade Invisível*, reality show BBB todo ano etc. Nada de se escorar nas reprises. O mesmo se aplica à música. João Gilberto, Tim Maia e Cartola sempre serão maravilhosos, mas estão aí Gaby Amarantos, Matuê, Pablo Vittar e Liniker para garantir um frescor na linguagem.

O público gosta de novidade, do agora, do próximo. A própria Lei José Xavier Cortez, a Lei da Bibliodiversidade aqui discutida, visa livros editados há doze meses. Com todos esses sinais de importância do contemporâneo, por que raios as editoras brasileiras dedicam tanta energia a nomes do passado? Pergunta espinhosa, mas de resposta fácil: domínio público. Os antigos não só desfrutam de fama, como são mais baratos. Por mais que os livros venham com paratextos e ilustrações fofas, é um corte de custos mal disfarçado. Um pensamento que, no fundo, lembra o da loja do aeroporto Afonso Pena.

Os autores de hoje podem ajudar a fortalecer o ecossistema do livro e estimular um ciclo virtuoso. É também uma atitude de consumo consciente. "Compre de artistas vivos, os mortos não precisam pagar boletos", diz um meme.

Os escritores brasileiros atuais disputam espaço na prateleira não só com os cadáveres, mas também com um número imenso de traduções. O editor brasileiro parece ter desaprendido a se aventurar em uma primeira edição de apelo popular, basta ver a lista de mais vendidos. A seção de ficção é particularmente trágica. Em 2020, nenhum dos vinte livros mais vendidos de ficção teve primeira edição no Brasil[11]. Quem está no topo é *Torto Arado*, escrito pelo autor brasileiro Itamar Vieira Junior, caso de um simbolismo dilacerante. O livro foi editado primeiro em Portugal, o que exigiu que fosse importado para o Brasil, como se se tratasse da tradução de um autor brasileiro. Os direitos autorais pertencem à metrópole europeia, o Brasil, colônia eterna, paga.

O meio editorial confirma a histórica atitude brasileira de exportar matéria-prima e importar bens de valor agregado. Foi assim com os trilhos de ferro do século XIX, é assim com a adoção tardia da rede 5G. A posição do país por regra é o de consumidor, em vez de desenvolvedor. No caso da arte impressa, o Brasil vende celulose, base da criação do papel[12], e compra texto escrito, pré-cozinhado. Tradutor é mais barato que autor.

Não me surpreenderá o dia em que as editoras brasileiras começarem a publicar livros em inglês para aprofundar ainda mais o corte de custos. Certamente venderão isso como "uma forma de conhecer a obra original, sem intermediários" ou um "exercício de idioma" ou qualquer bobagem dessa linhagem. Impressão e difusão de livros no idioma local é "um índice de nacionalidade, sobretudo nos Estados que se submetiam culturalmente à força de outros idiomas"[13], escreve Marisa Midori Deaecto, uma das organizadoras deste livro.

É compreensível a importância das traduções, é assim que escritos de fora podem ser lidos por nós. Precisamos buscar o equilíbrio. Nada contra ganhar dinheiro, desde que não faça mal aos outros, à cultura. A estrutura adequada para essa virada, esse basta nas engrenagens que estão empurrando o livro ladeira abaixo, são pequenas, sem vícios e cacoetes das companhias com proprietários estrangeiros. Ou de empresários que tenham a coragem de saber crescer sem perder a dimensão humana da literatura. Ou ainda, dos grandes *publishers* que se sintam provocados a resgatar o idealismo, pensar além do balancete trimestral, superar o automatismo.

É a vocação tradicional do livro ter mais calma, uma proposta importantíssima para lidar com as telas e o caos que nos rodeiam. Livros são à prova da obsolescência. Sua trajetória milenar mostra como ele sempre se adaptou ao momento sem perder relevância. Uma nova transmutação se faz necessária agora. O livro tem uma missão relevante nesse mundo disperso, talvez a mais importante de sua história. É uma batalha desigual e apaixonante.

NOTAS

1 Amaia Odriozola, "Vício em Redes Sociais Dispara na Pandemia, Mas Há como Recuperar o Controle e se Desintoxicar", *El País*, 12.10.2020.

2 "Estudo do Facebook Considera Instagram Prejudicial para Jovens, diz *Wall Street Journal*", *Isto É Dinheiro*, 16.9.2021.

3 Júlia Barbon, "Brasileiros São os que Mais se Preocupam com sua Saúde Mental entre 30 Países", *Folha de S.Paulo*, 19.10.2021.

4 Leandro Karnal, "A Biblioteca do Fim do Mundo?", *O Estado de S. Paulo*, 26.9.2021.

5 Mariana Bueno, "¿Cómo se Comportó el Mercado Editorial en la Última Década?", *Cerlac*, 30.9.2019.

6 João Varella, "A Livraria Sem Alma", *Folha de S.Paulo*, 12.10.2021.

7 Como mencionada no podcast do *PublishNews*, disponível em publishnews.com.br/materias/2021/09/20/promolivros-lanca-livraria-prime

8 Edison Veiga, "Brasil Perde uma Livraria a Cada Três Dias", *DW Brasil*, 26.10.2021.

9 Bruno Molinero, "Censura a Livros Infantis é o Reino Encantado do 'Duplipensar' de Orwell", *Folha de S.Paulo*, 13.9.2021.

10 "Projeto 'Escola Antirracista' se Desfaz depois da Polêmica Envolvendo a Companhia das Letras", *PublishNews*, 14.9.2021.

11 Ver publishnews.com.br/ranking/anual/9/2021/0/0

12 Por serem exportadoras, as empresas comemoram quando o dólar sobe. Ver einvestidor.estadao.com.br/mercado/acoes-suzano-klabin-alta-ibovespa/

13 Marisa Midori Deaecto, "Edusp, História Viva", em Marisa Midori Deaecto e Plinio Martins Filho, *Livros e Universidades*, São Paulo, Com-Arte, 2017, p. 16.

ENTRE AS CORPORAÇÕES E OS CAMINHOS INDEPENDENTES: O MERCADO EDITORIAL EM TEMPOS AMBIVALENTES

PAULO VERANO

Parto de um lugar que é naturalmente híbrido, porque sou professor universitário e sou editor. Mas, principalmente, porque atuo no mercado editorial brasileiro desde o início dos anos 1990, um período que vem sendo marcado por transformações profundas.

Quando me formei em Editoração, queria atuar em grandes editoras, "aprender fazendo". Agora que dou aulas de Editoração, passados quase trinta anos, quero estimular as alunas e os alunos interessados nessa profissão que sempre exerci a refletir sobre os papéis do livro e do editor dentro da cadeia editorial. Que pensem criticamente o modelo vigente e contribuam para a sua reinvenção em prol de mais equilíbrio, liberdade e criatividade – e rumo a um país mais leitor e mais justo.

A faculdade me ensinou muito, mas também aprendi fazendo. Trabalhei por muitos anos em editoras de grande porte, nacionais e multinacionais. Foi de uma delas que saltei, no final de 2015, para a criação, com a designer Angela Mendes, de uma editora independente que deseja fazer tudo de ponta a ponta, a Edições Barbatana[1].

Depois de tantas intervenções tão ricas sobre a Lei do Preço Fixo, provenientes de tantos lugares diferentes, e eu próprio falando de tantos lugares diferentes, decidi escolher como ponto de vista para esta comunicação a minha atuação como editor independente. Ou antes: de alguém que, desencantado com os descaminhos do mercado editorial dito tradicional, decide atuar como editor independente – entendido aqui, em consonância com o que disse a editora e livreira goiana Larissa Mundim em sua intervenção neste Simpósio, como sendo aquele "que busca meios próprios de operar com autonomia".

Como é para um editor independente, de uma editora criada em plena era de desconstrução[2] do Brasil, atuar no mercado editorial hoje? (*Spoiler*: não há outro jeito senão pelas brechas, ou, como defendi em minha tese de doutorado[3], pelas *brechas* e *contrabrechas* institucionais. Por uma espécie de entrar e sair repleto de *ambivalências*[4], ora se aproximando das instituições, ora se afastando completamente delas).

DE MERCADO EDITORIAL A MERCADOS EDITORIAIS

De início, por uma infinidade de motivos, que pretendo tratar aqui, não me parece ser mais possível pensar em *mercado editorial*, no singular, mas em *mercados editoriais*, no plural. Para tratar disso, vale a pena voltar um pouco no tempo e fazer uma pequena recapitulação que mescla aspectos pessoais de minha atuação como editor com outros que são conjunturais e próprios desse mercado editorial em mudança.

Desde minha graduação em Editoração, em 1994, sempre atuei como editor de livros. Em 2011, quando voltei para a Universidade, eu o fiz com o propósito de estudar a relação entre museus e *graffiti*[5] – portanto, os limites de ação possíveis entre o institucional e o não institucional na cultura –, colocando de lado, temporariamente, o universo do livro.

Trabalhara ininterruptamente *em* ou *para*[6] editoras entre 1990 e 2011, alternando a atuação em pequenas editoras familiares (não por acaso hoje extintas) com o trabalho em grandes grupos editoriais brasileiros e multinacionais, como o Grupo Folha – onde atuei primeiro na área comercial do jornal *Folha de S.Paulo* e depois na área editorial da Publifolha, então editora de livros do Grupo –, e o Grupo Planeta, onde atuei primeiro como editor e depois como diretor editorial da gigante multinacional espanhola.

O que percebia na prática, no campo editorial, é que a dinâmica das grandes corporações havia definitivamente suplantado o outrora familiar universo dos livros, testemunhando "na pele" um processo global que grandes editores, como Jason Epstein, André Schiffrin e Roberto Calasso, entre outros, tratariam em livros célebres[7].

Ao reingressar na Universidade, em 2011, queria pesquisar se havia vida mais interessante fora dos domínios corporativos do mercado editorial. O estudo das dinâmicas culturais não institucionais tinha a intenção de localizar outras possibilidades – acadêmicas, intelectuais, profissionais – para além das corporações globais e instituições hegemônicas, que me pareciam estar, a cada novo passo desde o mergulho neoliberal dos anos 1990, cada vez mais desconectadas das novas movimentações culturais independentes. Por esse motivo, em minha pesquisa de mestrado, defendida em 2013, procurei me afastar completamente do livro e tentar entender como o *graffiti* e a pichação, nem tão aos poucos assim, foram dos muros transgressores para as paredes domesticadas dos museus, porém, sem que isso os impedisse de seguirem, sobretudo na chave da pichação, transgredindo fora dos espaços protegidos. A ideia foi, como voltaria a ser, olhar para vasos de comunicação possíveis entre o livro e outras dinâmicas culturais.

Quando iniciei minha pesquisa de doutorado, em 2014, a fim de aprofundar os estudos das relações entre produção da cidade e produção da cultura, o foco estava ainda, e de modo mais asseverado, nas relações entre o institucional e o não institucional[8], dessa vez procurando categorias para separar as ações independentes – que nomeei de *brechas* (com alguma vinculação institucional) e *contrabrechas* (sem vinculação institucional).

Depois de empreender algumas consultorias editoriais entre 2011 e 2014, por uma circunstância profissional, retornei ao universo corporativo. Por dois anos (2014-2015), paralelos à pesquisa acadêmica de doutorado, trabalhei à frente da Gerência de Literatura e Paradidáticos do Grupo Somos Educação, ex-Abril Educação, conglomerado que se coloca entre os cinquenta maiores grupos editoriais do mundo[9], sendo nessa oportunidade o responsável pela gestão do catálogo das editoras Ática e Scipione.

À medida que a pesquisa acadêmica avançava, os desgastes corporativos foram se acentuando, e no final de 2015 me desligava de meu último posto corporativo. Seguia, nesse momento, em direção à etapa final da pesquisa de doutorado e depois à docência universitária, ao mesmo tempo em que começaria a me dar conta, na prática como editor independente, de que o mercado editorial em que vinha atuando também estava sendo alterado, subterraneamente, por outras dinâmicas.

SER EDITOR INDEPENDENTE EM MEIO A UM CENÁRIO DE AMBIVALÊNCIAS

Eclodira, desde meados dos anos 2010, uma nova cena independente com força e capilaridade o suficiente para embaralhar os limites entre o institucional e o não institucional, exatamente como vinha estudando em outros domínios da cultura em minhas incursões acadêmicas. Eu próprio cofundaria uma editora independente no final de 2015, a Edições Barbatana, notando na prática o quanto os limites entre institucional e não institucional vinham e vêm sendo transpostos, transgredidos, simulados, conectados, borrados, domesticados, às vezes realmente cindidos.

O dia a dia da Edições Barbatana nos fez e faz alternar momentos de aproximação institucional, como a participação em editais de governos federais e municipais; a venda de livros em grandes livrarias *on-line* (Amazon) e em médias livrarias físicas (Travessa, Martins Fontes Paulista e outras); vendas mais volumosas junto a clubes de livros (Leiturinha, Clube Quindim, A Taba); participação presencial e *online* em importantes feiras de descontos (Festa do Livro da USP, Feira do Livro da Unesp); filiação a um órgão representativo de classe (a Libre, Liga Brasileira de Editoras). Essas atividades alternam ou são conciliadas com outras de real afastamento das práticas corporativas ou institucionais, a saber, a atenção a uma infinidade de pequenas livrarias de rua, venda direta, participação militante em eventos independentes (como a Feira Miolo[s]), investida em campanhas de *crowdfunding* (Catarse), sempre com o rigor de uma total independência na composição do catálogo editorial e, em espírito *Do It Yourself* que remete ao espírito *punk* dos anos 1970, a atuação completa na cadeia, operada unicamente pelos dois sócios.

Tal somatório de experiências, e em especial a experiência da construção da Edições Barbatana em plenos anos de crise de modelo do mercado editorial – como se houvesse períodos sem crise na história do livro brasileiro –, levaram-me, como pesquisador e como editor, a conjugar ambos os esforços (como acadêmico e como editor independente) e a problematizar o que significa atuar como editor independente numa contemporaneidade tão marcada pela ideia de *ambivalência*.

Algo, aliás, que não é uma ideia completamente nova. No final dos anos 1990, o grande editor norte-americano Jason Epstein já dizia em seu relato de memórias, *O Negócio do Livro: Passado, Presente e Futuro do Mercado Editorial*, que as modificações que ele antevia para o futuro (futuro que é hoje) iriam em duas direções: corporações cada vez maiores de um lado e uma pluralidade de microações editoriais coordenadas, de outro. Mega e grandes conglomerados editoriais concentrados de um lado. Uma pluralidade de micro e pequenas editoras e livrarias (de rua) de outro. Micronegócios interconectados em redes de atuação horizontalizadas. Isso, junto a vários outros fenômenos, como a publicação por demanda e os livros digitais, numa panaceia de eventos que colocam a cadeia editorial tradicional completamente em xeque.

Por uma infinidade de motivos, portanto, e entro neles agora, não me parece ser mais possível pensar em *mercado editorial*, mas em *mercados editoriais*.

A PROFISSIONALIZAÇÃO DA CADEIA EDITORIAL E O REFORÇO DOS PADRÕES

Até mais ou menos o final dos anos 1980, a cadeia editorial de livros no Brasil era mais ou menos estável, e não exagero ao dizer que o livro e o mercado editorial avançaram dentro de um tempo que combina com a leitura direcionada: analógico, linear, submetido aos limites de sua produção, comercialização e distribuição. E com a cadeia clara. Do escritor para o editor. Do editor para o distribuidor. Do distribuidor para o livreiro. Do livreiro para o leitor. Editoras prioritariamente familiares. Livrarias prioritariamente de rua, contribuindo fortemente para a melhoria urbanística das cidades. Entretanto, um mercado editorial caro para entrar. E muitíssimo concentrado nos eixos Sul e Sudeste.

A década de 1990 traz modificações fortíssimas em campos variados – e esse período coincide tanto com os avanços tecnológicos que vêm alterando com força o mercado editorial e as dinâmicas culturais como um todo, como com os famintos avanços neoliberais em direção a tudo. Desde então, vimos assistindo a uma série de modificações nesse roteiro que conecta o escritor ao leitor. De modo muito veloz, o mercado editorial foi-se complexificando em nível global.

Há em marcha uma importante internacionalização e certa "profissionalização" do mercado editorial brasileiro. Se uso entre aspas, é porque esse processo foi acompanhado de imensa concentração empresarial (principalmente por causa do vulto das negociações governamentais), o que acabou levando a muita padronização editorial e a práticas que favoreceram os grandes *players* e em boa medida contribuíram para a precarização da cadeia editorial como um todo e à redução de sua diversidade.

Se uso "profissionalização" entre aspas é porque, acompanhando as grandes modificações – o crescimento enorme dos negócios junto aos governos, a migração das livrarias das ruas para os *shoppings* (implicando redução de bibliodiversidade), o aumento das terceirizações, a conversão do modelo de consignação em opção única, a cultura dos *best-sellers* globais maltratando a diversidade editorial, as editoras e as livrarias se transformando de familiares em corporativas –, também é possível notar, além de uma concentração e fortalecimento econômico do mercado editorial, a precarização desse mesmo mercado, além do aumento da concorrência indireta, expressa por alternativas de entretenimento e informação mais interativas.

Não é necessário comentar aqui sobre o que o futuro reservaria às pequenas e médias editoras – especializadas, familiares e muito boas –, paulatinamente adquiridas por grandes conglomerados, ao mesmo tempo em que tiveram de assistir à crescente desidratação de seus catálogos dentro dessas corporações[10]. Nem sobre a derrocada das grandes cadeias livreiras brasileiras no final dos anos 2010 (que o mercado sabia que iria acontecer, aliás)[11], e o porquê de isso ter ocorrido, mas me parece necessário comentar porque fui paulatinamente me desinteressando pela digamos cena editorial tradicional e a cena independente surgida no início dos anos 2010 foi-me fazendo os olhos de editor brilharem novamente.

Toda a combinação de fatores que eu detalhei acima levou ao editor (e ao livreiro também) um novo papel: o de gestor de planilhas, o de farejador do próximo sucesso breve, o de adivinhador de necessidades governamentais. O triunfo do padrão.

SURGE UMA NOVA CENA EDITORIAL INDEPENDENTE

A partir dos anos 2010, em contrarreação a essa crescente concentração e padronização do mercado, começam a surgir alternativas potentes de ação. Um grande estilhaço de pequenas iniciativas editoriais independentes passa a mostrar caminhos de reinvenção para a cadeia editorial tradicional do livro no Brasil.

Não é o caso de sermos ingênuos, evidentemente. Persistem as concentrações e um importante reducionismo do fazer editorial em prol do lucro. Já em 2010, o editor francês André Schiffrin alertava, em seu livro *O Dinheiro e as Palavras*, que em seu país, "embora as editoras menores respondam por um terço dos 38 mil títulos publicados anualmente na França, suas vendas totais alcançam menos de 1% do volume anual"[12].

Mas é inegável que os anos 2010 também trazem, no Brasil, a proliferação de novos modelos editoriais. São tanto novas livrarias de rua que recuperam a figura do livreiro curador, quanto editoras independentes que põem o fazer editorial e o livro como bem cultural no cerne de seu negócio, numa concertação entre ambos: essas editoras normalmente comercializam seus livros nas livrarias e costumeiramente se descolam das grandes redes. Ao mesmo tempo, comercializam seus livros diretamente, por meio de *e-commerce* próprio, feiras de publicações e outras iniciativas que, se desestabilizam a cadeia editorial tradicional, as colocam em relação direta com seus leitores.

Isso nos põe em contato com uma criatividade pujante, por meio do que chamei de *brechas* e *contrabrechas*, como faziam determinados editores independentes que operaram no Brasil a partir dos anos 1950, como Massao Ohno[13], entre outros.

Mas com uma diferença importante. Diferentemente da cena independente da segunda metade do século XX, há a partir dos anos 2010, por conta dos inúmeros avanços tecnológicos, um barateamento gráfico e uma maior possibilidade de realização e de publicização do que é realizado.

OS NOVOS INDEPENDENTES E SEU IMPACTO NO MERCADO EDITORIAL TRADICIONAL A PARTIR DE DOIS EXEMPLOS

Hoje é possível editar de modo independente, para pequenos nichos, mas, ao mesmo tempo, chegar a soluções híbridas, que permitem que os livros cheguem à grande imprensa e ao seu público – seja ele de nicho ou às vezes massivo.

Surgem novos independentes editoriais. Uma lista tão imensa que seria arriscado selecionar nomes aqui. Mas, como Massao Ohno nos serviu de metonímia, vale a pena incorrer no risco para comentar, brevemente, dois casos recentes situados em São Paulo, cuja cena conheço melhor.

A editora Lote 42[14], criada em 2012 e hoje com grande representatividade nesse cenário independente, ampliando-se em direção à livraria (Banca Tatuí) e ao espaço cultural (Sala Tatuí), com seus editores, livreiros e agitadores culturais, a argentina Cecilia Arbolave e o brasileiro João Varella, sendo exemplares da mudança ao terem ajudado a construir, a partir de uma arguta movimentação de redes de colaboração, um novo mercado: suas feiras independentes movimentam milhares de pessoas. Alguns de seus autores advêm de espaços de destaque midiático, seus livros aparecem nos jornais, nas tevês e, principalmente, na Internet, onde as redes sociais os conectam com seu público. A conexão que promovem com a cena editorial independente brasileira e latino-americana é inédita em nosso até pouco tempo tão fechado mercado brasileiro. Muito relevante, este é apenas um exemplo entre muitos.

Outro exemplo é a Editora Jandaíra[15], ex-Pólen Livros, de Lizandra Magon de Almeida, que abraça questões identitárias e de fortalecimento da herança africana e do feminino, tendo surgido no início da segunda década do século XXI. Absolutamente sintonizada com o momento, vê a cada dia seus autores, negros na maioria, galgarem mais espaço em locais que antes não seria possível que alcançassem (nem a si própria, como editora independente). A socióloga Djamila Ribeiro, por períodos de 2020 no topo de todos os *rankings* com um título publicado pela Companhia das Letras[16], é também parceira da Editora Jandaíra, tanto como autora do *best-seller Lugar de Fala*, como na condição de coordenadora de uma importante coleção, Feminismos Plurais. O filósofo e jurista Silvio Almeida, que em junho de 2020 alcançou audiência inédita no influente programa televisivo *Roda Viva*, da TV Cultura, é outro autor da Editora Jandaíra, e seu livro *Racismo Estrutural* também frequenta listas dos livros mais vendidos.

Diversas outras iniciativas poderiam nos servir aqui de exemplo para esse novo momento editorial brasileiro, e histórias como as de João Varella e Cecilia Arbolave, com a Lote 42/Banca Tatuí/Sala Tatuí, e de Lizandra Magon de Almeida, com a Editora Jandaíra, nos servem metonimicamente para detectar o óbvio: os editores e livreiros independentes têm hoje a possibilidade, graças a um conjunto de fatores, de fazer o que sabem fazer, com a priorização da qualidade e do fomento ao debate e beneficiando-se da possibilidade de alcançar grande capilaridade por meio das novas tecnologias.

Nada é fácil, e na realidade é muito difícil, mas em vez de reclamar por causa de patamares editoriais estáticos há décadas ou pela falta de estímulos governamentais, o que, como podemos ver em André Schiffrin[17], são problemas globais, essas novas iniciativas independentes brasileiras, e fortemente latino-americanas, desbravam espaços novos. E com isso inovam o mercado, a ponto de essa cultura trazida pelos novos independentes ter levado determinadas editoras com financiadores ou investidores a modular o seu discurso, aproximando-se da comunicação independente[18]. O que é benéfico, porque aumenta a qualidade editorial e o alcance do que é produzido.

Estimula, inclusive, editoras do porte da Companhia das Letras, parte da gigante alemã Bertelsmann, a colocar-se politicamente (vide sua *best-seller* Djamila Ribeiro). Embora tal movimentação também explicite que o fortalecimento das bandeiras identitárias expõe que este é um terreno em disputa pelos grandes conglomerados editoriais. Basta lembrar que, outrora escondido em uma coleção menor, desde 2015[19] o livro *Quarto de Despejo*, de Carolina Maria de Jesus, está na parte da frente do catálogo da Editora Ática, e que seus demais livros começaram a ser republicados em 2021 pela Companhia das Letras – editora que em 2020 foi ágil ao criar o primeiro cargo de editor de Diversidade em uma editora de livros, e que rapidamente construiu um catálogo importante nessa direção, não sem percalços[20].

A reinvenção proporcionada pelas editoras independentes é estética, sim, mas não só, porque invade outras questões, inclusive negociais. Por causa da capilaridade proporcionada pelas novas tecnologias conectadas em redes, essas novas iniciativas independentes contribuem para explicitar as fraturas da cadeia editorial tal como a conhecíamos tradicionalmente e também para lhe mostrar outros caminhos.

Trata-se de uma gama de possibilidades trazidas pelas novas tecnologias, mas em prol da inserção de novos atores no mercado, novos pensares, novos fazeres.

Muito mais liberdade editorial e estética – que foi o que a princípio mais me atraiu. Muito mais assuntos a serem tratados de jeito mais interessante. Muito mais diversidade em todos os prismas. Ao mesmo tempo, a preocupação de conectar em rede essa produção editorial independente que acontece nas cinco regiões brasileiras. Não só. Um outro jeito de internacionalização: Sul–Sul. E muitas outras contribuições.

Uma pluralidade de novas editoras surge. Feiras de publicações independentes interessantíssimas. Pequenas livrarias de rua propondo relações mais horizontais. Publicações cada vez mais diversas e autorais. O uso inteligente das tiragens. Proposições mais revolucionárias. Mais justas.

POR UMA REGULAÇÃO QUE POTENCIALIZE A DIVERSIDADE ALCANÇADA PELAS BRECHAS

Mas volto às brechas. Dentro de um mercado tão concentrado – e cifrado para quem o vê de fora –, esses novos editores e livreiros independentes precisam atuar pelas brechas para poderem existir. Nessa atuação experimental, os modelos vigentes são postos em discussão e novas formas de atuar surgem. Umas retomam as origens da cadeia editorial tradicional, respeitando-as e defendendo-as. Outras a ignoram solenemente.

O jogo, porém, é ainda muito desigual, ou talvez cada vez mais desigual.

As instituições que representam o livro muitas vezes nem notam o quanto o *mercado editorial* vai-se transformando em *mercados editoriais*. Há uma diferença de escala nas operações que lhes é completamente incompreensível. Sua forte adesão ao debate do Preço Fixo, nas figuras institucionais da Câmara Brasileira do Livro (CBL), do Sindicato Nacional dos Editores de Livros (Snel) e da Liga Brasileira de Editoras (Libre), nos três dias de realização desse Simpósio Internacional, é auspicioso.

De modo que, pensar hoje uma Lei do Preço Fixo, ou Único – o que é saudável por todos os motivos já alocados até aqui –, pressupõe outras derivações obrigatórias.

Um desejo de regulação desse *mercado editorial* (no singular) precisará necessariamente levar em conta a sua atual reconfiguração complexa em novos mercados. E precisará, como diz o antropólogo argentino Néstor García Canclini no livro *Diferentes, Desiguales y Desconectados*[21], ousar reconhecer as diferenças entre os atores editoriais, corrigir as desigualdades existentes entre eles e zelar pela real conexão em toda a cadeia[22]. Como é claro, algo impossível de ser regulado apenas pelo mercado, mas que precisará ser mediado por políticas culturais públicas atentas a essas particularidades e emergências.

Em suma, os desafios são muitos.

Em um mercado tão marcado pela *ambivalência* – por um lado, uma concentração cada vez maior dos grupos editoriais (ou não necessariamente apenas editoriais, como a Amazon); pelo outro, uma pulverização cada vez maior de editoras e livrarias de pequeno porte (mais autorais, mais inventivas e em busca de práticas mais justas para essa nova cadeia independente que surge dentro da grande cadeia, em reação a seus vícios) –, me parece ser absolutamente necessário:

1. Reconhecer as diferenças entre os atores editoriais.
2. Corrigir as desigualdades dentro da cadeia editorial.
3. Zelar pela justa conexão dentro de toda a cadeia.

Isso, levando em conta o atual momento de desconstrução do Brasil.

Levando em conta que temos uma Lei do Livro[23] que existe, mas não é efetivada.

Levando em conta que temos os Programas Nacional, Estaduais e Municipais do Livro, da Leitura, da Literatura e das Bibliotecas – documentos tão bem elaborados e que tanto avançam nos seus quatro eixos[24] tão fundamentais para a difusão do livro e da leitura – não efetivados.

Isso, sobretudo, porque vivemos um atual momento de desconstrução do Brasil. E que é preciso unir forças para deslocar esse momento para um momento de reconstrução do Brasil. E nisso o livro, esse suporte perfeito, nos une.

NOTAS

1 Mais informações disponíveis em: edicoesbarbatana.com.br

2 Uso, como marco dessa desconstrução, o golpe contra a então presidenta da República do Brasil, Dilma Rousseff, ocorrido em 2016, que tem como antecedentes as chamadas Jornadas de Junho de 2013 e, no ano seguinte, o não reconhecimento de sua reeleição por seu oponente. Como sabemos, o quadro se agravou profundamente desde então, levando à eleição presidencial de um candidato de extrema direita em 2018.

3 Paulo Verano, *Cidades Temporárias: Brechas e Contrabrechas na Cidade*, Tese de Doutorado, Escola de Comunicações e Artes, Universidade de São Paulo, 2018.

4 O termo *ambivalência* é usado aqui em referência a artigo que publiquei no *Jornal da USP* em 12 de março de 2019, em que situo o momento atual do mercado editorial brasileiro *entre* a grande concentração promovida pelos grandes conglomerados empresariais e a imensa pluralidade de microações editoriais independentes, sendo simpático à segunda (Paulo Verano, "O Mercado Editorial Brasileiro em Tempos Ambivalentes", *Jornal da USP*, 12.3.2019).

5 Paulo Verano, *Por uma Política Cultural que Dialogue com a Cidade: O Caso do Encontro entre o Masp e o* Graffiti *(2008-2011)*, Dissertação de Mestrado, Escola de Comunicações e Artes, Universidade de São Paulo, 2013.

6 Distinção a meu ver importante, porque a partir dos anos 1990 tem-se em curso uma severa terceirização de processos e atividades que, se ultrapassa o mercado editorial e o fazer do editor, certamente os inclui.

7 Faço menção, aqui, aos livros *O Negócio do Livro: Passado, Presente e Futuro do Mercado Editorial*, Rio de Janeiro, Record, 2002, do editor norte-americano Jason Epstein (1930-); *O Negócio dos Livros: Como as Grandes Corporações Decidem o que Você Lê*, Rio de Janeiro, Casa da Palavra, 2006; e *O Dinheiro e as Palavras*, São Paulo, BEĨ Editora, 2010, do editor francês André Schiffrin (1935-2013); e *A Marca do Editor*, Belo Horizonte/Veneza, Âyiné, 2020, do editor italiano Roberto Calasso (1941-2021).

8 Paulo Verano, *Cidades Temporárias*: *Brechas e Contrabrechas na Cidade*.

9 A publicação *Global 50 The World Ranking of the Publishing Industry 2021* mostra que dois grupos brasileiros, Somos Educação (47º. lugar) e FTD Educação (55º. lugar), estão entre os maiores grupos editoriais do mundo. Outras corporações multinacionais presentes no país são a alemão Bertelsmann (3º. lugar), a inglesa Pearson (4º. lugar), a norte-americana HarperCollins (10º lugar) e as espanholas Grupo Planeta (27º. lugar) e Grupo Santillana (39º. lugar) (ver em: R. Wischenbart e M. A. Fleishhacker, *Global 50 The World Ranking of the Publishing Industry 2021*, China/Alemanha/França/Estados Unidos: Bookdao/Buchreport/Livres Hebdo/ Publishers Weekly, out. 2021.

10 Em seus livros, já citados, André Schiffrin e Jason Epstein falam muito disso dentro das realidades que assistiram na França e nos Estados Unidos. Se lá foi assim, imaginem aqui.

11 Como é claro, faço referência aos pedidos de recuperação judicial das livrarias Cultura e Saraiva, em 2018, mas também ao fim de

operações comerciais importantes, como as da Laselva e da Fnac Brasil.

12 André Schiffrin, *O Dinheiro e as Palavras*, pp. 31-32.

13 Destaca-se o livro *Massao Ohno, Editor*, de José Armando Pereira da Silva, Cotia, SP, Ateliê Editorial, 2020.

14 Mais informações disponíveis em lote42.com.br

15 Mais informações disponíveis em editorajandaira.com.br

16 Refiro-me ao seu *Pequeno Manual Antirracista*, de 2020.

17 André Schiffrin, *O Dinheiro e as Palavras*.

18 São exemplos algumas editoras surgidas a partir de 2016, como a Ubu, criada após o encerramento da Cosac Naify, a Todavia, fundada por ex-editores da Companhia das Letras, e a Antofágica, focada em clássicos, editoras que priorizam a qualidade editorial e se comunicam de modo *cool*, ao mesmo tempo que têm dinheiro para investir.

19 Até então na coleção Sinal Aberto, após reformulação gráfica o livro *Quarto de Despejo* foi lançado como obra individual no catálogo comercial da Editora Ática em 2015, alcançando imediato prestígio.

20 O mais recente, de 2021, expresso pela retirada de circulação do livro *Abecê da Liberdade: A História de Luiz Gama, o Menino que Quebrou Correntes com Palavras*, dos escritores José Roberto Torero e Marcus Aurelius Pimenta, após sua reedição seguir com uma série de impropriedades e causar inúmeras reações.

21 Obra lançada primeiro em Barcelona (Gedisa, 2004). Publicada no Brasil pela Editora da UFRJ em 2007, com o título *Diferentes, Desiguais e Desconectados*.

22 De novo é possível recorrer ao já citado livro *O Dinheiro e as Palavras*, de André Schiffrin, em busca de exemplos desses outros modos de operar. Ou às diversas intervenções realizadas dentro do Simpósio Internacional Por uma Lei da Bibliodiversidade, condensadas nesta publicação.

23 É possível acessar a íntegra da Lei n. 13.696, de 12 de julho de 2018, ou Lei do Livro, por meio do *link*: planalto.gov.br/ccivil_03/_ato2015-2018/2018/lei/L13696.htm.

24 São eles: Eixo 1: Democratização do acesso; Eixo 2: Fomento à leitura e à formação de mediadores; Eixo 3: Valorização institucional da leitura e incremento de seu valor simbólico; Eixo 4: Desenvolvimento da economia do livro.

O MERCADO EDITORIAL BRASILEIRO EM TEMPOS DA COVID-19: UMA ODE À IMPERMANÊNCIA NOS MODELOS DE NEGÓCIOS

MARÍLIA DE ARAUJO BARCELLOS

> "Embora esmagada pelo desastre, como a terceira via dos anos 1930-1939, apostemos que a nova via trará em seguida, como em 1945, a esperança da renovação".
>
> **EDGAR MORIN, *É HORA DE MUDARMOS DE VIDA*, P. 53.**

Em que medida a saúde e a economia foram comprometidas pela impermanência da vida, em especial nos momentos de isolamento social impostos pela pandemia da Covid-19? Eis uma questão norteadora para pensar as informações obtidas ao se debruçar em estudos sobre o tema, considerando os vários agentes que compõem o campo da edição. Os anos de 2020 e 2021 ficarão na história como períodos que agregaram muitas perdas por conta do surto pandêmico, o que acabou por evidenciar nas pessoas em geral a capacidade de enfrentar desafios outros, como a adequação a novos modelos de negócios, regados a muita criatividade e persistência. O cenário instaurado no decorrer do surto infeccioso irrompeu acelerado e inusitado em meio ao caos da tentativa de reorganização da rotina. Permaneceram movimentos já existentes, a bem da verdade, presentes ao longo da história, mas que com as limitações advindas e as mudanças infligidas ao cotidiano, impuseram-se novas restrições e tendências.

O fato é que alterações implicam mudanças na cadeia produtiva, em especial no hábito da leitura e no consumo de livros. As pesquisas vêm apontando para um aumento nas vendas do formato e-book e audiolivro. Durante as *lives* do projeto de extensão *Editoração em Debate*, realizadas pela UFSM em 2020, especialistas do mercado editorial, como o economista Carlo Carrenho[1] e o historiador Jaime Mendes[2], teceram comentários sobre iniciativas passíveis de auxiliar o setor a alcançar bons resultados: investimento em políticas públicas, regulamentação do preço dos livros no mercado, apoia à cadeia por meio de entidades de classe, preservação das livrarias, ampliação do acesso a *streaming* de venda de livros... Tudo isso a permitir uma percepção da reescrita da cadeia estabelecida no bojo mesmo da indústria cultural.

Diante disso, este texto traz a premissa da impermanência, desde a mutação da vida, suprimida de tantas pessoas neste momento, até a aprendizagem que as alterações no mercado editorial igualmente envolvem, numa lógica cambiante de agentes e organizações com os elos criados pela interação destes na cadeia editorial. A começar pelo *modus operandi* de autores, editores, e a findar na relação dos consumidores com os livros.

Diante disso, o presente texto tem a pretensão de retomar conceitos a respeito do campo editorial, a fim de subsidiar teoricamente e, também, contextualizar a lógica de atuação na cadeia produtiva de livros, estremecida em suas regras durante a pandemia.

Para ilustrar a relação entre agentes e os elos da cadeia foi elaborada uma micropesquisa cujo objetivo, a título de amostragem, resulta em um levantamento dos hábitos de leitura e de consumo de estudantes universitários, de quatro cursos de graduação e de pós-graduação do Departamento de Ciências da Comunicação da Universidade Federal de Santa Maria, no Rio Grande do Sul.

O levantamento serve como fio condutor para se observar o comportamento de leitores situados fora das capitais, de março de 2020 a setembro de 2021, e do acesso ao livro por meio da aquisição pelo digital, aguçado pelo confinamento e por tudo que esse panorama implica.

1. CONTEXTUALIZANDO A LÓGICA DO CAMPO NA PANDEMIA

O filósofo Edgar Morin pondera sobre o momento atual, em que se entrou na era de incertezas. Segundo ele, "nunca estivemos tão fechados fisicamente no isolamento, e nunca tão abertos para o destino terrestre. Estamos condenados a refletir sobre nossos caminhos, nossa relação com o mundo e sobre o próprio mundo"[3]. Medidas restritivas, como proibição de aglomerações e limitação da liberdade de ir e vir, foram determinantes para que se pudesse estabelecer hábitos diferenciados. A propagação do digital viu-se acelerada pela condição de sobrevivência em todos os âmbitos, tanto na vida pessoal, quanto na profissional.

Os momentos de disrupção assinalam novos modelos de negócios, considerando-se, por exemplo, a materialidade do livro como o suporte em que o conteúdo é o rei, por um lado, e a adequação do analógico e artesanal ao mundo das informações, por outro. Não há como se situar no ano de 2021, segunda década do século XXI, e pensar/trabalhar conforme um só modelo de negócio, utilizado na era Gutenberg: da produção em uma única via com início na indústria em direção aos consumidores. Essas concepções não atendem mais ao público leitor da era digital.

Destaca-se que o comportamento dos leitores e o acesso ao livro, durante o confinamento, é uma parte do funcionamento sob a lógica da incerteza à qual a cadeia produtiva do livro esteve submetida. É possível perceber a dimensão do ocorrido a partir de novas regras estabelecidas no contexto da impermanência. Observam-se rupturas, distanciamentos e readequações nos elos entre os agentes pertencentes ao sistema de produção, visivelmente atingido em sua estabilidade nos procedimentos apreendidos ao longo dos anos.

A cadeia sabidamente constituída por papéis e funções encontra-se estremecida em suas regras. Ademais, com a intenção de explanar sobre os efeitos da pandemia na lógica do campo sob a égipe da impermanência, e contextualizar o consumo dos leitores e seus hábitos durante o confinamento, propõe-se a retomada da conexão dos agentes na cadeia de valor da indústria editorial, conforme o disposto na Figura 1, sugerida pelo sociólogo John B. Thompson:

Figura 1

ADAPTAÇÃO NOSSA DA CADEIA DE VALOR NA ÁREA EDITORIAL

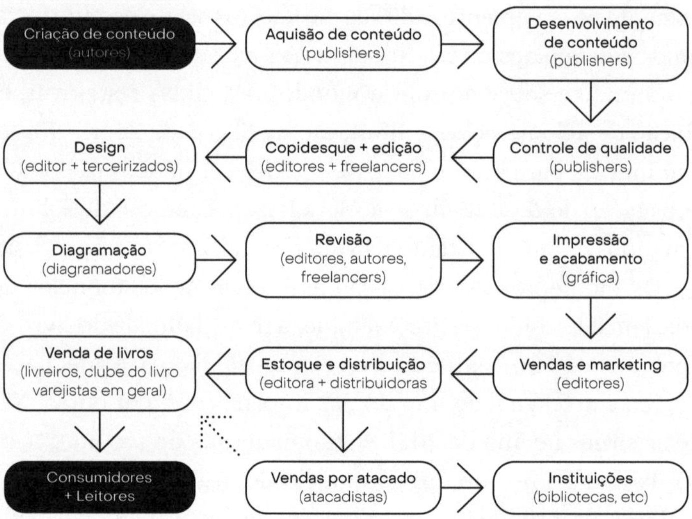

Fonte: John B. Thompson, *Mercadores de Cultura: O Mercado Editorial no Século* XXI, São Paulo, Editora Unesp, 2013.

O sistema se inicia com a criação literária, move-se em direção às editoras (que processam o produto em todas as suas fases), prossegue para vendas/*marketing*/distribuição, direciona-se para locais de difusão (mais especificamente livrarias, virtuais e físicas), desdobra-se em vendas a fim de atender aos leitores/consumidores.

Diante do contexto que se apresenta de mobilidade do conteúdo sujeito ao modo de utilização do usuário, pergunta-se: como podem os empreendedores do mercado editorial atuar no campo sem levarem em conta que os modelos de negócios devem também ser adequados, permeados por comportamentos que revelam os hábitos praticados em tempos de Covid?

2. A LÓGICA NO CAMPO: ADEQUAÇÃO À IMPERMANÊNCIA

John B. Thompson, em seu livro *Mercadores de Cultura*, desdobra conceitos sobre o campo, a partir dos pressupostos formulados por Pierre Bourdieu, para explicar que, na verdade, o mercado editorial é composto por uma pluralidade de campos. Explica-se: cada um deles funciona mais ou menos da mesma maneira, embora possuam regras, estratégias, objetivos e percepções que os diferem um dos outros.

Afirma o autor que uma obra de boa qualidade no campo da literatura infantil, por exemplo, não é a mesma coisa que uma obra de boa qualidade no campo de publicações de livros profissionais. Da mesma forma, deve-se entender que os planos de marketing das duas publicações provavelmente não serão também tão parecidos. Tais especificidades são chamadas pelo autor de "lógicas de campo". A teoria dos campos serve para nos ajudar a enxergar como "agentes, firmas e outras organizações nunca existem isoladamente: encontram-se sempre em complexas relações de poder, competição e cooperação com outras firmas e outras organizações", ou seja, funcionam dentro de um sistema[4].

As relações sociais no campo permitem incluir a diversidade dos agentes, das situações e das instâncias de poder. Cada agente encontra-se em uma esfera. O pequeno livreiro, aquele do estabelecimento de rua, não está na mesma condição de uma rede de livrarias, tampouco no quesito dos *marketplaces*. Trata-se de cruzamentos distintos. É cabível de se imaginar o tanto de diferenças são encontradas, e, somando-se a isso, vem a reflexão do tanto de peculiaridades que há dentro das múltiplas categorias.

Eis que, no Simpósio "Por uma Lei da Bibliodiversidade", foi proposta uma perspectiva transversal: a seara da legislação, que, talvez, possa aproximar de modo a permitir que a lógica do mercado se estabeleça diante de uma possível indicação de procedimentos, sedimentados no preço do produto, no caso, do livro, delimitando-se territorialmente essa ação, no âmbito nacional.

3. UM ROTEIRO PARA SE PENSAR A LEITURA E O CONSUMO EM TEMPOS DA COVID

Para arquitetar um balanço sobre o mercado editorial durante a pandemia, foi preciso contextualizá-lo no seio de um panorama maior, o da indústria da cultura. O roteiro, elaborado conforme assinalado anteriormente, situa a pesquisa sobre o consumo por um público leitor, em um *corpus* de estudantes universitários, a fim de tornar possível a abordagem a partir de tópicos de interesse do mercado, com amostragem de interesses, hábitos e comportamento de compra, adquiridos durante a pandemia.

A pesquisa realizada tem menos a missão de ser uma pesquisa aprofundada e mais um roteiro de tópicos abordados para a compreensão de um recorte da geração que hoje se encontra entre dezessete e trinta anos, mais especificamente, na denominada geração z, caracterizada por pessoas nascidas dos anos de 1996 a 2009 (o período varia conforme autores). Ou seja, criaram-se em meio à existência de um mundo conectado, em companhia de dispositivos eletrônicos e junto à disseminação de plataformas como o Google, o Kindle, a Amazon, todos à sua disposição.

O perfil do recorte abarca estudantes que têm acesso à educação superior no Brasil. Além disso, os participantes caracterizam-se pelo acesso ao ensino público, em nível federal, amplamente distribuído no território nacional e que de março de 2020 a setembro de 2021 permanecem em ensino em REDE (Regime de Exercícios Domiciliares Especiais), ou seja, remoto e mediado por tecnologias educacionais durante a suspensão das atividades presenciais.

O levantamento foi elaborado a partir do Departamento de Ciências da Comunicação da Universidade Federal de Santa Maria (também intitulada Facos, por carregar historicamente a denominação da Faculdade de Comunicação), situado em instituição localizada no interior do Estado do Rio Grande do Sul, em espaço fronteiriço localizado ao sul do Brasil, que delimita o país da instância espanhola na América Latina. Em outros termos, trata-se de uma perspectiva microcósmica, com um cenário fora do eixo de capitais, relevando a descentralização e até mesmo uma certa diversidade territorial, mesmo que a universidade pública de cunho nacional abarque uma amostragem de cerca de 30% dos estudantes de municípios brasileiros.

Tais questões servem de fio condutor para a compreensão do tecido de relações entre os agentes na malha que compõem o entrelaçamento entre os participantes do complexo campo da edição, condição na qual todos nos encontramos e que repercute em aprendizagens e práticas distintas das que costumávamos atuar. Em especial no modelo de negócios, na condução das práticas de venda e de consumo.

A reflexão sobre a leitura e o consumo durante a pandemia tem início com a definição dos participantes, a saber: alunos dos quatro cursos da Facos, na Graduação (Relações Públicas – RP; Produção Editorial – PE; Jornalismo – JO e Publicidade e propaganda – PP) e no Programa de Pós-graduação em Comunicação (Poscom). A presença menor se situa no curso de JO, com 6,2%; seguido de PP, com 7,7%, de PE, com 49,2 %, e de RP 18,5%, este último empatando com a participação do Poscom. Segundo os dados levantados, a amostra soma cerca de 13% do total de alunos inscritos no departamento5.

A micro pesquisa foi realizada entre os dias 8 e 12 de outubro de 2021, por meio da rede social da Facos, que compreende Facebook dos alunos, grupos de WhatsApp e grupo de e-mail. Os universitários aqui respondentes encontram-se, na maioria, entre 17 e 25 anos, configurando o perfil que atende às características da Geração Z. Conhecer os atributos comportamentais do consumidor por faixa etária é importante, assim como considerar o contexto econômico, social, e político cultural em que se desenvolveu.

Nesse caso, os estudantes nascidos a partir de 1995, no Brasil, configuram-se como nativos digitais, porquanto a partir da infância tiveram a possibilidade de acesso a equipamentos e dispositivos distintos. Não se pode afirmar que todos possuíam em mãos computadores, smartphones etc., mas que, diante do desenvolvimento de ferramentas e dispositivos informatizados em alta velocidade, em especial nos primeiros anos do século XXI, todos conviveram em uma época de mudança de hábitos do analógico para o digital, seja na implementação de fibra ótica e da mudança da TV para o digital, seja no surgimento dos primeiros leitores de livros digitais, do Kindle, do iPhone, do iPad, das condições favoráveis à autopublicação, da ampla pesquisa proporcionada pelo Google, dentre tantas outras coisas que revelam o quanto diferem das gerações anteriores no tocante ao uso da informatização, conforme atesta a Figura 2.

Figura 2

LINHA DO TEMPO GERACIONAL. OPERAÇÕES

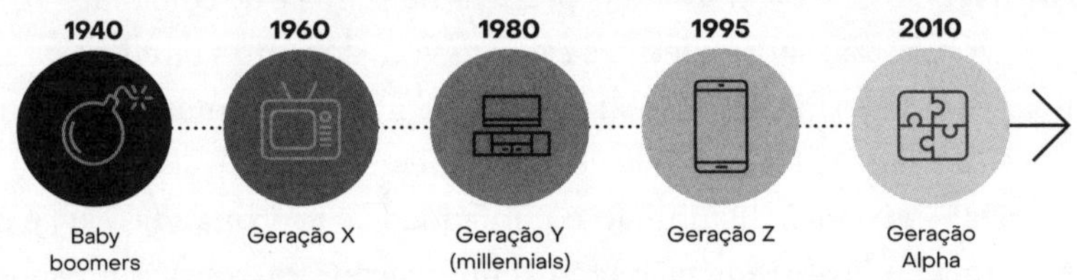

Fonte: Adaptação de Gabriela Garcia, bolsista do projeto de extensão PE.com UFSM.

A geração Z caracteriza-se pela realidade do trabalho em casa, por isso a maior inclinação ao empreendedorismo, com a busca de um mundo melhor, mais sustentável, com alimentação orgânica e veganismo. Considerando-se que a geração adulta hoje apresenta o perfil de consumidor digital, é compreensível que a pandemia tenha facilitado esse hábito. No caso, para todas as condições geracionais, embora se perceba uma tendência mais acelerada no horizonte das relações de compra e vendas.

Em relação à localização dos respondentes da amostra coletada com os discentes, 30,3% encontram-se fora do estado do Rio Grande do Sul, espalhados pelo território nacional: São Paulo (12,1%), Distrito Federal (4,5%); Rio de Janeiro (4,5%); Pará (3%); Paraná (3%), Minas Gerais (1,52%); Piauí (1,52%); além do Rio Grande do Sul, com representação de 69,7%. De maneira que o universo levantado revela informações de todas as regiões do Brasil: Sul (72,7%), Sudeste (18,12%), Centro-Oeste (4,5%); Norte (3%) e Nordeste (1,52%).

A UFSM, por se tratar de uma instituição pública de âmbito nacional, congrega estudantes de todo o país, e foi a primeira universidade federal criada fora de uma capital brasileira, atualmente possuindo três *campi*. Além disso, a instituição obteve destaque na edição de 2021 do *Academic Ranking of World Universities*, ao ocupar o 29ª lugar como melhor universidade da América Latina e Caribe, de acordo com o *Latin America University*[6].

Cabe destacar que, metodologicamente, o ensino na UFSM desde março de 2020 até a data do Simpósio tem sido realizado em REDE, e o formulário da pesquisa, que foi disponibilizado por meio das redes sociais em grupos de alunos, permitiu a coleta de dados a partir do local onde se encontram os respondentes. A retomada das atividades presenciais deve obedecer ao calendário da instituição, a ser lançado em 2022.

Uma vez apresentado o perfil do recorte dos respondentes, passa-se, agora, para as respostas que norteiam a análise, a fim de realizar um pequeno balanço do mercado editorial brasileiro em tempos da Covid-19.

4. ACOMPANHANDO OS RESULTADOS E HÁBITOS DE LEITURA E DE CONSUMO

Em se tratando de um balanço sobre o período da pandemia, em que a vulnerabilidade pela falta de informações precisas durante os acontecimentos impactou tomadas de decisões, foi necessário considerar a situação dos respondentes em relação à Covid, observando-se que tal contexto poderia afetar os hábitos dos leitores.

Nesse sentido, o microcosmo evidencia que à medida que a doença avançava no Brasil, com o maior número de óbitos (de janeiro a abril de 2021), coincidentemente, ou não, registrava-se uma diminuição do fluxo de leitura dentre os entrevistados. Os 46,2% dos que se declararam afetados afirmam ter perdido familiares ou ter contraído a doença, indicando que o aumento de perdas pode ser um dos fatores na queda do índice de livros lidos.

Os respondentes leram mais no primeiro semestre do ano 2020, mas percebe-se que no segundo semestre a curva de consumo caiu, adentrando 2021 em baixa. A maior quantidade de leitura se concentra em junho e julho de 2020 e, justamente um ano mais tarde, sucede o menor índice no ritmo de leitura, que é retomado a partir de setembro. Convém destacar que tal resultado não significa diretamente um aumento na aquisição de livros, mas aponta para mais fluência e dedicação aos livros. Salienta-se, inclusive, que os respondentes manifestaram o consumo em separado da leitura, ao relatar que deixaram para ler posteriormente: 66,2% dos leitores da Facos assumem deixar os livros para serem lidos em outra ocasião. Independente da aquisição, mais de 95,4% aproveitou para ler o que tinha em casa, e uma minoria pediu emprestado.

De mais a mais, o comportamento do consumidor de livros, nessa amostragem, indica a dispersão da atenção para outras plataformas. Aqueles que mantêm o hábito da leitura registram uma migração gradual para o *e-book* (36,9%), mas a maioria ainda aponta a aquisição do livro impresso. Logo, pergunta-se: o que os leitores declararam fazer quando estão lendo menos? Os interesses encontram-se distribuídos em outras modalidades de entretenimento, por exemplo, as redes sociais. Dados surgem registrados em pesquisas sobre hábitos dos leitores brasileiros, tal como a *Retratos da Leitura*, que em 2020 noticiou que o país perdera 4,6 milhões de leitores entre 2015 e 2019[7].

Além disso, também foi solicitado que os leitores indicassem novos aplicativos utilizados durante a pandemia e surgiram entre os relacionados: Kindle, Skoob, Skeelo, Wattpad, Prateleira, Google Play, mas a maioria disse que não adquiriu esse hábito e se manteve com os livros disponíveis que tinha em casa e com dispositivos gratuitos de livros digitais. Fato esse confirmado pelo investigador e editor Whaner Endo: ao identificar as pesquisas sobre o consumo de livro

Figura 3

GRÁFICO DE FLUXO DE LEITURA

Comprou e leu logo em seguida ou os deixou para outra ocasião?

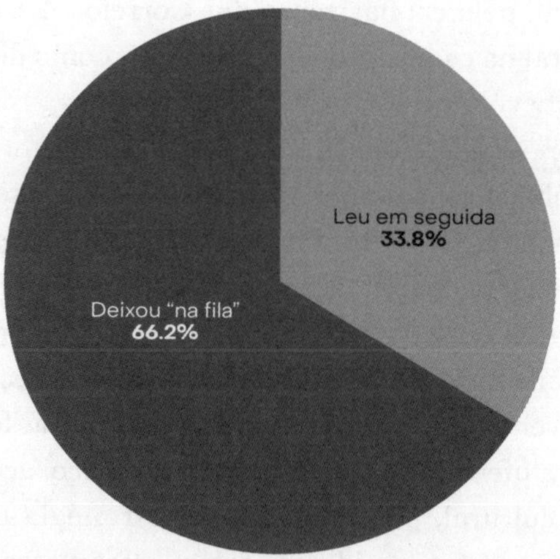

Fonte: Marília de Araujo Barcellos, *Consumo e Leitura durante a Pandemia*, Projeto de Pesquisa, Universidade Federal de Santa Maria, 2021.

digital, ele resume que houve aumento de títulos nesta modalidade, justificando a prática como estratégia de investimento por parte das editoras em período pandêmico e conclui que o crescimento constante tanto do faturamento quanto da quantidade de exemplares, aliado ao aumento do percentual de utilização dos celulares como dispositivos de acesso aos conteúdos disponíveis, e o "movimento acelerado devido à pandemia, podem indicar uma penetração cada vez maior do livro digital entre os leitores brasileiros"[8].

De acordo com o levantamento realizado com os estudantes da Facos, houve um aumento do uso dos *e-books*, muito em função da quantidade de livros gratuitos ofertados, em abril de 2020, quando o mercado avaliava qual a melhor tomada de decisão para as vendas, sob uma condição nunca antes enfrentada. Isso não surpreende, apenas aponta para a facilidade encontrada no manuseio das plataformas, e o constante aprimoramento do *e-commerce*. Convém sublinhar que, para atender às necessidades dos consumidores ávidos pelas facilidades disponíveis, é imprescindível considerar a permanência de uma rede de entrega rápida e eficiente, atendida em parte, no Brasil, pela capilarização dos Correios. Essa é uma questão fundamental na cadeia produtiva do livro, como demonstra Igor Venceslau, neste volume.

Nesse breve panorama, uma vez que as plataformas de venda atendem ao público consumidor, restrito ao isolamento social durante a pandemia, é de se pensar no papel da leitura como formadora de massa crítica e na manutenção das vendas e empréstimos após a retomada da circulação de pessoas em espaços compartilhados. Isso implica não somente o acesso presencial às livrarias como também a retomada de eventos em espaços abertos, tais como as feiras de livros, ampliando-se a oferta para além do produto físico, acrescentado de programação cultural, por exemplo. Tal estratégia torna-se passível de aproximar os consumidores pertencentes a esse perfil para as compras em livrarias de pequeno porte, reconhecidas no setor como empreendimentos em que um dos atributos é o atendimento humanizado. Mesmo que 58,5% dos respondentes da pesquisa tenham admitido não sentir falta desse tipo de serviço, o resultado pode ser modificado, afinal, a opção pela compra *on-line* durante a pandemia nessa faixa etária justifica-se pelas características geracionais, que tem como uma das competências a familiaridade com o ambiente virtual.

Outra informação que marca o consumo por universitários da Facos é a delimitação territorial do local de consumo. Cerca de 75,4% dos respondentes afirmaram preferência pela compra em espaços situados "fora do lugar onde se encontrava". Tendência nada surpreendente, uma vez que o *marketplace* vem crescendo e durante a pandemia se fortaleceu. No entanto, o que chama atenção é o percentual que consumiu também em locais próximos à moradia, aproximadamente 41,5%. Melhor dizendo, a compra em estabelecimentos menores se fez presente, mesmo com o fechamento eventual do comércio. Isso demonstra uma prática de consumo que permaneceu e pode ser retomada com mais afinco no retorno às atividades presenciais.

Portanto, considerando-se que as livrarias menores têm como diferencial a curadoria personalizada para indicação de leitura, e o ambiente presencial como favorável para a seleção de títulos e aquisição de livros, na retomada das compras no período pós-pandêmico o atendimento não será suficiente para resgatar o perfil desses leitores. Nesse sentido, a partir dos dados desse balanço, para fidelizar o cliente adaptado ao conforto da compra virtual, é indicado ao agente de venda aliar estratégias híbridas, ou seja, o atendimento presencial acrescido da manutenção do uso de ferramentas do ambiente digital[9].

A pesquisa *Painel e Varejo de Livros no Brasil*, realizada pelo Snel e Nielsen Book, acompanha a evolução dos dados mensalmente, a cada compra realizada em livrarias cadastradas. A enquete registra um aumento do desconto médio de 2020 para 2021 e, numa simulação hipotética, patenteia a diferença do faturamento com e sem desconto. O resultado é alarmante: tem-se uma variação de 41,7 %, considerando-se para além dos lançamentos. Tal resultado, no entanto, já oferece uma noção da relevância da aprovação, no país, do projeto de lei do preço único, intitulado Lei José Xavier Cortez.

Compreende-se que a pesquisa mostra a relação nas vendas, a partir de dados hipotéticos e considerando todos os livros, e a legislação tem como propósito garantir a regulação em livros lançados naquele ano. Complementando essa informação, entre os respondentes da pesquisa *Leitura e Consumo* na Facos, em relação ao desconto, a maioria quase absoluta (92,3%) considera um item na hora da compra, no entanto, um percentual alto abriria mão do desconto em prol da bibliodiversidade.

Tal resultado pode ser explicado a partir do perfil dos respondentes, que, inseridos no âmbito universitário, ponderam outros fatores para além do preço. Quiçá em outro segmento de formação, a resposta seria diferente.

O perfil de obras adquiridas pelos acadêmicos, no gênero ficção, revela um gosto para além do *Harry Potter*, isto é, uma geração que investe em livros no estilo jovem adulto, em literatura de fantasia e em obras do universo dos games. Sendo que os formatos impresso e digital são concomitantemente adquiridos pelos consumidores, a tendência indica a possibilidade de se apostar em uma "pedagogia" da compra e

Figura 4

CONSUMIDOR ABRE MÃO DO DESCONTO PELA BIBLIODIVERSIDADE

Como leitor, você abriria mão do desconto de livros em prol da bibliodiversidade?

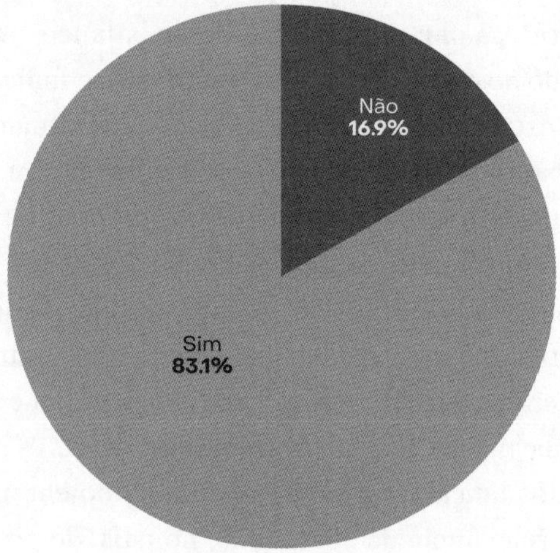

Fonte: Marília de Araujo Barcellos, *Consumo e Leitura durante a Pandemia.*

da leitura. Isto é, na conscientização da relevância do papel dos leitores na permanência dos elos na cadeia produtiva, com uma subsistência de um mercado saudável múltiplo em sua diversidade. Ao fim e ao cabo, o engajamento para uma bibliodiversidade só é passível para quem se vê na restrição do acesso a ela, do sentimento de perda de uma possibilidade. Melhor dizendo, só luta por uma causa quem a considera relevante, então, que seja pelo bem comum, além do individual.

Trata-se, pois, de um compromisso transgeracional, poder-se-ia dizer, um trabalho de comprometimento engajado: família, escola, sociedade, em prol da capacidade de formação de massa crítica capaz de perceber na lógica do preço comum em lançamentos, uma saída para um mundo melhor.

Em relação à cultura digital, o fato de o hábito do consumo por meio de *e-commerce* ser identificado não está diretamente relacionado à criação de prática cultural, quer dizer, não constitui uma garantia de que, após a pandemia, os leitores manterão a aquisição via Internet, seja do livro analógico, seja de conteúdos digitais. No entanto, os *Estudos Novos Hábitos Digitais em Tempos de Covid-19*[10] registram que, após experimentarem o comércio eletrônico em novas categorias, os usuários pretendem continuar comprando mais na modalidade *on-line* do que faziam antes da pandemia.

POR FIM, O PANORAMA "FIGITAL"

Debater sobre esse mercado editorial é, também, falar um pouco sobre saúde[11], já que o balanço aponta para a instabilidade em todos os setores, não sendo, portanto, uma especificidade do produto livro. A pandemia requereu ampliação de acervos e acessos, uma vez que aos agentes da cadeia produtiva foram solicitadas novas formas de se comunicar e de se relacionar com o seu público. As bibliotecas, com atendimento presencial restrito, correram para os ambientes virtuais a fim de atenderem à demanda. As plataformas de leitura digital tiveram acessos do que imaginaram e as editoras migraram para a produção de *e-books*, apontando uma redução de lançamentos no impresso. A divulgação usou, como nunca, de *lives*, para atingir seus leitores. Por outro lado, a redução do presencial permitiu encontros e circulação de ideias amplamente na Internet, com conteúdos disponíveis gratuitamente e permanentes (até que se prove o contrário, por conta da obsolescência tecnológica). O letramento digital de idosos foi provocado e o ensino virtual estimulado no público escolar, em especial em escolas privadas. O acesso de conteúdo por meio das telas foi amplificado.

Livrarias, editoras, lojas virtuais, *marketplaces*, *e-commerces* fizeram da pandemia seu suporte de vendas e de vitrine dos produtos e serviços. Isso provocou uma aceleração de novas tendências já apontadas, mas, para alguns, nunca dantes imaginada na prática. Quais são, portanto, os fatores que romperam com práticas no processo de venda de livros, aqui considerados como conteúdos disponibilizados digitalmente ou não, e que contêm uma narrativa, publicados, seja por editoras, seja pelo próprio autor por meio de autopublicação?

Longe de abrir a discussão para a substituição, ou não, do impresso pelo digital/sonoro, a questão se refere mais às condições financeiras, tecnológicas, de legislação necessárias para que o processo de aprendizagem do comportamento de compra e venda adquirido durante a pandemia, tenha uma continuidade construtiva. A entrega dos produtos, a divulgação, os eventos *on-line* e *offline*, políticas públicas que permitam a bibliodiversidade e a descentralização do poder são contribuições necessárias.

O balanço do período pandêmico aponta para a necessidade de investimentos em equipamentos, em conexão tecnológica, em recursos humanos que dominem os ambientes digitais para a otimização das relações. Ao mesmo tempo, o retorno aos eventos presenciais, com a participação dos leitores e autores, a circulação física pelos corredores das livrarias, a orientação e sugestões dos livreiros, com a rapidez adquirida nas etapas da cadeia produtiva de valor do livro.

As ferramentas mudaram. Quem quiser continuar trabalhando somente com o analógico reduz seu alcance. Não há mais como fugir das experiências causadas pelo isolamento e o acesso pleno ao mundo digital. E quem a isso resistir corre o risco de desaparecer. As mudanças fazem parte da impermanência da vida. Há de se adequar a elas, sem o abandono do artesanal, pois não é à velocidade que se adere obrigatoriamente, mas às ferramentas que permitem a reunião da materialidade com o virtual, e o estado híbrido em direção ao "figital".

Considera-se a avaliação do modelo empresarial, olhando para o processo, para o humano e para o tecnológico. A inovação, sob uma perspectiva de ruptura de modelos, adaptados à realidade atual, a novos desafios e superações, que envolvem parcerias, engajamentos e apoios que levam à mudança de um consumo cultural e de uma conscientização, de uma maneira distinta de estar no campo e de jogar a lógica do campo. É aproveitar a oportunidade e perceber que há vantagem em manter as mãos higienizadas, em trocar os sapatos ao entrar em casa, isto é, em alterar hábitos antigos por posturas diferentes e em revisitar práticas. Diante disso, conclui-se que, para um campo editorial saudável, a precificação e uma regulação do preço do livro, mesmo que somente nos lançamentos, configura-se uma política importante para a lógica do jogo, conferindo maior fôlego ao capital dos empreendedores e, por conseguinte, ampliação de títulos, proporcionando a bibliodiversidade. Que a lógica seja alterada a partir do incentivo legislativo, com o apoio da população.

NOTAS

1 Carlo Carrenho, "O Mercado Editorial Pós-Pandemia", Projeto de extensão *Editoração em Debate*, Facebook Editora UFSM, 25.6.2020/8.7.2020.

2 Jaime Mendes, "Sete Propostas para o Mercado Editorial Fazer Diferente e Seguir Adiante", Projeto de extensão *Editoração em Debate*, Facebook Editora UFSM, 8.7.2020.

3 Edgar Morin, *É Hora de Mudarmos de Vida*, Rio de Janeiro, Bertrand, 2020 (edição digital), p. 19.

4 John B. Thompson, *Mercadores de Cultura: O Mercado Editorial no Século XXI*, São Paulo, Editora Unesp, 2013, p. 10.

5 Os alunos no departamento, segundo dados apurados em junho de 2021, totalizam 719 inscritos, sendo 556 na graduação e 163 na pós-graduação.

6 Cf. *UFSM em Números*, Santa Maria, Pró-Reitoria de Planejamento UFSM, 2021.

7 Instituto Pró-Livro e Itaú Cultural, Retratos da Leitura no Brasil 5 – 2020, disponível em snel.org.br.

8 Whaner Endo, "Olhar Digital: Um Mapa Editorial para Avaliar a Presença do Livro Digital no Brasil", *44º. Congresso Brasileiro de Ciências da Comunicação*, Intercom – Sociedade Brasileira de Estudos Interdisciplinares da Comunicação, 2021, p. 12.

9 Ver, por exemplo, Martha Gabriel e Rafael Kiso, *Marketing na Era Digital*, São Paulo, Atlas, 2020; e Luis Lobão e Carlos Zilli, *A Jornada da Transformação Digital*, São Paulo, Lamônica, 2020.

10 SBVC – Sociedade Brasileira de Varejo e Consumo, *Estudos Novos Hábitos Digitais em Tempos de Covid-19*, 14.5.2020.

11 Ver Aurora P. Pinto e Administração Livraria Lello, *Carta Aberta aos Parlamentares*, Porto, 7.10.2021.

CORREIOS: LOGÍSTICA E ESTRATÉGIA NO TERRITÓRIO NACIONAL[1]

IGOR VENCESLAU

INTRODUÇÃO

O serviço postal vem desempenhando função estratégica na integração dos territórios há séculos. Com o fim da Idade Média, na Europa, os correios foram agentes centrais na conexão dos lugares que se articulavam por meio do comércio pujante interoceânico e as novas relações políticas que se desenhavam. Foi o historiador Fernand

Braudel quem atentou para a constituição de uma rede postal cujo centro principal era a cidade de Veneza, articulando as principais cidades europeias nos séculos XVI, XVII e XVIII, sob a qual fluxos de informação e pequenas mercadorias cresciam intensamente[2].

Como é próprio dos países colonizados, a história postal brasileira é tributária do correio europeu. Iniciando em meados do século XVII, o serviço postal oficial, denominado correio-mor, articulava pontos isolados do litoral das capitanias hereditárias mais prósperas diretamente à metrópole lusitana. Posteriormente, novas agências de postagem e novas rotas de entrega no interior foram constituindo uma malha de conexão interna. No século XX, o correio aéreo garantiu maior celeridade nos fluxos e permitiu a chegada do serviço em regiões mais distantes, especialmente na faixa da fronteira brasileira[3]. Até a passagem para o século XXI, o correio alcançou enorme capilaridade no Brasil, com agências em todos os municípios, podendo ser compreendido como um elemento essencial na integração do território brasileiro.

A despeito das falácias sobre o fim da importância do correio no último *fin-de-siècle*, o advento da Internet acabou por impulsionar o serviço postal em todo o mundo. Indubitavelmente, neste período marcado pelo processo de globalização[4], o correio conheceu um crescimento inédito graças à emergência do comércio eletrônico (*e-commerce*). Compras realizadas a distância só são possíveis por causa da logística de entrega, da qual as empresas de correio são pioneiras e, como no caso brasileiro, majoritárias.

Há uma especificidade do correio no Brasil que precisa ser ressaltada. Trata-se de um serviço oferecido por uma empresa estatal, a Empresa Brasileira de Correios e Telégrafos ou simplesmente Correios, que atende obrigatoriamente a todos os municípios por conta de um princípio constitucional de universalidade, além do regime de contrapartida denominado monopólio postal, isto é, que somente esse serviço público possa oferecer a entrega de mensagens (cartas, telegramas) e a entrega de encomendas fica liberada para livre concorrência com outras empresas *courrier* e transportadoras, como as multinacionais Fedex, UPS e DHL.

No atual momento de pandemia da Covid-19, o comércio eletrônico registrou um crescimento exorbitante[5], contribuindo assim para o aumento proporcional do fluxo postal. A relevância dos Correios para o comércio eletrônico está estimada em torno de 3/4 da entrega de todas as compras realizadas por meio de *websites* e aplicativos.

O objetivo deste capítulo é apresentar e discutir os preços dos diferentes serviços oferecidos pelos Correios para a entrega de livros no território brasileiro. Essa análise pode subsidiar a continuidade ou mesmo a promoção de novas políticas públicas para a circulação do livro no território nacional, como parte de uma estratégia logística que permita reduzir as acentuadas desigualdades regionais existentes no Brasil. Este trabalho amplia as pesquisas que vimos realizando sobre os Correios, compreendendo-o como agente primordial na integração do território brasileiro[6].

A metodologia utilizada consistiu em coleta de dados no Simulador de Prazos e Preços dos Correios e no *website* da empresa multinacional privada DHL. Foram coletados dados de preços do envio de encomendas de até um quilograma, peso que contempla a maioria dos livros adquiridos no varejo, segundo serviços diversos (convencional e expresso). A simulação foi realizada tendo como origem a cidade de São Paulo, que possui o maior mercado editorial e de onde parte a maioria das mercadorias adquiridas no comércio eletrônico, e como destino todas as unidades da federação, com distinção para as capitais e o interior dos estados, conforme política de preços vigentes nessas empresas. Para simulação de origem e destino foi utilizado o código de endereçamento postal (CEP) correspondente. Em seguida, os dados foram tratados por meio de procedimento cartográfico, gerando mapas temáticos do Brasil produzidos no *software* ArcGis.

Utilizamos a regionalização proposta por Milton Santos e Maria Laura Silveira[7], que considera a existência de quatro Brasis: o Nordeste, idêntica à regionalização oficial do IBGE; o Centro-Oeste, com adição do Estado de Tocantins; Amazônia, com os mesmos Estados definidos pelo IBGE, excetuando o Tocantins; e a Região Concentrada, constituída pelos Estados do Sudeste e Sul. A Região Concentrada, cujo centro é o estado e a metrópole de São Paulo, é a área *core* do país, espaço economicamente privilegiado, de onde partem ou se destinam a maior parte dos fluxos econômicos e informacionais. Afirma-se como espaço de comando da economia e do território, articulando as demais num todo sistêmico, onde também um "meio técnico-científico e informacional"[8] se apresenta com maior intensidade.

O CUSTO DA LOGÍSTICA DE LIVROS NO BRASIL

Entendemos a logística como uma versão atual da circulação corporativa, envolvendo desde competências materiais até normativas e operacionais[9]. Essa é uma atividade-chave da atualidade, que implica problemas de ordem tanto econômica quanto política[10].

O cálculo para definição dos valores praticados pelas empresas de entrega de mercadorias obedece a múltiplos fatores, mas nem todos são internos às empresas. Na verdade, os fatores externos como as infraestruturas de transporte e os modais empregados (aéreo, rodoviário, fluvial etc.) contam muito para a definição das tarifas.

No caso dos Correios, essas tarifas são diferentes para as capitais estaduais, incluindo os municípios das respectivas regiões metropolitanas, e o interior dos estados. Para as capitais, os valores praticados são sempre inferiores ao restante do estado, por conta de maior acessibilidade e maior volume de encomendas para esses lugares, de alguma maneira privilegiando a dinâmica metropolitana no conjunto da rede urbana[11] brasileira.

Também há diferença de serviços conforme o prazo de entrega. Os serviços expressos (Sedex e suas variantes, no caso dos Correios) apresentam custo mais elevando e consequentemente preço maior da tarifa, já que essas mercadorias geralmente circulam entre os estados utilizando o modal aéreo de transporte. Esse modal é privilegiado no caso dos serviços expressos para garantir os menores prazos, que pode variar entre um e cinco dias úteis entre capitais.

Os valores da simulação de envio de livros de até 1 kg de São Paulo capital para o restante do país por serviço Sedex apresenta uma faixa de preço que varia entre R$ 27,70 e R$ 123,40 (Mapa 1). O custo é menor se o destino for um endereço da própria Região

Mapa 1

BRASIL: PREÇOS DO SERVIÇO SEDEX DOS CORREIOS, 2021

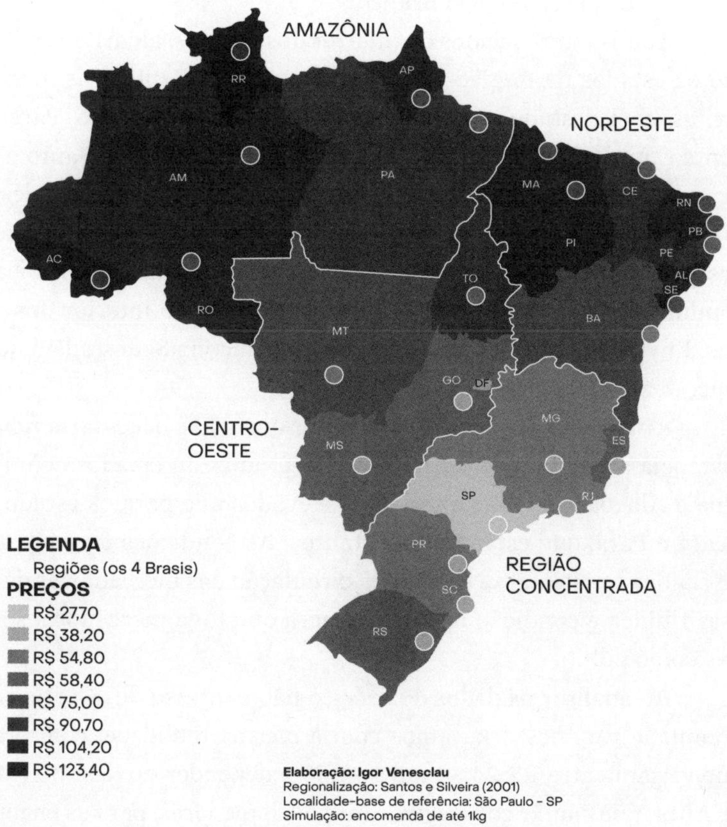

Fonte: Elaboração própria a partir de dados do *Simulador de Preços e Prazos dos Correios*.

Metropolitana de São Paulo, seguido do interior do estado de São Paulo. De alguma maneira, a proximidade de consumidores e vendedores nessa porção mais populosa do país possibilita uma redução dos custos logísticos, garantindo assim maiores condições de competitividade para os agentes localizados em São Paulo.

Em seguida, os menores preços são praticados para as capitais da Região Concentrada e o Distrito Federal, além de Goiânia e

Campo Grande no Centro-Oeste, que compõem uma franja de desdobramento dessa área *core*. Depois aparecem as demais capitais, com valores mais elevados para algumas do Nordeste e Amazônia, como Aracaju, João Pessoa e Rio Branco.

Analisando os dados do interior dos estados, além de São Paulo são os estados da Região Concentrada que apresentam as menores tarifas, com destaque para Minas Gerais, Rio de Janeiro, Paraná e Santa Catarina. Na sequência de preço estão o Espírito Santo e Rio Grande do Sul, além da região Centro-Oeste. As regiões Nordeste e Amazônia seguem a tendência histórica de apresentarem maiores custos logísticos, o que perpetua a sua condição mais periférica no conjunto da economia nacional, especialmente no interior dos estados. Enviar um livro para o Acre ou Roraima via Sedex custa quase cinco vezes mais que para São Paulo.

Ainda pelo mapa é possível notar que não é necessariamente a distância absoluta o único fator considerado. Em estados como Sergipe e Alagoas os valores são mais elevados que para os estados do Ceará e Pará, que estão mais distantes. As condições de mercado e de fluidez territorial se impõem à circulação das mercadorias, já que essa fluidez é condição necessária para que toda mercadoria se realize como tal[12].

Ao analisar os dados do serviço não expresso dos Correios, denominado PAC, nos deparamos com a mesma realidade, com preços que variam entre R$ 24,30 a R$ 94,30 a depender do destino (Mapa 2). Apesar de contar com tarifas um pouco menores, para as encomendas pac (não urgentes) as desigualdades territoriais são expressas no preço final do serviço. A região metropolitana de São Paulo e depois os demais municípios paulistas apresentam os menores preços. Enviar livros de São Paulo para as capitais das regiões Concentrada e Centro-Oeste, utilizando esse serviço, custa bem menos que para muitas capitais das regiões Nordeste e Amazônia.

Os dados de PAC para o interior dos estados apresentam a mesma tendência desses serviços sensíveis à distância. Para estados das regiões Nordeste e Amazônia, o serviço pode custar o dobro ou o triplo daqueles pagos com destinos na Região Concentrada ou Centro-Oeste.

Mapa 2

BRASIL: PREÇOS DO SERVIÇO PAC DOS CORREIOS, 2021

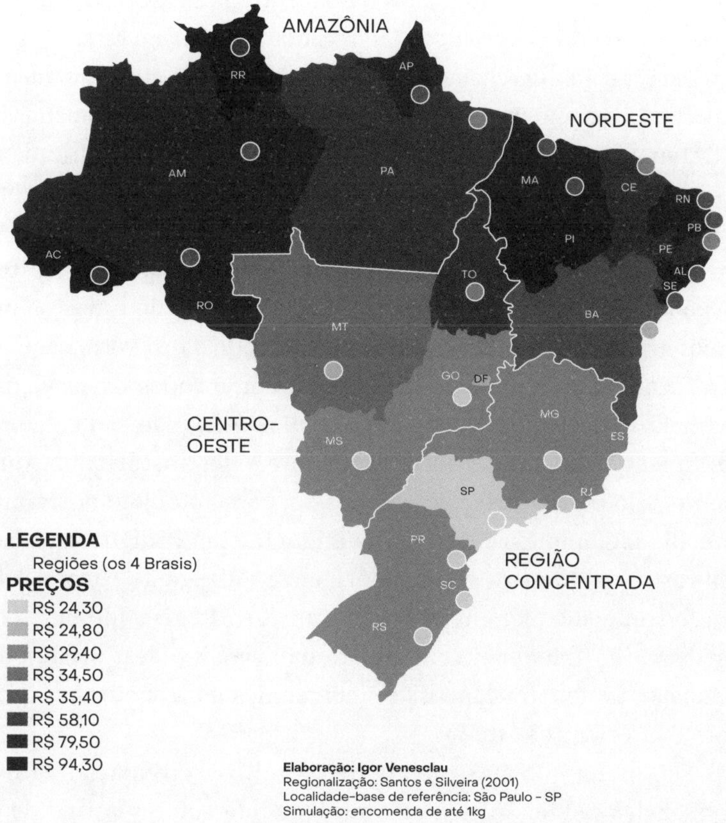

Fonte: Elaboração própria a partir de dados do *Simulador de Preços e Prazos dos Correios*.

Naquelas regiões onde o custo é mais elevado, os estados da Bahia, Pernambuco, Ceará e Pará apresentam tarifas mais competitivas.

Essa condição do desigual custo da circulação da mercadoria no território acaba por refletir em diferentes condições de acessibilidade ao mercado livreiro, bastante concentrado em pontos seletos do território, como nas metrópoles de São Paulo e Rio de Janeiro.

A ESTRATÉGIA DO SERVIÇO MÓDICO COMO POLÍTICA PÚBLICA TERRITORIAL

Embora os serviços cujos preços são calculados pela distância (Sedex e PAC) sejam bastante utilizados para a entrega de mercadorias adquiridas no comércio eletrônico, o livro pode circular no território brasileiro com tarifa diferenciada. Ocorre que livros de até 2kg podem ser classificados como mensagem, que se diferencia das encomendas por sofrerem um tratamento diferenciado quanto às tarifas praticadas.

Os serviços postais subsidiados são conhecidos pela nomenclatura de serviço módico. No caso dos livros e materiais impressos em geral, o serviço oferecido pelos Correios é o Impresso Registrado, disponível nas agências próprias e terceirizadas de todos os municípios brasileiros, e também entregue em todo o território nacional.

O serviço Impresso Registrado, como todos os serviços do segmento mensagem (cartas, telegramas etc.), não são calculados em função da distância entre remetente e destinatário, mas unicamente pelo peso do objeto. Além disso, como o objeto postal nessa modalidade também recebe uma etiqueta com código de barras, o seu rastreamento é possível na origem e entrega do pacote. Assim, um livro de até 1 kg enviado por Impresso Registrado custa o valor de R$ 9,70, independentemente da origem e destino do objeto (Mapa 3), tanto para capitais e suas regiões metropolitanas quanto para o interior dos estados.

É assim que a estratégia de permitir a circulação de livros por serviço módico pode ser compreendida como um tipo de política pública que objetiva reduzir as históricas desigualdades regionais no território brasileiro, no que tange ao serviço postal. Com isso, passa a ser igualmente acessível comprar um livro pela Internet tanto para consumidores da Amazônia quanto para aqueles das maiores metrópoles do país, anulando o fator custo. Essa medida permite também aos vendedores – livrarias, editoras, sebos etc. – enviarem os livros a todo o país indistintamente, garantindo um mercado nacional praticamente indistinto. Assim, os Correios acabam por assumir uma função de braço logístico do Estado para políticas públicas no Brasil[13].

Mapa 3

BRASIL: PREÇOS DO SERVIÇO IMPRESSO REGISTRADO DOS CORREIOS, 2021

Fonte: Elaboração própria a partir de dados do *Simulador de Preços e Prazos dos Correios*.

Dessa maneira, muitas livrarias conseguem oferecer também um preço fixo para o frete dos livros no Brasil, fomentando aquilo que Bertha Becker propôs como uma "logística do pequeno"[14]. Essa condição também se aproxima, de alguma maneira, da proposta de uma "modelo cívico do território" elaborada por Milton Santos[15] que, em contraposição ao modelo vigente pautado pelo mercado, ofereceria acesso aos serviços básicos para a população ali no lugar onde o cidadão está.

A LOGÍSTICA CORPORATIVA EM REFORÇO ÀS DESIGUALDADES DO TERRITÓRIO BRASILEIRO

Embora os serviços dos Correios alcancem todo o território brasileiro com valores módicos, contribuindo para a redução das desigualdades regionais, a entrega de livros também pode ser realizada por empresas privadas, tanto as transportadoras quanto as empresas multinacionais de correio atuantes no território brasileiro, como a Fedex e a UPS.

A alemã DHL é outra dessas empresas de logística de porte mundial. Com atuação em quase todos os países, opera também no Brasil tanto para destinos internacionais quanto para destinos domésticos. Simulando valores para a entrega de livro de até 1kg a partir de São Paulo pelo serviço expresso da DHL (Mapa 4), nota-se duas características que diferenciam o serviço privado daquele oferecido pela empresa estatal.

A primeira delas é o preço muito superior cobrado pelo serviço. Obviamente clientes de contrato contam com tarifas menores, definidos por acordo, mas os valores praticados no balcão são muito superiores ao preço da maioria dos livros vendidos no Brasil. Desde R$ 107,36 para destinos no estado de São Paulo, o serviço custa mais de R$ 250,00 para a maioria das capitais da Amazônia, Teresina e Palmas, além do interior de diversos estados do Nordeste, Centro-Oeste e Rondônia. Para o estado de Goiás, que está distante da Região Concentrada, também são praticados os valores mais elevados.

A outra característica é a existência de regiões inteiras sem atuação da empresa privada. Trata-se do interior dos estados do Pará, Maranhão, Tocantins, Amazonas, Amapá, Roraima e Acre, onde a operação ocorre somente no município da capital. Nas capitais dos estados onde a empresa atua, como em Salvador, Fortaleza e Cuiabá os valores são bastante inferiores aos praticados para municípios do interior.

O modelo adotado pela empresa privada, baseado unicamente no lucro, com condição de exclusão de regiões inteiras do portfólio de

Mapa 4

BRASIL: PREÇOS DO SERVIÇO DE ENTREGA DA DHL, 2021

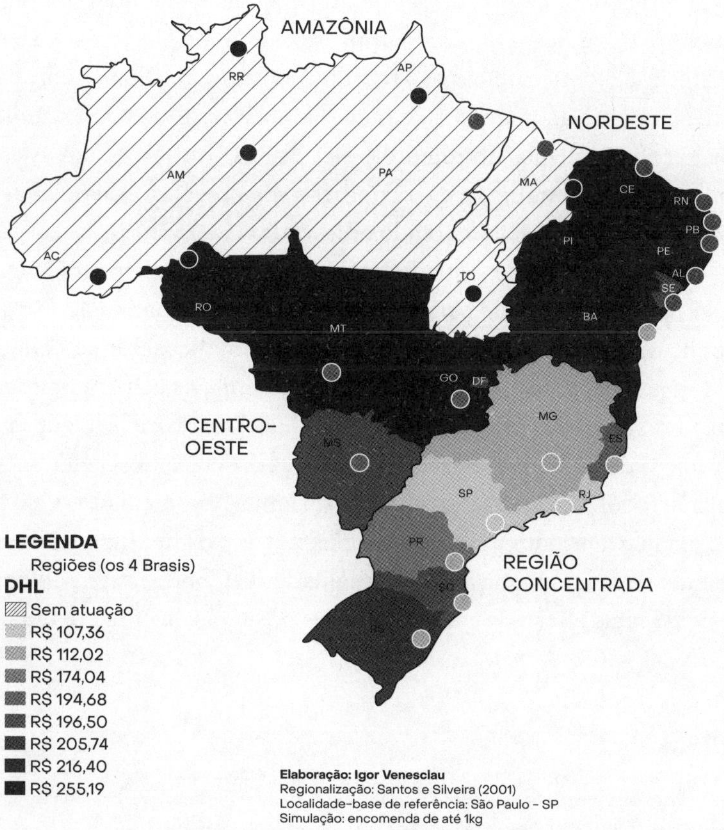

Fonte: Elaboração própria a partir de dados de simulação de postagem no *website* da DHL.

atuação, aliado aos preços mais elevados e à diferença dos valores praticados entre capitais e interior dos estados, acaba por reforçar as já acentuadas desigualdades do território brasileiro. Esse modelo privilegia explicitamente a Região Concentrada, especialmente os espaços metropolitanos, que concentram mercado consumidor e renda. Além disso, dificulta o acesso das pequenas livrarias e editoras a esse serviço, ao mesmo tempo em que exclui parcelas significativas da população.

CONSIDERAÇÕES FINAIS

Nesse momento, quando da tramitação de um projeto de privatização dos Correios no legislativo brasileiro (PL 591/2021), analisar a função social e econômica do serviço postal público pode contribuir para repensar os rumos do país. A empresa estatal de Correios acaba por permitir a logística de livros vendidos por muitas editoras e livrarias, especialmente as pequenas, e o acesso universal dos consumidores aos livros adquiridos no comércio eletrônico. Num país com escassez de livrarias e bibliotecas, essa condição se apresenta essencial para o incentivo à leitura e ao mercado editorial.

As históricas desigualdades do território brasileiro colocam um desafio a mais para a logística dos livros no país e para o acesso geral à cultura. A existência de serviços postais módicos é uma conquista histórica que precisa ser perpetuada como uma verdadeira política pública brasileira de combate às desigualdades territoriais. Se aprovado o projeto de lei da privatização, o Brasil eliminaria o serviço módico porque todos os serviços postais passariam a ser calculados pelo fator distância. Considerando as distâncias neste país de dimensões continentais e as suas históricas desigualdades regionais, essa não parece ser a via mais eficaz de transformações positivas da nossa realidade.

NOTAS

1 Esta pesquisa obteve financiamento da Fundação de Amparo à Pesquisa do Estado de São Paulo (Fapesp) por meio dos processos n. 2013/197277-2, 2015/06152-2 e 2018/04130-0, sob orientação da Profa. Dra. Mónica Arroyo.

2 Fernand Braudel, *O Mediterrâneo e o Mundo Mediterrâneo na Época de Filipe II* [1966], São Paulo, Martins Fontes, 1983, 2 vols.

3 João Barros Neto, *Administração Pública no Brasil: Uma Breve História dos Correios*, São Paulo, Annablume, 2004.

4 Milton Santos, *Por uma Outra Globalização: Do Pensamento Único à Consciência Universal* [2000], 20. ed., Rio de Janeiro, Record, 2011.

5 Conforme dados da consultoria Ebit Nielsen, saindo de pouco mais de 6% para representar cerca de 12% do varejo total no Brasil.

6 Igor Venceslau, *Correios, Logística e Usos do Território Brasileiro*, Rio de Janeiro, Consequência Editora, 2021.

7 Milton Santos e María Laura Silveira, *O Brasil: Território e Sociedade no Início do Século XXI* [2001], 15. ed., Rio de Janeiro, Record, 2011.

8 Milton Santos, *A Natureza do Espaço. Técnica e Tempo. Razão e Emoção* [1996], 4. ed., 7. reimpr., São Paulo, Edusp, 2012.

9 Ricardo Castillo, "Agricultura Globalizada e Logística nos Cerrados Brasileiros", em Márcio Rogério Silveira (org.), *Circulação, Transporte e Logística: Diferentes Perspectivas*, São Paulo, Outras Expressões, 2011, pp. 331-354.

10 Deborah Cowen, *The Deadly Life of Logistics: Mapping Violence in Global Trade*, Minneapolis/London, University of Minnesota Press, 2014.

11 Estudos sobre a rede urbana podem ser encontrados, entre outros, em Roberto Lobato Corrêa, *Estudos sobre a Rede Urbana*, Rio de Janeiro, Bertrand Brasil, 2006, e na série de publicações *Regiões de Influência das Cidades* – Regic, do IBGE, em sua última edição de 2018.

12 Mónica Arroyo, "A Circulação da Mercadoria na Redefinição dos Usos do Território", *Revista da Casa de Geografia de Sobral*, vol. 20, n. 1, pp. 133-143, 2018.

13 Igor Venceslau, "O Correio como Braço Logístico do Estado: A Execução de Políticas Públicas por Meio da Rede de Agências Postais no Território Brasileiro", *Revista Brasileira de Geografia* (IBGE), vol. 63, n. 2, pp. 24-37, 2019.

14 Bertha Becker, "Logística e Nova Configuração do Território Brasileiro: Que Geopolítica Será Possível?", em C. C. Diniz (org.), *Políticas de Desenvolvimento Regional: Desafios e Perspectivas à Luz das Experiências da União Europeia e do Brasil*, Brasília, Editora da Universidade de Brasília, 2007.

15 Milton Santos, *O Espaço do Cidadão* [1987], 7. ed., São Paulo, Edusp, 2007.

PA
TE

COM A PALAVRA, OS PROFISSIONAIS DO LIVRO

RETRATO DAS LIVRARIAS NO BRASIL

BERNARDO GURBANOV

A mera descrição do cenário atual das livrarias brasileiras não seria suficiente para entender os fenômenos econômicos e culturais que influenciam o seu desenvolvimento. É necessário remontar, no mínimo, até a década de 1990, ocasião na qual se consolidou no Brasil o modelo das mega livrarias.

A grande coqueluche daquela época, a menina dos olhos, o padrão de gigantescas metragens estabelecidas como lojas-âncora dos *shoppings centers*, expandiu-se rapidamente ao ritmo da multiplicação dessas sagradas catedrais do consumo urbano.

A globalização aterrissa no Brasil e, com ela, o *modus operandi* que a caracteriza: a hiperconcentração. Pequenas livrarias sucumbem pelo caminho enquanto as redes expandem seu modelo vitorioso. Editoras privilegiam o fornecimento para as megalojas e deixam o restante da malha, ainda bastante capilarizada à época, para as distribuidoras.

Assim, de um lado o mercado vai se expandindo e, de outro, se concentrando. Um crescimento desigual permeia o ciclo econômico de final do século XX. Vertiginoso, o século XXI nos apresenta as novas tecnologias. O fax, a internet, a massificação do uso dos microcomputadores, os celulares e demais dispositivos aceleradores das comunicações. Tudo isso exige a adaptação dos agentes econômicos e de todos os protagonistas, tanto do progresso como do atraso. Os consumidores começam a mudar seus hábitos, o futuro chegou e a disputa pela atenção do freguês fica cada dia mais acirrada.

Mesmo com inúmeras contradições e fraturas sociais, o Brasil progride na maré do preço das *commodities* e de políticas afirmativas de inclusão social. Ainda insuficiente, a economia local avança e os pequenos empreendimentos florescem. Assim chegamos a 2013, ano no qual contabilizamos 3029 livrarias[1] distribuídas como de hábito nos grandes centros urbanos do Sul e Sudeste; as demais espalhadas no Centro, no Nordeste e na longínqua e verde região Norte – desse modo, 51% do território nacional detém apenas 3% do varejo do livro.

Implacável, instalou-se então a pior recessão da história econômica brasileira dos últimos 120 anos – segundo dados apresentados pela Fundação Getúlio Vargas – e, com ela, encolheu a indústria, encolheu o comércio, encolheram as livrarias de rua e até as mega livrarias dos *shoppings*, ao passo que os gigantes da internet começaram a abocanhar importantes fatias de mercado.

Mais uma vez, a capacidade de adaptação é posta à prova.

Mais uma vez, crise significa oportunidade.

Mais uma vez o mercado do livro, especialista em estratégias de sobrevivência, ensaia suas soluções, tenta conciliar custos administrativos e operacionais com receitas em queda livre, ora pela diminuição da atividade econômica, ora pela desenfreada disputa pelo cliente, às custas da prática de descontos irracionais sobre o preço de capa dos livros.

Eis que um dia a conta chega e alguém tem de pagar.

Nesse interregno, prevendo a tempestade que se aproxima, em 2015 é apresentado no Congresso Nacional, pela então Senadora Fátima Bezerra, com assessoramento de colegiados da sociedade civil e das principais entidades representativas do mercado, o Projeto de Lei 49/2015, propondo a instalação de uma política nacional de regulação de preços. Inspirado na Lei Lang, lei francesa de 1981 que estabelece limites aos descontos praticados no preço de capa dos livros, o projeto nacional propõe descontos de até 10% calculados sobre o preço de capa, apenas durante o primeiro ano, somente aplicável aos lançamentos editoriais.

Pretende-se, dessa forma, criar um cenário inicial de equidade no qual as empresas, independentemente do seu porte, possam ampliar a oferta e concorrer em preço, serviços e ações que agreguem valor à operação comercial de compra-venda de livros.

Enquanto o projeto de lei descansa confortavelmente nas entranhas do poder legislativo, as duas principais redes de livrarias do país entram em colapso e pedem a Recuperação Judicial no último trimestre de 2018, arrastando com elas a maioria das editoras e distribuidoras, fornecedores grandes, médios e pequenos.

Não foi por falta de aviso. A hiperconcentração no varejo e seus riscos era conhecida por todos. Foi boa para uma minoria enquanto durou. O resto? O resto, como sempre, continuará navegando órbitas satelitais em torno do leitor.

Como desgraça pouca é bobagem, chegou a pandemia do Covid-19. Desconcerto inicial, perplexidade, incredulidade e, finalmente, aceitação da nova realidade. Suspensão temporária das atividades presenciais, faturamento quase nulo, busca desesperada por mecanismos financeiros que funcionassem como respiradores para garantir a sobrevivência das empresas. Ações solidárias implementadas por editoras e distribuidoras arrecadavam dinheiro e o distribuíam entre mais de cinquenta livrarias que se encontravam na UTI. O mercado reconhece publicamente a importância do varejo e a necessidade de respeitar os canais de comercialização.

As práticas solidárias convivem com as práticas desleais e... *la nave va*.

Vinga a Lei Aldir Blanc, as pequenas livrarias e editoras são contempladas, enquanto outros projetos de lei específicos para socorrer o mercado editorial e livreiro não prosperam.

Será que vamos abandonar as práticas promíscuas?

Será que o livreiro terá de continuar concorrendo com seus próprios fornecedores?

Será que daqui pra frente o editor vai publicar, o distribuidor vai vender no atacado e a livraria vai atender no varejo?

O andar da carruagem mostra que a resposta é não. Infelizmente, ainda não amadurecemos. Ainda queremos nos salvar sozinhos. A pandemia impôs uma pausa em empreendimentos que já vinham sendo gestados.

Por outro lado, um bom número de livrarias de pequeno porte, livrarias de rua, livrarias de bairro, livrarias atendidas por livreiros curadores, livreiros docentes, emergem em diversas cidades. O antigo modelo da livraria promotora de ações culturais no cerne de sua comunidade é recuperado e, graças à tecnologia, consegue ampliar fronteiras com a produção de conteúdos *on-line* e um incipiente comércio eletrônico se instala como facilitador das vendas.

A TENDÊNCIA

Com o término da pandemia à vista, podemos vislumbrar a reedição de uma tendência no varejo do livro. A retomada das atividades presenciais, o aumento do faturamento e o retorno a uma certa normalidade sinalizam, para o observador atento, a expansão do comércio físico.

A multiplicação das redes aponta para um novo ciclo de hiperconcentração, desta vez mais ajustado às condições objetivas. Mais ajustado à realidade, porém, não menos perverso caso não sejam ouvidos os alarmes.

Num futuro próximo, poderão conviver os pequenos empreendimentos com as redes multiplicadas e os gigantes do comércio eletrônico? Atingiremos a meta de vinte mil livrarias, uma a cada dez mil habitantes, como recomenda a Unesco?[2]

Se o mercado editorial teve uma aprendizagem nestes últimos anos, ela passa pela percepção da importância da capilaridade do seu ecossistema. Mais protagonistas, mais equidade nas relações comerciais, melhores políticas públicas, bibliodiversidade e mais leitores compõem a somatória dos fatores que alteram positivamente o produto.

Salve o livro. Salve o livreiro. Salve a livraria!!

NOTAS

1 Cf. ANL – Associação Nacional de Livrarias.

2 Em tempo: em outubro de 2021, a ANL, Associação Nacional de Livrarias, constatou a existência de aproximadamente 2350 livrarias ativas. Importante destacar que consideramos livrarias aqueles estabelecimentos comerciais que trabalham o ano todo com livros no atendimento direto ao público e obtêm pelo menos 50% da sua renda como resultado da comercialização do citado produto.

LIVRARIA DA TRAVESSA
ESSA GENTE
CHICO BUARQUE

O QUE É UM LIVRO?

RUI CAMPOS

Um livro não é um objeto como outro qualquer. Sem essa premissa aceita, não faria mesmo sentido discutir uma política comercial para o livro. Aos costumes.

Mas se acordarmos que o livro é uma ferramenta de transmissão da herança cultural, que todos os livros precisam ser ofertados no mercado, e não só os de apelo comercial e midiático, vale pensar uma política para ele.

Algumas políticas de reconhecimento dessas especificidades são adotadas pacificamente em todo o mundo.

Por exemplo: bibliotecas. Qual outro produto da manufatura humana é abrigado em belos edifícios para que estejam disponíveis às pessoas? Para que haja acesso irrestrito aos seus conteúdos? Remédios? Não. Excepcionalmente em casos de custo inacessível. No mais, são vendidos em farmácias. Alimentos? Não. São vendidos em mercados e restaurantes. Roupas? Eletricidade?

Livros não. Esses estão disponíveis em bibliotecas para acesso irrestrito. Todos os livros.

Isenção de impostos: no Brasil, por exemplo, está na constituição que livros deverão ser isentados de taxação (art. 150, VI, "d" da Constituição Federal), reconhecimento incontestável da sua excepcionalidade.

Esses são exemplos que mostram que, afinal, "o livro não é um produto como outro qualquer".

Interessante fazer um paralelo com o "defeso da pesca". O que é isso? É proibida a pesca em determinado período do ano, o período da desova. Para que a cultura do peixe viceje rica e diversa. Nesse caso os pescadores são remunerados compensatoriamente pelo Estado.

Portanto, nos parece cabível que em determinadas atividades da sociedade haja intervenção. Podem e precisam ser vistas com inteligência e cuidados para que vicejem ricas e diversificadas.

Todo livro merece e precisa estar disponibilizado e ao alcance do seu futuro leitor. Para isso, para que esse mágico encontro entre livro e leitor aconteça, existe o mercado livreiro.

É preciso haver empreendedores que os produzam, os editores; e os locais de encontro do leitor com o livro, as livrarias.

E todos esses atores precisam ser remunerados por seu trabalho. Assim, claro, como o seu autor.

Um livro novo pode alcançar enorme repercussão. Capas de jornais, artigos, comentários, debates televisivos ou radiofônicos, *lives*, *podcasts*, e com isso atingir vendas importantes e lucrativas. Contudo, quando esse mesmo livro deixar de ser "novo", mesmo assim ele precisa estar no mercado, disponível.

Outros livros lançados, até mesmo por abordarem temas específicos, complexos e sofisticados não alcançarão vendas suficientes nem mesmo para remunerar o investimento de editores e livreiros. Mas, sob pena de empobrecimento da herança cultural e do conhecimento humano, eles também precisam existir. Um livro nunca, jamais, é produto perecível.

Em Nova York, até 2007, havia uma livraria excepcional: a Gotham Books. Nela era possível encontrar e levar, como *souvenir* oferecido pela casa, uma carta de um cliente que, ao comprar um livro, nele encontrou esquecida uma ficha de controle e catalogação, feita pela livraria. Esse cliente constatou que a data de entrada do livro na livraria era anterior ao seu próprio nascimento. Escreveu então a carta narrando seu encanto e reconhecimento pela odisseia daquele livro e daqueles livreiros que permitiram que o encontro acontecesse.

O que permite e patrocina que a vida literária e ensaística siga, promovendo encontros e perpetuação do conhecimento, coisa que se dá quando o leitor encontra o livro que lhe interessa, são as livrarias. Físicas e também agora virtuais.

Mas, com livros que demoram meses, anos, ou até mesmo décadas para serem vendidos, jamais uma livraria, uma editora e seus autores poderiam prosseguir.

A grande ferramenta e estratégia para sustentar essa maravilhosa indústria editorial, livreira e seus autores é o *best-seller.* Recebem essa denominação os livros de grandes vendas logo no seu lançamento. Não está em jogo, para essa análise, a qualidade literária ou acadêmica do livro. Existem *best-sellers* em todos os segmentos.

Um livro para colorir, um novo livro do Paulo Coelho (*best-seller* mundial, motivo de orgulho para o Brasil), um ensaio sobre a questão racial ou o feminismo, uma biografia de Barack Obama, um bom livro de culinária, etiqueta, *dress code,* ou de análise da situação da política atual podem ser *best-sellers.* Podem ser. Mas não necessariamente. Entre milhares de lançamentos, apenas alguns irão alcançar esse *status.* E isso só saberemos após serem ofertados no mercado.

Centenas de livros lançados não alcançarão sucesso comercial. Nem por isso poderíamos prescindir deles.

O fato é que a venda rápida e em grandes quantidades dos *best-sellers* é o que financia a existência daquele, por exemplo, ensaio sobre a música catalã do século XIX que tanto vai ser importante para encantar suas poucas centenas de leitores.

Pensando nessa estrutura e nessa função dos sucessos editoriais, é que foi pensada e aplicada em vários países regras para regulamentar os preços dos livros.

Livros, como nenhum outro produto, atraem enorme fluxo de consumidores. Livros, como nenhum outro produto, aparecem às centenas semanalmente pelo mundo. Grande parte deles alcançam enorme repercussão midiática.

A partir dessa constatação, empresas, inicialmente grandes lojas de departamento e, mais recentemente, grandes lojas de varejo *on-line*, adotaram a estratégia de oferecer esse sagrado produto, o livro, com preços reduzidos e até mesmo sem alcançar nenhuma remuneração pela venda.

Abrem mão da remuneração para atrair os clientes em grandes fluxos, já que como foi visto acima, dezenas de *best-sellers* são lançados mensalmente.

Aqueles mesmos *best-sellers* que seriam o fator de sustentação da cadeia produtiva do livro.

Sem a receita com as vendas, as livrarias não se sustentam. Não terão como oferecer toda a diversidade de títulos que costumam ocupar suas estantes à espera do leitor.

Com o fim das livrarias, teríamos também o fim das editoras. Pois ainda não se descobriu e nunca será possível existir uma editora só de *best-sellers*. Isso, como vimos, é uma consequência posterior (livro certo na hora certa!).

Assim surgiram as leis de regulamentação (ou acordos interprofissionais, como na Alemanha) para o preço, não do livro, mas dos *best-sellers*. Atuam exatamente sobre os lançamentos. Livros lançados há um ano. Basicamente, essas leis buscam obrigar as empresas a buscar a remuneração para cada livro vendido. E, com isso, financiar a existência e disponibilidade de toda a produção cultural e de ideias, missão heróica e imprescindível, desse objeto multissensorial – e transcendente – que é o livro.

Muito se associa a adoção dessas medidas à "preservação das pequenas livrarias". De fato, esse é um virtuoso efeito colateral dessas políticas. Mas não se trata apenas disso. Trata-se da existência de todo o mercado livreiro e editorial e, por consequência, da viabilização dos autores e da difusão das ideias. Chamamos essa existência de bibliodiversidade.

Na França, país onde a cultura do livro, seus mecanismos e estratégias, sua riqueza e diversidade são referência obrigatória para todos que se preocupam com a difusão cultural, existe desde 1981 a Lei Lang. Nome adotado em homenagem a um dos mais importantes atores da cena cultural mundial e responsável por sua adoção, o Ministro Jack Lang.

Nela está previsto que todo livro deverá ser vendido, em qualquer lugar que se proponha a fazê-lo, pelo preço estabelecido pelo editor. O "preço de capa". Que preço é esse? Não é um preço aleatório. É o preço justo e suficiente para remunerar todos os agentes envolvidos com a produção do livro. Desde o autor, o editor, ao produtor, ao artista gráfico, ao tradutor, ao livreiro e ao autor.

Concordando em pagar esse preço, que em última instância é o seu respectivo valor, o leitor, ou consumidor, está possibilitando que toda essa complexa rede de produção exista e viabilize sua missão: a transmissão da herança cultural.

O avesso disso é o monopólio, a concentração, o empobrecimento.

Costumamos dizer que nenhuma livraria é substituível. Cada uma com sua estratégia, seu foco e sua visão de mercado. Com essa diversidade todos os textos e ideias tem chance de estarem disponíveis ao leitor interessado

Ao retirar das livrarias o acesso à remuneração trazida pelos sucessos de venda, caminhamos para o monopólio e o empobrecimento cultural.

Recentemente, visitei a loja da Amazon em Nova York. Na estante de história, contei meros de dezoito títulos disponíveis.

(Um amigo, para quem contei esse fato, comentou: “é tudo o que não espero de uma livraria”.)

Na mesma cidade, é obrigatório para o leitor interessado visitar a Strand Bookstore, cuja famosa legenda diz: “18 miles of books since 1927”. Milhares e milhares de livros de história e de tudo mais.

Como vemos, são duas estratégias absolutamente distintas. E assim são as livrarias. Cada uma com suas estratégias, seus livreiros, sua curadoria, seu acervo. Todas elas imprescindíveis e insubstituíveis.

Concordando em pagar o preço justo para o livro, o preço de capa, o leitor está defendendo seu direito ao acesso irrestrito ao conhecimento. Não está se sujeitando ao que provavelmente um algoritmo selecionou para ele.

Acrescentemos a isso o efeito perverso que essas operações monopolistas trazem aos preços dos livros.

Para melhor sustentar suas operações, fortes grupos comerciais exigem dos editores uma maior fatia naquele preço estabelecido para cada livro. Para atender a isso e manter sua necessária remuneração, o editor acaba por majorar o preço estipulado (o “preço de capa”). Assim, o leitor obtém um falso desconto sobre determinado livro.

Vejamos: 50% do preço de capa é destinado ao editor e 50% para o vendedor/distribuidor. O editor é quem faz esse cálculo.

Num livro onde o editor tenha necessidade de se remunerar em R$25,00, esse seria inicialmente precificado em R$ 50,00. Portanto, 50% para cada agente.

Com a concentração do mercado, fortes operações de varejo impõem aos editores uma parte maior, por exemplo, 40% para o editor e 60% para o varejista, como forma de financiar suas políticas de descontos.

Ora, o editor que precisava de R$ 25,00 por cada livro, precisará majorar o “preço de capa” para enfim receber os mesmos R$ 25,00 necessários para recuperar seu investimento e viabilizar seu negócio. Logo, o livro que deveria chegar ao mercado por R$ 50,00, chega por R$ 63,00!

De quebra, ainda marchamos rumo ao mais indesejado ator de tudo a que se refere ao mundo da cultura e da difusão de conhecimento: o monopólio.

Pois as demais livrarias não se beneficiarão das vantagens impostas pelos gigantes monopolistas.

Perde-se a bibliodiversidade. Perde-se o acesso a muita produção literária que não atenda à expectativa de grandes e rápidas vendas. Perde-se a livraria do bairro com suas características e ofertas únicas. O encontro com o livreiro. O encontro e troca de ideias com outros amantes dos livros. Ficaremos cada vez mais restritos ao óbvio, ao *mainstream*, sem as surpresas e particularidades que o mundo da leitura oferece.

Como já diz o nome, "cultura" é cultivo. É preciso cultivar a busca por conhecimento. Não se morre de falta de leitura. Sobrevive-se pobremente.

O livro é certamente a ferramenta mais valiosa para esse cultivo. Estamos falando do livro impresso. O livro eletrônico também tem seu "papel"!

Muito já se disse sobre o fim do livro. Mas ele só fez se reafirmar mais e mais. Com todas as opções de entretenimento hoje disponíveis, novos suportes, novas mídias, o livro segue sendo a grande ferramenta de transmissão de conhecimento, a fuga da velocidade.

Deve o Brasil seguir o exemplo de tantos países que adotaram regras para a regulação do mercado livreiro?

Existem estudos disponíveis que comprovam que a regulação do mercado livreiro trouxe uma queda no preço médio dos livros nos locais onde foi adotada. E também um aumento no número de títulos publicados.

Assim como no tratamento com a milenar acupuntura, cuja intervenção em um ponto crítico pode beneficiar todo o organismo, a Lei da Bibliodiversidade merece toda nossa atenção e apoio.

UMA VISÃO *E-CÊNTRICA* DE TRANSFORMAÇÃO DA CADEIA PRODUTIVA DO LIVRO E DO MERCADO EDITORIAL PELA BIBLIODIVERSIDADE

LARISSA
MUNDIM

Do lugar de onde eu vivencio a cadeia produtiva do livro e o mercado editorial, me parece que os desafios para a legitimação da Bibliodiversidade são similares à batalha para o esclarecimento do valor e da relevância da Cultura e da diversidade cultural para a formação de um povo.

Era final de 2014, eu tinha acabado de lançar o romance *Agora eu te Amo*[1], publicação financiada com recurso público, por meio do

Fundo de Arte e Cultura de Goiás. Havia alegria, mas angústia também. Era a pilha de livros na sala do meu apartamento me instigando a pensar como o fazer circular, como me aproximar dos leitores, como dar o próximo passo.

Então veio até mim uma reportagem da *Folha de S.Paulo* que investigava como a escritora e o escritor pagavam suas contas no Brasil[2]. Acho que o jornal foi bem sucedido ao responder, a partir da história de vida e da trajetória de cada entrevistado. Deve ser assim mesmo, pensei. Mas não me senti representada. A reportagem ouviu cerca de vinte pessoas, a maioria residente no Sudeste e no Sul do País. Poucas falas do Nordeste e um par de fontes de Brasília, que está localizada no Centro-Oeste, mas não traduz a realidade cultural do Mato Grosso, Mato Grosso do Sul, estados tão diferentes de Goiás, onde eu moro. Não havia sequer uma voz que vinha da região Norte.

Aquela matéria lida, naquele momento, caiu-me como um atestado de invisibilidade. Havia um incômodo e, talvez por inadequação, não desejei pertencer àquela cena chamada tradicional. Eu quis criar trilhas próprias, exercitar o espírito punk (*do it yourself*) que liberta. Colocando de lado minhas necessidades como autora, em seguida, eu me ocupei da busca de formas para amenizar a invisibilidade que impacta negativamente, embaça, reduz pela ausência e pela ignorância o vibrante trabalho literário e gráfico realizado no Centro-Oeste, no Norte e no Nordeste do Brasil.

De lá pra cá, além de escritora e editora, eu me tornei livreira. Nessa caminhada eu penso no mercado. E vejo que o mercado não pensa em mim, não pensa nas pequenas editoras e editoras independentes, não se importa devidamente com as livrarias de rua.

A negalilu Editora surgiu, em 2013, para publicar autoras e autores de Goiás[3]. O nosso primeiro *slogan* declarava a razão da nossa existência: "publicar livros lindos". Não demorou muito, percebemos que publicar livros lindos seria insuficiente. Para equilibrar forma e conteúdo, seria preciso apoiar a qualificação da escrita, estimular a leitura, formar leitores, e também pensar em uma circulação alternativa. Este é, portanto, o tripé que ampara a atuação da negalilu como editora independente no nosso tempo.

Criamos uma agenda permanente de eventos locais, como o Festival Leitura & Resistência, ao mesmo tempo em que a editora passou a expor nas maiores feiras de publicações independentes do Brasil. Em fevereiro de 2018, realizou a primeira feira *e-cêntrica*, em Goiânia, e versões compactas nos municípios turísticos de Pirenópolis e Cidade de Goiás. A edição mais recente foi realizada em março de 2020, com 103 expositores, entre publicadores, artistas gráficos e coletivos literários de quatro regiões do país[4].

A memória da feira *e-cêntrica* sempre foi positiva e as pessoas me perguntavam quando seria a próxima edição, ou como poderiam adquirir aquelas publicações e trabalhos artísticos, extemporaneamente. Para atender a esta demanda, em março de 2019, abri O Jardim dentro do estiloso Evoé Café. No início, eu dizia que era uma não livraria, porque aquele espaço cultural precisava se afirmar como um lugar dedicado ao livro, como *locus* social que reúne pessoas, dialoga com a cidade e fomenta o debate político e a paixão pela leitura/escrita.

Sobrevivendo à pandemia da Covid-19, O Jardim se assumiu como livraria – a única de Goiânia dedicada exclusivamente à produção gráfica e literária independente. Em novo endereço, mas ainda instalada no Setor Sul, agora compartilha espaço com a negalilu, a Livraria Pomar, que é dedicada a livros ilustrados, e com um café-bistrô. As quatro iniciativas se reuniram em torno de uma mangueira adulta e sob a sua sombra realizamos rodas de conversa, mediação de leitura para crianças, vivências "diferentonas" de escrita criativa, além das feiras. O Jardim tem atuação sistemática nas mídias sociais e acabamos de abrir uma loja *on-line*, com a pretensão de torná-la um *marketplace* de publicações independentes[5].

Um desafio significativo para O Jardim é a formação de público interessado na cultura gráfica. A maioria das pessoas que frequenta a livraria hoje tem conexões com o vasto trabalho realizado pela negalilu Editora, que se estende de ponta a ponta na cadeia produtiva do livro. Então, os percalços de uma livraria como a nossa são semelhantes aos obstáculos vivenciados por outras livrarias que trilham caminhos próprios Brasil afora.

Ouvindo aqueles e aquelas que palestraram antes e depois de mim no Simpósio Internacional "Por Uma Lei da Bibliodiversidade", pude ampliar a minha percepção sobre as nuances da proposta de fixação do preço do livro, até compreendê-la como uma ação de governo providencial para a promoção de mudanças mais profundas na cadeia produtiva do livro e no mercado editorial. Em um contexto macro, este seria o ganho mais significativo para os independentes, considerando a existência de "mercados editoriais" como bem defendeu o professor e editor Paulo Verano (Edições Barbatana).

A vida em período pandêmico indicou rumos imprevisíveis, os quais apontam para práticas que podem se fortalecer e práticas que demandam reformulações drásticas, até mesmo o abandono. Durante o Simpósio, ouvimos a professora Marília Barcellos, da Universidade Federal de Santa Maria, sobre a "adequação à impermanência" e diversas mudanças de hábito provocadas pela expansão da cibercultura, que merece a atenção de quem pensa o mercado. Este tempo/espaço que nos foi imposto, pode se apresentar como oportunidade para avançarmos no projeto de deslocamento estrutural do mercado editorial. Para isso, será necessário ter ousadia e desprendimento. A aprovação e a implantação da Lei da Bibliodiversidade, ou Lei José Xavier Cortez, talvez seja uma variável desta transposição.

Dessa forma, assumir experimentar outras posturas num processo de reconstrução do mercado editorial brasileiro não seria, então, um gesto desesperado – diante da crise originada há mais de uma década –, mas o gesto de acolhimento de uma cultura identificada com uma cadeia produtiva mais integrada e, por consequência, de um mercado mais próximo da sociedade. Este tempo/espaço ao qual me refiro é de aberturas e de expansão da consciência coletiva.

Em sua fala inspiradora no Simpósio, o pesquisador do Cefet-MG, José de Souza Muniz Jr., defendeu que somente a fixação do preço de capa do livro e a regulação dos descontos não serão suficientes para fomentar a bibliodiversidade de maneira plena. No Brasil, sabe-se que o incentivo ao livro tem relação com desoneração de impostos e com grandes aquisições, portanto, tem relações econômicas. Para fomentar a bibliodiversidade de maneira ampliada, serão necessárias outras providências que também são dever do Estado. Além de ações que possam ser desenvolvidas pelo terceiro setor, pelo empresariado e pelo cidadão, enquanto público leitor a par de seus poderes.

Muitos caminhos já estão mapeados a partir de ampla escuta de todos os setores, no excelente trabalho realizado para a elaboração do Plano Nacional do Livro e da Leitura (PNLL), que norteia a Política Nacional da Leitura e da Escrita (PNLE). Naturalmente, não estamos vivenciando um princípio, embora esta sensação de recomeço seja quase inevitável sempre que nos deparamos com as consequências nefastas da descontinuidade nas políticas públicas – os dados da pesquisa *Retratos da Leitura no Brasil* são um registro contundente deste prejuízo para o país.

Nesse contexto, trago para o presente debate um resumo do que chamo de "visão *e-cêntrica*", uma percepção do cenário em questão, concebida a partir de posturas encontradas no mercado editorial independente e da trajetória da negalilu Editora.

De acordo com a visão *e-cêntrica*, percebe-se a existência de, pelo menos, seis aspectos sintomáticos do deslocamento que está em curso no mercado editorial e na cadeia produtiva do livro. Uma movimentação real e incontida.

REDIMENSIONAMENTO DO PAPEL SOCIAL DOS AGENTES ESTRATÉGICOS

Editoras atuando de ponta a ponta. De um lado, apoiando ações de estímulo à leitura e formação de leitores; de outro lado, buscando formas de aproximação com seu público final, assumindo inclusive a circulação alternativa da produção.

Livrarias recuperando seu perfil originário, sua razão de existir para além da comercialização do livro, dialogando com a comunidade e ocupando a cidade.

Distribuidoras repensando sua atuação no negócio, flertando com a postura de "agente mediador", porque o livro é um produto diferenciado. Isso porque, sem engajamento, não haverá sobrevida nesta cadeia produtiva, como em outras igualmente fundamentais.

Leitores conscientes de que o gesto do consumidor é (ou pode ser) um ato político, quando este define qual livro comprar, onde comprar, por quanto comprar. Sempre costumo dizer que adquirir um livro de poesia, escrito por uma mulher negra e lésbica, residente no Norte do Brasil, na livraria de rua da sua cidade, é um gesto revolucionário.

E, finalmente, autoras/autores mais integrados e participativos nos processos de publicação e difusão do livro.

FORTALECIMENTO DA PROPRIEDADE INTELECTUAL

Um olhar cuidadoso para a base de todo projeto de publicação e para o agente sem o qual o livro não existiria. Observação crítica do desvirtuamento do valor atribuído ao autor/autora, discussão da Lei de Direitos Autorais e reavaliação da participação nos lucros, a partir de engajamento. Esta prática é comum nas editoras independentes, estimulando posturas mais ativas por parte de autoras/autores, à medida que o sentido ampliado de "autoria" se assenta.

ASCENSÃO DOS GRUPOS DIVERSOS SUB-REPRESENTADOS (QUE SOMOS NÓS)

As mulheres, pessoas negras, povos originários, população LGBTQIA+, idosos e pessoas com deficiência são agentes inseridos na cadeia produtiva do livro e no mercado editorial, naturalmente. E têm sua voz. No entanto, no chamado mercado tradicional, não ocupam a posição de quem decide. Um investimento estratégico em bibliodiversidade seria, então, o fortalecimento desses grupos diversos, porque em posição de poder, as chamadas "minorias" trazem suas lógicas, dimensões, autenticidade, esclarecimentos capazes de impactar profundamente o processo produtivo e guiar práticas de mercado mais plurais e justas. Tudo isso, tendo como base a decisão de quem publicar, o que publicar, quando publicar, porque publicar e sob quais condições.

REVISÃO DE PROCESSOS PRODUTIVOS

Em favor da bibliodiversidade, redefinir formatos, materiais, tiragens, bem como percentuais e margens. Leitores e leitoras do século XXI querem ser surpreendidos pelo livro, enquanto objeto. Querem se tornar colecionadores. Este comportamento que surge com a valorização da cultura gráfica, explica porque é tão bem-vinda a tipografia, no tempo em que a impressão por demanda (POD) se torna disponível, bem como os livros eletrônicos (*e-books* e audiolivros). Muitas editoras independentes apostam nesta vertente da artesania e têm experiências bem-sucedidas.

BUSCA DE ALTERNATIVAS DE CIRCULAÇÃO DA PRODUÇÃO

Gargalo inegável em um país com dimensões continentais, que envolve ações de política pública. Eixo que perpassa a defesa de instituições estratégicas como os correios, agente público presente em todos os municípios brasileiros, que corre o risco de privatização. Especialmente para o atendimento de operações de menor escala, surgem *start-ups* com soluções inteligentes e mais econômicas, que contemplam a relação comercial estabelecida, diretamente, entre editoras ou autores independentes e o consumidor final.

FORMAÇÃO DE REDES PRODUTIVAS E OCUPAÇÃO DE ESPAÇOS DE DEBATE INSTITUCIONALIZADOS OU NÃO

A busca coletiva para a solução de problemas comuns. Entre outros, o Simpósio Internacional "Por Uma Lei da Bibliodiversidade" é um destes fóruns e, considerando sua grande capacidade de articulação, demonstra potencial para tramar redes produtivas que avancem sobre o território político em favor do Livro, da Leitura, da Escrita, da Literatura e da Biblioteca Pública.

NOTAS

1 *Agora eu te Amo*, de Larissa Mundim, publicado pela negalilu Editora, em 2014.

2 Santiago Nazarian, "Pesquisa Informal Mostra do que Vivem Escritores no Brasil", *Folha de S.Paulo*, 27.12.2014.

3 Mais informações em negalilu.com.br.

4 Documentário da feira *e-cêntrica* 2020: youtu.be/8Q9R0NclDv4.

5 Mais informações em ojardimlivraria.com.br.

NELY TEREZA
Mme. BUTTERFLY
Judith Butler
CORPOS QUE IMPORTAM
TETÃ TEKOHA

A IMPORTÂNCIA DA "LEI" PARA A MANUTENÇÃO DE PEQUENAS LIVRARIAS EM UM PAÍS RICO E DESIGUAL NA PERIFERIA DO MUNDO

ADALBERTO RIBEIRO

Quando a Lei Lang foi aprovada nas duas câmaras francesas, em agosto de 1981, eu tinha apenas um mês de vida. Dezesseis anos mais tarde, iniciei minha carreira livresca na região conhecida como "centro novo" da quarta cidade mais rica do continente, em termos quase que estritamente financeiros. E também uma das mais cruéis. Era janeiro de 1998 e aquele "centro novo" já experimentara o sabor de sua derrocada cultural e aristocrática, onde livrarias, cinemas e outros espaços culturais definhavam e demonstravam pouca ou nenhuma capacidade de recuperação. Como carregador de livros entre os dois lados do vale do Anhangabaú, a saber, os dois centros: o velho e o novo, vi livrarias como a Brasiliense, Triângulo, Duas Cidades (que livraria!), Teixeira, Siciliano e Jaraguá perderem sua capacidade de viver, prover e de transpirar a energia vital que as mantiveram vivas até então; refiro-me ao encontro do leitor com essa novidade milenar e transformadora conhecida como Livro.

Juntando cacos, memórias e imaginação crítica, faço um exercício tentando adivinhar se uma "Lei Lang Tropical" salvaria essas livrarias de sua extinção. Por falta de perícia técnica, não chego a uma resposta conclusiva, mas consigo imaginar como seria a cidade se pelo menos algumas delas ainda estivessem por aqui, sobrepujando com sua presença o ritmo para outras cadências e eras, possibilitando o resgate de mundos ancestrais desta e de outras terras, além da criação de outros mundos possíveis mais humanos e complexos, portanto, mais diversos e amigáveis. Na minha imaginação, seria uma cidade baseada em princípios menos técnicos, duros e confusos; e, certamente, mais poéticos, maleáveis e subjetivos.

Por outro lado, a possibilidade de uma livraria que não sirva a esse eixo aristocrático, ou seja, que esteja fora dele, mas ainda assim ao seu dispor, neste ou no século passado, soa-me como natimorta, uma livraria que já nasce morta, sem o amparo de uma lei que a proteja dos disparates provocados pelo jogo do capital. Não custa muito sonhar numa livraria na região operária do Brás, em São Paulo, bairro conhecido por seu comércio de roupas, uma zona cerealista potente, além de museus com acervos relevantes como o da Imigração e o Catavento Cultural. O que eu quero dizer é que a existência de uma livraria nesta ou em qualquer outra parte periférica da cidade só seria possível por dois meios/motivos: uma lei que as protegesse e incentivasse; ou, um milagre. Assim me parece.

* * *

A crueldade encontra sua explicação no disparatado afluxo de livrarias ao longo do tempo. Elas não acompanharam os movimentos de adensamento de outras regiões da cidade, como restaurantes e supermercados o fizeram, e isso não foi feito por pura prudência – e quando feito (se é que foi feito) o resultado foi curto, portanto, malsucedido. Outrossim, o movimento das livrarias que obtiveram certo êxito, ainda que medíocre (pobres em verdade se comparado com Buenos Aires e Santiago do Chile), esteve sempre conectado com a mesma aristocracia intelectual e predominante branca da cidade, sempre a serviço dela e geograficamente próximas a ela. Sobra para outras regiões confusão e volume da música que sempre nos salva, sobra pressa, aperto e uma opacidade poética sem fim. Considero que o efeito de uma livraria duradoura em regiões desertas de poesia seria incomensuravelmente esplendoroso, com consequências sem paralelo na vida literária da cidade. Mas não teremos tantas livrarias duradouras apenas por milagre, não temos tantos santos assim e, pra dizer a verdade, eu nem acredito neles.

Entendo que a Lei Cortez, nossa versão da Lei Lang, protege o mercado como um todo. Além disso, ela garante e incentiva a criação de livrarias em regiões novas, sedentas por livros ou já pulsantes culturalmente, vide o próprio Brás, São Miguel Paulista ou Capão Redondo. Falta uma regra que garanta o pé de igualdade entre a Amazon e uma livraria no Capão Redondo, diante das novidades escritas e impressas no mundo – e esse me parece o objetivo da Lei Cortez, por meio da precificação única por prazo de um ano, a partir de seu lançamento ou importação.

* * *

Ao contrário do que se acredita, o efeito da implementação da Lei a médio prazo beneficiará o consumidor, tornando o livro mais acessível e mais barato com o tempo. É o que demonstra o estudo realizado pelo pesquisador francês Markus Gerlach, publicado no Brasil pela Libre (Liga Brasileira de Editoras), com o título *Proteger o Livro*, no qual ele analisa os efeitos da Lei do Preço Único nos países que aderiram a esse sistema, como França, Espanha, Portugal, Alemanha e Itália, e países que não aderiram, como Inglaterra, Suécia e EUA[1]. É sobre a leitura deste livro e os resultados desta pesquisa que quero falar.

Logo de saída, o autor demonstra que a maioria dos países europeus optaram por proteger o mercado do livro, criando dispositivos legais e acordos interprofissionais. Em seguida, ele desenvolve o tema de modo panorâmico e bastante completo, com um histórico destes dispositivos para, em seguida, analisar seus efeitos econômicos. Entendo que o autor apresenta como resultado o equilíbrio de forças que beneficia a diversidade do livro, respeitando sua ambivalência, ou seja, uma mercadoria e um fermento cultural de efeito transformador. Um termo explicitado por Gerlach me chamou a atenção, e sua explicação nos permite entender o problema central do negócio, tanto no Brasil de hoje, quanto na Europa do século XVIII: trata-se do sistema de perequação, que é o financiamento de uma maioria de títulos deficitários por algumas obras que vendem bem.

Denis Diderot tratou desse tema em sua famosa *Carta Sobre o Comércio do Livro*, em 1763[2]. Entre outras coisas, ele define que

> [...] um acervo de livraria é [...] a posse de um número mais ou menos considerável de livros adequados a diferentes estados da sociedade e associados de maneira que a venda segura, mas lenta, de alguns [fundo de catálogo], compensada com vantagem pela venda também segura, porém, mais rápida de outros [lançamentos e novidades], favoreça o crescimento daquela primeira posse [manutenção de um acervo diverso][3].

Quando um acervo não atende a todas essas condições, ele é ruinoso. Ora, desta forma fica mais fácil explicar que a importância e o efeito dos livros mais vendidos, em sua maioria lançamentos, têm pesos diferentes para magazines digitais que vendem de tudo e livrarias que se dedicam exclusivamente a vender livros! Segundo o pesquisador francês, já em 1829, o preço fixo foi aplicado pela primeira vez, no intuito de combater varejistas que concediam descontos demasiadamente altos, justificando essa medida com a necessidade de remunerar os livreiros que cediam espaço aos livros mais difíceis.

Markus Gerlach propõe uma comparação pertinente entre a Grã-Bretanha, que abandonou qualquer tipo de regulação de preços em 1994, e a França, que segue firme com sua Lei Lang. A elevação dos preços médios em 16%, na Grã-Bretanha, frente a um aumento de apenas 5%, na França, durante o mesmo lapso de tempo, cinco anos. Em média, os consumidores britânicos pagam mais caro pelo livro. Ainda sobre o mercado britânico, o autor destaca que logo após a abolição do regimento de regulação, houve uma queda significativa dos preços dos livros mais vendidos. Mas isso diz respeito apenas a mil títulos, em uma produção de mais de cem mil lançamentos por ano. E, também, expõe a drástica redução da fatia do mercado ocupado pelas livrarias independentes para 10%, frente a 17% no mercado americano. Em resumo, ainda sobre o mercado britânico, constata-se que, com exceção da faixa de 1% de títulos relativos aos *best-sellers*, os livros tendem a se tornar mais caros e menos disponíveis para o leitor. Logo, livreiros e editores se veem forçados a seguir uma espiral que desloca a concorrência da qualidade editorial e dos serviços para critérios administrativos e econômicos como a base financeira e a musculatura de caixa das empresas.

* * *

E então voltamos ao Brasil, que concentra o que há de melhor para poucos, ao mesmo tempo que detém uma desigualdade muito expressiva, sobretudo na cidade de São Paulo, onde se situa a minha Livraria Simples, em um de seus bairros mais interessantes, a Bela Vista. Impossível sustentar uma livraria de bairro com uma margem tão baixa imposta pela concorrência desleal e cretina, num produto tão vital e estratégico quanto os lançamentos para a manutenção do que pode e deve ser oferecido por esses espaços; Platão, Aristóteles, os estoicos, Dante, Shakespeare, Homero, poesia concreta, romances de formação, feminismo; café e água fresca, uma música gostosa, livros ilustrados para a primeiríssima infância e para crianças, adolescentes, jovens e idosos; contação de histórias e tardes de autógrafos. Encontros que estreitam laços sociais, de trocas genuínas de ideias e de afetos.

O tempo e a escala de uma livraria são outros, hão de ser outros, tempo de outra ordem e ritmo, independente e livre; livrarias são espaços de encontros sem pressa, lugares curiosos, excêntricos, diversos e de descobertas, com livreiros sagazes, um lugar de reunião de "leitores e livros, entre leitores e livreiros, entre leitores e leitores", como afirmou Jorge Carrión em seu *Livrarias* (Bazar do Tempo, 2020), o qual eu recomendo bastante. No mundo dos "negócios capitalistas", parece que a ganância pelo lucro vem acompanhada do termo eficiência, ao passo que, para mim, no trabalho livresco, ganância pelo lucro está para ousadia em resistir, assim como eficiência está para a eficácia. Livraria é um lugar de construção de projetos miraculosos e quixotescos em harmonia com o sensato desejo do impossível.

NOTAS

1 Markus Gerlach, *Proteger o Livro: Desafios Culturais, Econômicos e Políticos do Preço Fixo*, Rio de Janeiro, Libre, 2006.

2 Denis Diderot, *Carta Sobre o Comércio do Livro*, Rio de Janeiro, Casa da Palavra, 2002.

3 *Idem*.

Livraria Loyola, década de 1990.

Leonardo Boff e Vitor Tavares no lançamento do livro *Virtudes para um Outro Mundo Possível*, Livraria Loyola, 2005.

O MENINO QUE VENDIA LIVROS

VITOR TAVARES

O ano era 1980. O clima de São Paulo seguia frio no inverno, mas quente nas questões políticas: estávamos em pleno regime militar. Eu, um garoto de uma família simples com sete irmãos, vivendo na periferia da grande metrópole, procurava uma oportunidade que pudesse me projetar para um futuro melhor.

Filho de uma neta de imigrantes italianos com um caminhoneiro que vinha de Minas Gerais, presenciei na minha juventude o quão difícil é um jovem humilde crescer em um mundo onde a liberdade era tolhida a todo o momento. Além disso, equipamentos culturais, boas escolas e bibliotecas públicas, quando existiam, eram para poucos. Era rotina conviver com a falta de infraestrutura básica, com ruas e vielas sem calçamentos, sem rede de esgoto e água encanada.

Mas assim mesmo, com a tenacidade de uma mãe à frente de seu tempo, a gente crescia, se formava no fundamental e precisava começar a trabalhar aos catorze anos (à época era permitido) para ajudar e fortalecer a renda familiar.

Minha mãe Adélia lutou muito para criar seus sete filhos homens. Ela sempre nos dizia que teria pouco mais de tranquilidade quando os primeiros começassem a trabalhar para ajudá-la no sustento dos demais. Fora o posto de saúde do bairro vizinho, não podíamos contar com o governo para mais nada.

Naquele momento, me perguntava o que poderia fazer. Após trabalhar em vários ofícios, como bico, no comércio local e em uma pequena mercearia que meu pai montou em frente à nossa residência no bairro do Itaim Paulista para dar algum afazer aos sete filhos, para mim e meus irmãos mais velhos era o momento de buscar um futuro melhor. E assim seguimos.

Depois de muito tentar, cursando o Ensino Médio à noite, eis que um dia, por meio de conhecidos de meu irmão mais velho, que já trabalhava em uma editora e gráfica, fiquei sabendo que uma livraria no centro de São Paulo estava contratando jovens para realizarem entregas. Depois de passar por duas entrevistas, que, até então sem experiência, foram extremamente estressantes, saí com a promessa de que, se eu fosse o selecionado, em até quinze dias me chamariam para oficializar a contratação.

Foram os quinze dias mais eternos da minha vida. Ou melhor, dez, pois no 11º dia, o gerente da Livraria Vozes, da Rua Senador Feijó, 168, ligou para meu irmão com resposta positiva. Aquele garoto com dezessete anos, zero de experiência, que até o momento jamais havia entrado em uma livraria – os únicos livros que tinha comprado até então, em uma loja do Bairro da Penha, tinham sido um minidicionário e *Olhai os Lírios do Campo* –, iniciaria a trajetória como profissional livreiro. Como entregador da Editora Vozes, tive contato com várias livrarias que hoje só existem na memória de alguns: Livraria Teixeira, Freitas Bastos, Brasiliense, Duas Cidades, Forense, Forense Universitária, Francisco Alves etc. Gostava de todas.

Trabalhar em uma livraria, para mim, naquele momento, seria um rito de passagem. Meu projeto era ficar até me formar no Ensino Médio, entrar em uma faculdade e seguir minha carreira na profissão escolhida. Sim, até meus dezenove anos, esse era meu dilema, porém jamais deixei de ser um bom e dedicado profissional nas tarefas cotidianas. Mesmo tendo esse nobre ofício, evitava falar sobre o tema no colégio nos primeiros anos e me perguntava: "como trabalhar e vender livros em um país de renda baixa e sem a cultura da leitura?"

E assim fui me adaptando, fazendo amizades com muita gente, aprendendo com os livros e conhecendo um pouco o mundo encantado da literatura e da escrita. A livraria resgatou um jovem sem perspectiva profissional para o mundo do livro.

Posso dizer que 70% do conhecimento e boas amizades que tenho devo ao livro e ao ofício de livreiro. E assim já vão mais de quarenta anos labutando em defesa do livro e das livrarias. Nestas quatro décadas, muitas histórias vivi e construí. Trabalhar em uma livraria é algo mágico. A gente orienta e indica leituras aos clientes todos os dias. Eles se encantam e tornam-se nossos amigos quando acreditam no trabalho do livreiro. Passam a ser fiéis clientes e a indicar outros. Quantos clientes eu atendia no salão da livraria e até hoje são meus amigos. Quantos professores, acadêmicos, jornalistas, juízes, desembargadores, pastores, padres, bispos, políticos, mães e pais eu atendia e retornavam sempre em busca de uma novidade.

Foi assim, vendendo às escondidas por baixo do balcão, mas sem deixar os clientes na mão que, em pleno regime militar e por indicação de clientes, tive contato com *O Capital* e o *Manifesto Comunista*, de Karl Marx. Os cânones e os clássicos de autores progressistas, moderados e de direita, os clientes sempre eram os primeiros a me informar sobre as novidades.

Esse é nosso ofício, esse é o ofício do livreiro.

Ser livreiro é ser orientador literário, "psicólogo", bom ouvinte e indicar a obra mais adequada para cada perfil de cliente. Também aprendemos cada dia mais um pouco com os leitores. O cliente geralmente sabe o que deseja e gosta de contar um pouco sobre a obra que ele vai ler ou comprar. Assim aprendemos, cada dia um pouco mais, com ele. Como você acha que conhecemos os livros? Os próprios clientes/leitores nos dão muitas dicas.

Assim, fui crescendo dentro de uma livraria. Na Vozes, logo fui promovido a balconista. Depois, responsável por um setor, em menos de três anos, virei vice-gerente da livraria e logo gerente de uma filial da Vozes em São Paulo que à época tinha dificuldade nas vendas. Se hoje já é difícil vender livros, imaginem então nos anos 1980, em pleno regime fechado, censura, protestos no centro quase todos os dias, bombas de gás a todo momento, desemprego, inflação nas alturas, poder de compra da população no chão, greves e mais greves. Desafiador...

Lembro de um dia no ano de 1982. Abrimos a livraria às 8h da manhã, um gelo, dias frios de inverno de São Paulo. O primeiro cliente entrou por volta das 10 h e comprou *1 Minuto de Sabedoria*... Ufa, primeira venda do dia. Fomos seguindo mesmo com as dificuldades. Como gerente dessa filial, assim que os climas político e econômico foram se ajustando e as coisas melhorando, as vendas começaram a aumentar mês a mês. Recuperei a livraria: menos uma livraria fechada no centro de São Paulo nos anos 1990.

Quantos livros eu vendi para alunos e professores da Faculdade de Direito do Largo São Francisco da Universidade de São Paulo? Quantas bibliografias ajudei a encontrar para alunos em suas defesas de teses acadêmicas? Nesse momento, a "mosca azul" do livro já havia me picado e meu rito de passagem já ia para quase sete anos trabalhando com livros, como livreiro. Cada dia mais, via-me apaixonado por livros, editoras, autores, clientes, gestores e com os Frades Franciscanos proprietários da Editora Vozes.

Vivíamos o auge da Teologia da Libertação. Quantos livros vendi do Leonardo Boff, Clodovis Boff, Marta Suplicy, Pierre Weil, Viktor E. Frankl e muitos outros...

Em qual outra situação um humilde menino, nos anos 1980, teria a oportunidade de conviver com toda essa riqueza? Trabalhando em uma livraria, sou grato a tudo que conquistei; conhecimentos, amizades, empregos e salário. Agradeço por um dia alguém ter acreditado em mim e ter me dado essa oportunidade.

Após doze anos no meu primeiro emprego, com experiência acumulada e conhecimento do varejo do livro, fui convidado por outros amigos livreiros a abrir uma empresa para representar e distribuir o catálogo de uma outra grande editora, uma decisão difícil. Pensei muito e fui me aconselhar com minha mãe. Por ela, não empreenderia, mas, mesmo assim, decidi seguir. Em 1992, com o apoio da Edições Loyola, abrimos a Livraria e Distribuidora Loyola, com uma boa livraria no centro de São Paulo e um atacado com um catálogo de mais de sessenta editoras para atender pequenas e médias livrarias de Norte a Sul do Brasil.

O começo foi difícil, muito trabalho e pouco ganho. Após o segundo ano, as coisas começaram a melhorar e o caixa apareceu. Com as contas pagas e o mercado comprando, até nosso *pro labore* melhorou. Logo abrimos mais duas filiais. Hoje nossas duas livrarias no centro velho de São Paulo são referências em livros de filosofia, teologia, história, educação, mas jamais deixamos de atender a todos os clientes. Se está procurando um livro, o cliente não pode sair sem resposta. Também atendemos pela Internet, entendo que toda livraria física precisa ter um site. A modernidade chega e temos de estar sempre acompanhando as tendências.

Ser livreiro, comprar e vender livros, me abriu muitas portas. Com a nossa livraria sempre associada às entidades de classes, passei a me engajar nas lutas em defesa do livro e das livrarias. Assim, fui convidado por amigos livreiros a fazer parte da diretoria da ANL (Associação Nacional de Livrarias). Posteriormente, fui eleito presidente. Nos meus quatros anos à frente dessa importante entidade, sempre procurei ter uma gestão pés no chão, com foco na defesa das livrarias.

Conheci ainda mais o setor por dentro: mais editores, livreiros e distribuidores. Toda essa experiência adquirida me levou a ser presidente da maior entidade do livro do país: a CBL, nossa querida

Câmara Brasileira do Livro. A associação, que está na vanguarda da defesa do livro, promove o mais importante reconhecimento literário do Brasil, o Prêmio Jabuti, e a Bienal Internacional do Livro de São Paulo.

Esse menino que vendia e vende livros, esse livreiro, conquistou por meio da livraria algo jamais imaginado, chegar à presidência da CBL e participar de grandes fóruns sobre o setor livreiro como conferencista e representando o setor editorial e livreiro do nosso país nas mais importantes feiras de livros em várias cidades do mundo: Frankfurt, Madrid, Barcelona, Londres, Bogotá, Buenos Aires, Guadalajara, Rio de Janeiro, Porto Alegre...

Penso, realmente, que, se não fosse o livro e o ofício de livreiro, seria muito difícil tanta conquista. Por isso, continuo acreditando no livro. Cada vez mais convencido que o livro e a livraria são verdadeiros transformadores sociais.

E nós, livreiros, não podemos nunca desistir ou ficar em zona de conforto. Se não, os maiores sempre estarão a nos ameaçar. Lembrei de uma história. É a fábula que está no livro *A Quinta Disciplina*, de Peter Michael Senge, um dos livros de administração mais influente dos últimos tempos. Alguns chamam de "A Fábula do Sapo na Panela", outros de "A Síndrome do Sapo Fervido":

> O professor perguntou: "O sapo morre quando jogado numa panela com água morna ou com água fervendo?" Um aluno respondeu: "— Na água fervendo!" O professor retrucou: "— Não! Ele morre na água morna. O que acontece é que ele fica ali, quieto, acomodado, e morre cozido. Na água quente, ele pula rapidinho para fora. Sai escaldado, queimado, quase ebuliente..., mas vivo!"

A vida desse garoto que vendia livros, desse livreiro, sempre foi assim: um pulo atrás do outro para vencer em um mercado cada vez mais competitivo.

leitura

LIVRARIA LEITURA

MARCUS TELES

No decorrer de 1966, os jovens Emídio e Lúcio Teles, ligados à literatura e munidos de espírito empreendedor, começaram a comprar livros usados nos sebos. Assim, tiveram a ideia de abrir uma loja própria no terceiro piso da Galeria Ouvidor, loja 37 A, que era o centro comercial do momento, onde apareceu a primeira escada rolante de Belo Horizonte, atraindo pessoas de todo o estado para vê-la e "dar uma voltinha". Como não possuíam capital, pegaram os livros que tinham e outros, doados pelos amigos e parentes, e abriram um sebo em junho de 1967: a Livraria Lê, com as iniciais de Lúcio e Emídio. Nascia assim a Livraria Leitura.

Eu comecei a trabalhar ali, logo aos treze anos, no segundo semestre de 1979, e desde 1988 está à frente da rede de livrarias Leitura. Marcus, o mais novo de quinze irmãos, junto com eles e outros sócios, não parou mais de expandir a empresa.

Em 1998, a abertura da Leitura Megastore no BH Shopping, com mais de mil m2 em dois pisos, veio não só para vender livros, mas para fazer com que o cliente Leitura experimentasse um "*shopping* cultural" com espaço de leitura, cafeteria, CDs, DVDs, quadrinhos, jogos e seção infantil com brinquedos educativos; além de papelaria, suprimentos e presentes. Atualmente, a rede conta com treze lojas em BH: duas de rua e dez lojas em *shoppings*, sendo seis *megastores*.

A Leitura ampliou seus horizontes geográficos, chegando ao interior de Minas Gerais, em 1994, e hoje conta com outras 24 lojas em nove cidades do estado. No ano 2000 iniciou o processo de nacionalização da rede, inaugurando a primeira loja em Brasília. Hoje são sete unidades no Distrito Federal.

Em 2021 foram inauguradas catorze lojas e outras três mudaram de endereço, encerrando o ano com 94 lojas em vinte estados, além do DF.

A Leitura completará 55 anos em 2022, mas continua em expansão, com planos de abrir mais oito lojas no ano, atingindo 102 lojas e se firmando como a maior rede de livrarias do Brasil.

Com base nessa experiência longeva, posso afirmar que as livrarias físicas são essenciais na divulgação dos novos títulos, podendo alcançar até 70% das vendas. Elas são, outrossim, essenciais para a bibliodiversidade. E os números corroboram o que eu digo.

A Lei do Preço Fixo, se aprovada no Brasil, limitaria o desconto em 10% dos novos lançamentos nos últimos doze meses, ou seja, menos de 7% do total de títulos ativos em estoque nas editoras. No Brasil há cerca de duzentos mil títulos vivos editados em língua portuguesa, podendo chegar a trezentos mil títulos nas livrarias, incluindo os esgotados nas editoras.

Rodrigo Andrade, *Livraria Martins Fontes*, óleo sobre tela.

VIDA LONGA ÀS LIVRARIAS!

ALEXANDRE
MARTINS FONTES

Em 2021, a França comemorou quarenta anos da implementação da Lei Lang, que regulamenta os descontos que podem ser praticados durante os primeiros 24 meses do lançamento de um livro. Países como Argentina, Portugal, Espanha, Holanda e Alemanha, entre muitos outros, também contam com leis que estabelecem regras para os descontos que são praticados pelo mercado. Essas leis existem para organizar, proteger e fortalecer as livrarias e a bibliodiversidade. No entanto, muito mais do que proteger as livrarias e o mercado editorial, a lei do preço comum visa a proteger a sociedade como um todo.

Quem tem o privilégio de viver num país onde a sociedade se preocupa com a sobrevivência dos pequenos editores e que não mede esforços para criar condições propícias para o fortalecimento do setor livreiro, vive num ambiente onde impera a liberdade de opinião e de expressão. Não por acaso, regimes autoritários destroem livros e criam obstáculos para que um conhecimento plural seja livremente impresso e comercializado em forma de livro.

Mas um governo não precisa queimar livros para inviabilizar a disseminação do conhecimento e restringir a liberdade de expressão. Basta, por exemplo, que ele proponha o fim da imunidade do livro, como está ocorrendo nesse momento no Brasil. Basta que ele, governo, se recuse a reconhecer a importância de leis que protejam e fortaleçam livrarias e editores. Basta que se invista pouco (ou menos do que o necessário) em educação, cultura, leitura, para que as consequências sejam a formação de um povo pobre, medíocre, servil, com pessoas incapazes de pensar e de desenvolver um olhar crítico e criativo sobre seu entorno.

Há muito tempo, o Brasil vive uma trágica realidade: uma parcela importante de nossas cidades não conta com nenhuma livraria em suas ruas e bairros. A novidade é que se não agirmos com urgência, essa situação só irá se agravar.

Os desafios e os problemas enfrentados pelas livrarias físicas brasileiras (pequenas, médias e grandes) nunca foram tão graves e tão complexos. Entre eles, podemos destacar:

1. As crises política e econômica do país, que se arrastam há quase uma década.
2. A pandemia do novo coronavírus, que obrigou as livrarias a fechar suas portas em diversas ocasiões e por longos períodos.
3. As mudanças nos hábitos de trabalho e de consumo, resultantes da expansão da internet e da evolução de novas tecnologias de comunicação.

4. A frequência cada vez maior de feiras universitárias onde editoras, passando por cima das livrarias, oferecem descontos mínimos de 50% ao consumidor final.
5. A ampliação de clubes de leitura, muitas vezes criados pelas próprias editoras, que oferecem vantagens a seus associados, as quais uma livraria não consegue igualar. E, finalmente,
6. A ausência de um conjunto de leis que protejam e fortaleçam o negócio do livro e que inibam uma guerra predatória de descontos e uma concorrência cada vez mais intensa e desleal (entre elas, a tão desejada e necessária Lei da Bibliodiversidade).

No Brasil, a luta pela implementação de uma lei do preço comum já é antiga. Apesar disso, de uma maneira geral, a sociedade brasileira desconhece por completo as razões que justificam tal iniciativa. São muitas as explicações para isso. Vivemos num país desigual, com um enorme déficit educacional. Ao longo de nossa história, só em raros momentos pudemos contar com um projeto político educacional corajoso e consequente. Nossa conhecida incompetência na área educacional continua fazendo do Brasil "o país do futuro" mais antigo do mundo. Uma das consequências dessa triste realidade é que a maior parte da população brasileira não frequenta livrarias e mal tem acesso ao universo dos livros.

São muitas as causas para o fracasso, até aqui, da aprovação da lei do preço comum no Brasil. Na minha opinião, esse insucesso deve-se, primordialmente, ao fato de não termos contado, por um bom tempo, com o apoio unânime da própria indústria editorial brasileira. Como convencer a sociedade sobre a necessidade de uma lei que regulamente preços e descontos se, dentro da indústria editorial, pessoas, empresas e entidades não estão convencidas de sua importância? De alguns anos para cá, felizmente, esse quadro se alterou radicalmente. Atualmente, não conheço ninguém do mundo livreiro brasileiro que se oponha à implantação de uma Lei da Bibliodiversidade. Por isso mesmo, não temos tempo a perder: a hora é agora! A união da nossa classe é condição *sine qua non* para o sucesso de um projeto complexo e potencialmente controverso. Sem essa união, continuaremos a olhar com inveja para argentinos, portugueses, espanhóis, holandeses e alemães. Sem ela (a união do setor), jamais comemoraremos, como os franceses, uma lei que, ao preservar as livrarias protege todos nós.

Definitivamente, o livro não é um produto qualquer. Muito mais do que um bem econômico, o livro é um bem cultural. Por isso, a diversidade de sua produção precisa ser incentivada e defendida.

São muitos os estudos que comprovam que, nos países onde a Lei da Bibliodiversidade está em vigor, os preços dos livros encontram-se estabilizados e suas livrarias fortalecidas. "Sem a Lei Lang, minha livraria não existiria mais", declarou recentemente Matthieu de Montchalin, proprietário da livraria L'Armitière, em Rouen. Na Inglaterra, por outro lado, desde o fim da NBA (Net Book Agreement), em meados dos anos 1990, mais de quinhentas livrarias fecharam suas portas. Até a maior rede de livrarias da Inglaterra, a Waterstones, encontra muitas dificuldades para seguir em frente. O mesmo ocorre nos Estados Unidos. Há anos, a Barnes & Noble sobrevive aos trancos e barrancos (para não citar o desaparecimento das redes Borders, Crown, Waldenbooks etc.). É necessário também chamar atenção para o fato de que, nos últimos vinte anos, os preços dos livros na Inglaterra e nos Estados Unidos crescem numa velocidade superior aos preços praticados na Alemanha, França ou Espanha, países que adotam a Lei da Bibliodiversidade.

O que mais precisamos saber para nos convencermos da importância de uma lei do preço comum para a sociedade como um todo?

No Brasil, infelizmente, ainda prevalece o jogo do vale tudo e da confusão generalizada. Não por acaso, recentemente, nossas duas maiores redes de livrarias (a Livraria Saraiva, empresa centenária, e a Livraria Cultura, com mais de setenta anos) entraram em Recuperação Judicial.

Empresas de portes diversos usam os livros, como se diz no jargão comercial, como "boi de piranha" com vistas a atrair público para seus comércios (eletrônicos ou não). Ao desvalorizarem o livro como produto, essas empresas comprometem todo um ecossistema do qual dependem autores, ilustradores, designers, revisores, gráficos, editores e livreiros. Levam para o ralo uma parcela significativa de nosso conhecimento e de nossa cultura. Em última análise, destroem um ecossistema que garante a sobrevivência de uma sociedade livre, sadia e democrática. A Lei Lang (assim como leis similares espalhadas pelo mundo) foi criada justamente para nos proteger desse destino infeliz.

Pobre da sociedade que não pode contar com uma ampla rede de livrarias independentes. Todos perdemos quando a venda de livros fica concentrada nas mãos de uma ou duas empresas. Quando o assunto é livros, quanto maior a concorrência, quanto maior o número de livrarias espalhadas por nossas cidades, melhor servida estará a sociedade. O monopólio no mundo livreiro, um mal a ser evitado a todo custo, contribui para o esfacelamento das relações humanas, sociais e culturais de um país.

Livros iluminam a escuridão que nos envolve. Eles trazem à luz os resultados de milhões de pesquisas feitas por outras milhões de pessoas nas mais diversas áreas do conhecimento humano.

As livrarias, por sua vez, são locais de encontro onde cada um de seus frequentadores têm vez e voz. Elas acolhem a vida cultural das cidades e bairros que ocupam e, assim, atuam na transformação e no enriquecimento da sociedade à sua volta. Durante a pandemia, mais do que nunca, ficou provado que as livrarias físicas são as principais vitrines da indústria editorial. É ali que descobrimos novidades e lançamentos e nos surpreendemos com o poder de sedução e encantamento dos livros. Em que outra atividade comercial temos ao alcance dos nossos olhos tamanha riqueza e pluralidade de informações?

Mesmo nas livrarias virtuais, que em tese podem oferecer uma gama infinita de produtos, o passeio literário fica muito prejudicado. Quem já passou algumas horas de sua vida percorrendo as estantes de uma livraria sabe que não podemos comparar o passeio por uma livraria física com o *browsing* na internet.

A livraria física tem, como ninguém, o poder de criar em cada um de nós novos hábitos e novas opiniões.

Com tudo isso, como aceitar que se fale tanto sobre a morte das livrarias e, no entanto, se fazer tão pouco a respeito?

Afinal, a quem interessa um país sem livrarias? A quem interessa um país sem leitores ou um país onde o livro é produto de luxo?

Na visão de Paulo Guedes, atual Ministro da Economia do Brasil, apenas os mais ricos têm acesso aos livros. Logo, não haveria mal algum em deixá-los ainda mais caros, uma vez que, na sua opinião, a "elite brasileira" poderia continuar pagando por eles.

Ao ouvir essas declarações é inevitável pensar: nós, como sociedade, desejamos que o livro seja um produto ainda mais elitizado e inacessível, ou nosso desafio é trabalhar para que os livros e a leitura estejam ao alcance do maior número possível de brasileiros? Nós queremos um país ainda mais injusto e desigual ou sonhamos e trabalhamos por um Brasil mais democrático, mais educado e mais preparado para os desafios do futuro? Para mim, a resposta é óbvia. Como brasileiro, sonho com um país que ofereça oportunidades iguais a todos, um país onde meus filhos e os filhos de todos os brasileiros tenham acesso igual à educação, aos livros e à leitura. Será pedir demais?

"Sem a Lei Lang, minha livraria não existiria mais." O depoimento de Matthieu de Montchalin não poderia ser mais preciso e mais emblemático (e certamente representa o sentimento da maioria dos livreiros franceses). Lamentavelmente, o Brasil não conta com uma "Lei Lang" para proteger suas livrarias. Até quando iremos sobreviver?

Vamos juntos trabalhar pela aprovação da Lei Cortez!

Vida longa aos livros! Vida longa às livrarias!

EP
LO

O QUE É O PLS 49/2015? DISCURSO DO SENADOR DA REPÚBLICA

JEAN PAUL PRATES (PT/RN)

Bom dia a todos e todas que estão nos acompanhando. Eu não sei bem qual é o público que nos assiste agora, ou mesmo depois, na gravação; compreendo que a maior parte das pessoas que se encontram, agora, nesta sala, atuam no *métier* dos livros e da leitura. Mas é sempre bom lembrar que os livros, as páginas dos livros, nos levam a um horizonte completamente imprevisível, por mais que a capa diga alguma coisa ou que alguém tenha nos contado um pouco sobre seu conteúdo. São novos universos. Aqueles que flutuam nesses tapetes mágicos, desde a infância, sabem bem do que estamos falando. Por isso esse mundo é tão importante. Não é um mundo fechado, não é um universo hermético, restrito às pessoas que estão hoje discutindo a política da regulação do preço do livro. Na verdade, a todos interessa o assunto do livro e da leitura.

Gostaria de iniciar esta conversa com as palavras de Paulo Freire: "Os livros são portadores de conhecimento, e o conhecimento é libertador". Estamos nos referindo à real liberdade. Não da liberdade utilizada, inclusive, para se posicionar contra este projeto de lei – a liberdade do preço, a liberdade do negócio, a liberdade de explorar setores tão estratégicos como no caso os Correios. Essas liberdades devem ter alguns limites. Mas a liberdade de ler, o horizonte que a leitura nos abre, não deve ter, absolutamente, nenhum limite. Vocês estão vendo que tenho aqui atrás de mim, nas minhas estantes, uma coleção que não me deixa mentir sobre a paixão que guardo pelos livros e pela leitura. A compulsão de ter novas obras, novas revisões, reedições, isso me insere no universo do livro, com a importante missão de relatar o PLS 49/2015.

Substituo uma pessoa de extrema importância e valor para todos nós, a ex-senadora Fátima Bezerra, hoje governadora do nosso estado do Rio Grande do Norte. Sua missão atual é um pouco diferente da que vocês acompanharam, mas está sendo tão bem-sucedida quanto aquela. Ela está realizando, para quem quer saber, uma gestão impecável. Pegou o estado muito mal, com quatro folhas atrasadas, que somavam praticamente 1 bilhão de reais. Mas a governadora segue de cabeça erguida, superando todas essas dificuldades.

Sobre a questão do preço fixo. A primeira vez que ouvi falar sobre esta proposta no Brasil, reportei-me diretamente para o caso francês. Eu morei na França, na década de 1990, quando fazia meus estudos. E gostaria de contar uma pequena história para vocês. Minha mãe era francesa, fugiu da Guerra aos oito anos de idade pela mão de sua mãe, minha avó, quando os nazistas estavam entrando em Paris. É uma situação que acompanho porque faz parte da minha família. Tive a honra de votar no François Mitterrand. Como parcialmente francês, a nacionalidade nos dava o direito de votar. Logo, em tenra idade, acho que foi meu primeiro voto (não lembro se foi no Brasil, ou se foi em cédulas, na França). Acompanhei muito a trajetória do Mitterrand, porque minha avó veio morar com a gente e gostava muito dele, apesar de ser uma gaulliste. E ela gostava exatamente desse tipo de política. Lá, durante os chamados trinta anos gloriosos, até a década de 1970, a França foi se recuperando da Guerra, na chamada época da Recuperação. Nesse período, em 1974, foi criada a Fnac, que depois também esteve no Brasil por um período fugaz. E outras semelhantes. Mas a Fnac era a mais forte. Vendia, e vende até hoje, livros, DVDs, computadores, eletrônicos, enfim, todo tipo de coisa em uma grande loja, que ainda existe no Forum des Halles, e em outras filiais. No início, eles anunciaram que tinham cem mil títulos, cem mil referências de obras no estoque. E tudo com desconto sistemático de 20%. Para os profissionais e para os partidos políticos franceses, essa ação gerou uma certa reação. E não demorou a surgir a ideia da regulamentação do preço do livro.

A ideia do preço fixo não é somente francesa, a Alemanha e o Reino Unido já o adotavam. Em 1981, logo em seguida ao início do movimento causado pela Fnac, que foi seguida por outras lojas, o governo François Mitterrand iniciou o debate e fez aprovar a lei, que passou para a história como Lei Lang. E o grande mote foi justamente evitar o fechamento das livrarias. Quem conhece a França sabe que lá há muitas livrarias pequenas, livreiros de cidades pequenas. E aquele monstro, ameaçando tudo, provocou uma certa mobilização. Houve dez anos de transição para a consolidação desta lei e, realmente, os índices de preço do livro foram melhorando a partir de 1990, quando a França já tinha 21 mil títulos publicados anualmente. Em aproximadamente 25 anos de vigência da lei, de 1990 para 2014, passamos a 68 mil títulos. Esses números mostraram que a lei trouxe, de fato, uma maior bibliodiversidade, termo inspirado na biodiversidade.

A bibliodiversidade é um conceito mais amplo. A lei tinha um carimbo muito forte da área econômica, por conta do "preço fixo". O camarada ouvia isso e já ficava avesso à ideia. Mas quando invertemos a abordagem e falamos do objetivo da lei, que é a bibliodiversidade – com a qual tenho simpatia, assim como com a biodiversidade –, mudamos esse preconceito e expandimos a própria consequência que se busca com o preço fixo, isto é, uma bibliodiversidade em termos de obras, de mídias, de idiomas, edições, revisões... É mais interessante trabalhar com o objetivo, do que rotular o método.

Mas, enfim, houve um crescimento da oferta de novos títulos e lançamentos de livros. Essa experiência francesa, portanto, demonstrou que não houve, necessariamente, um aumento do preço do livro, o que se preconizava e se temia antes, por conta da fixação da base. Os consumidores continuaram ganhando descontos e a lei de fato salvou os livreiros. Sei que há um participante do México neste evento, que fará um contraponto a isso, talvez seja bem interessante ouvi-lo, porque os países onde existem leis do livro ou leis do preço fixo, como a Áustria, Alemanha, Grécia, Itália, Japão, Líbano, Holanda, Noruega, Portugal, Eslovênia, Coreia do Sul, Espanha, todos têm mais ou menos a mesma base. Ou seja, um preço fixado em capa, impresso, inclusive também chamado "preço impresso". A maior parte dos países têm entre dezoito meses e dois anos de carência a partir da data de edição, tempo pelo qual valeria esse preço impresso, e com *allowance* de cinco a quinze por cento, alguns chegando a vinte, mas a maioria entre cinco e quinze por cento de desconto. É assim que funciona a maioria das "legislações de bibliodiversidade", baseadas no preço. E ela existe também na Argentina. O que é interessante para nós, justamente por se tratar de um país muito próximo, e um local sempre muito parecido com a França, por ter essa cultura das livrarias, pelo fato de as pessoas curtirem essa vivência entre livros e livreiros, de modo que a lei contribui para fomentar pequenos comércios de livros. Aparentemente, a não ser que nosso colega mexicano traga algo que a gente nunca viu, e que a gente possa, é claro, considerar e tentar montar antídotos para que os efeitos não aconteçam, já que existe essa oportunidade de legislar, agora, aparentemente os efeitos são muito melhores que os eventuais prejuízos ou problemas que essas disposições poderiam acarretar[1].

Vamos falar agora da realidade brasileira. Em 2015, nossa querida Fátima Bezerra, na época senadora, hoje governadora, apresentou o PLS 49/2015. Qual o objetivo dessa proposta? Genericamente: assegurar ao público uma maior disponibilidade de livros e títulos, agora batizada de bibliodiversidade; respeitar a diversidade do público; garantir a sobrevivência das livrarias e editoras independentes e de médio porte; evitar a concentração do mercado livreiro nas grandes cidades; diminuir o preço do livro; fomentar a leitura no país; fomentar livrarias de bairro. A primeira novidade que apresentamos hoje para todos e todas é o nome da lei. Além de mudarmos a ementa do assunto para "bibliodiversidade", estamos sugerindo - e para isso conversamos com a família e com todas as pessoas envolvidas, inclusive com alguns do grupo aqui presentes – batizar (ou apelidar, como alguns preferem) a lei, ao invés de Lei do Preço Comum, de Lei José Xavier Cortez. Uma homenagem justa ao nosso querido fundador da livraria e editora Cortez, nascido no Rio Grande do Norte, portanto, para nós seria uma homenagem dupla. Ricardo Borges trouxe essa ideia, topamos na hora e conseguimos a autorização da família. Isso sempre sensibiliza as pessoas. Nós tivemos a Lei Aldir Blanc e, agora, temos a Lei Paulo Gustavo, no Senado. E teremos a Lei Cortez sobre a Bibliodiversidade. Ficou bem mais palatável e vendável, no bom sentido.

Para quem não leu e ainda não conheceu o projeto lei, vou apresentar alguns pontos, sobre os quais estamos trabalhando. Em primeiro lugar, todo livro sob edição nacional, com ISBN brasileiro, vai receber da editora uma precificação única, impressa na capa. A pessoa física ou jurídica que compuser, editar ou reeditar livros destinados à comercialização, deverá fixar para eles, por meio eletrônico e público, portanto, serve também para o *e-book*, o preço sugerido de venda ao consumidor final, ou "preço de capa". Essa é uma das definições da lei. O preço de capa de cada obra deve constar em lista pública eletrônica emitida pelas editoras, devendo servir de referência para livreiros, revendedores etc., em todo o território nacional. Cabe ao editor divulgar os preços ao público de todo o catálogo disponível em sua unidade ou rede. O preço de capa dos lançamentos não poderão ter descontos superiores a 10% do preço de capa. É apenas isso! Não é grande coisa, mas é uma grande coisa para o negócio do livro, para o pequeno livreiro, para evitar a concorrência desleal dos grandes conglomerados. As modificações dos preços de capa poderão ser comunicadas (são casos bem específicos) em trinta dias. A lei estabelecerá a fixação do preço de venda do livro ao consumidor final visando assegurar a ampla oferta de exemplares e pontos de venda, fixando o preço único para a comercialização. As disposições de comercialização da lei não se aplicarão às vendas efetuadas diretamente por editoras à União Federal, Estados, Distrito Federal e Municípios. Portanto, não se aplicarão aos livros vendidos ao poder público. Sobre os livros didáticos, destinados aos alunos do ensino básico: isentos de precificação, assim como as obras raras, antigas, usadas ou esgotadas, as obras fora de catálogo das editoras, as obras destinadas a colecionadores, cuja edição seja limitada ao número máximo de cem exemplares, e as obras destinadas a instituições e entidades que recebam subsídio público. Cabe ao poder executivo da União, Estados e Municípios criar e executar, isolada e conjuntamente, projetos de acesso ao livro – são disposições genéricas da lei, como o acesso ao livro e incentivo à leitura –, ampliar os já existentes e implementar as ações em território nacional. Em caso de comprovação de infração à presente lei, a aplicação da multa caberá a juiz, podendo variar de mil reais a dois milhões de reais, de acordo com a proporção da infração. Os valores arrecadados a título de multa pecuniária terão a seguinte destinação: 50% revertidos para a Biblioteca Nacional e os outros 50%, nós gostaríamos que fossem em favor do Instituto Pró-Livro (IPL), mas ainda estamos averiguando se é possível, por ser uma entidade de caráter privado.

Com essas regras, pelo menos estamos discutindo isso longamente, há muito tempo, atingiremos uma maior bibliodiversidade. Além disso, será possível garantir descontos reais aos consumidores, não descontos *fake*, como na Black Friday, em que o preço é metade do dobro. E também imaginamos que a lei ajude a fomentar a presença de livrarias fora do eixo Rio-São Paulo-Minas, eixo que talvez incluísse Porto Alegre.

Infelizmente, estamos passando por um período em que duas coisas trabalham diametralmente opostas a essa iniciativa, e com muito mais força do que nós. Uma é a questão da reforma tributária, que todos temos acompanhado, ou seja, a tentativa de eliminar a isenção de tributos para livros. Hoje, a média do preço do livro é de dezenove reais. A média de leitura do brasileiro é de dois livros por ano. É lógico que deve ter muita gente lendo bastante, porque tem muita gente que não lê nada. Mas média é média. E, obviamente, uma tributação em cima dos livros deve, com certeza, alterar os preços e a acessibilidade aos livros. Nossa previsão é de que os preços possam aumentar cerca de 20%, caso o projeto de tributação do livro seja aprovado.

Outra questão muito importante que temos avaliado é a privatização dos Correios. Isso terá um impacto direto e negativo no acesso à leitura, à educação e ao conhecimento. Os Correios são uma entidade que está presente em todos os municípios do Brasil e, sendo uma empresa pública, têm a missão de lidar com a equalização de alguns fretes. Um deles, o principal, é o frete dos livros. Há um subsídio ao envio de materiais didáticos e de livros, que são cobrados por peso e não por distância. Portanto, se isso cai em mãos privadas, a cobrança será por distância, o que faz todo o sentido econômico. A forma mais utilizada de distribuição de livros no país é o frete de R$9,70 para cargas até dois quilos. Obviamente, isso vai acabar e nós vamos ter peso e distância como critério. Sendo os livros objetos pesados e não pouco volumosos, principalmente quando em grande número, a tendência é que o valor do frete dispare. Não será pouca a diferença. Nós estamos trabalhando contra a privatização dos Correios, não só por esse motivo, mas por vários motivos importantíssimos. E o motivo mais básico de todos, é o fato de se tratar de uma privatização oportunista, meramente arrecadatória e sem absolutamente nenhum objetivo estratégico. Não se vê o que vai ser pela frente, nenhum país fez uma privatização dessas. É impressionante a quantidade de veículos, frotas aéreas, vai tudo de uma vez só. Para recuperar isso depois, vai ser um problema. Errou, não tem volta. E, se houver, é uma volta muito difícil e dolorosa.

Para finalizar, foram citados alguns números da pesquisa *Retratos da Leitura no Brasil*, e o dado mais significativo é a perda de quase cinco milhões de leitores no Brasil, em comparação com 2015. Hoje seriam cem milhões de leitores, mais ou menos 52% da população. E nós, aqui na Frente Parlamentar Mista de Defesa da Leitura, do Livro e da Biblioteca, que nossa colega, deputada Fernanda Melchionna (PSOL-RS) preside na Câmara, e eu no Senado. Além da relatoria do projeto, trabalhamos em duas ações principais: a primeira é reiterar e cobrar a implantação dos planos estaduais e municipais do livro e da leitura; a segunda é passar a Lei 49/2015. São objetivos que a gente pode perfeitamente assumir nesse mandato. É claro que fomos interrompidos por uma situação de força maior, a pandemia. Esperávamos finalizar esse trabalho em 2021, talvez ainda dê, se a gente andar rápido e conseguir alterar esse projeto, levá-lo ao Plenário ou ao menos às Comissões, e no início do ano aprová-lo.

Quero deixar aqui a todos e todas a nossa disponibilidade para outros assuntos, outras causas que temos nessa área. Essas duas são muito importantes e já bastante pesadas, é uma responsabilidade bem grande, mas nós não temos limites, aqui a carga é livre, mais ou menos como nos Correios. Depois podemos evoluir e trazer novas propostas. Estamos trabalhando, no nosso mandato, em relação à finalização de bibliotecas no Rio Grande do Norte, projeto que depois quero desenvolver com vocês. E é um prazer estar aqui, liderando, no Senado – juntamente com a Fernanda, na Câmara – essas iniciativas. Esse grupo é guerreiro, não abaixa a cabeça e vai em frente. Vamos aprimorar o PL 49, podemos trabalhar ainda em detalhes finais. Ele já está em curso para ir às votações, não temos muito tempo a perder, mas ainda podemos fazer críticas, e esse seminário é muito importante para isso. Obrigado.

* * *

FERNANDA GARCIA [DIRETORA EXECUTIVA DA CBL E MEDIADORA]: Muito obrigada, Senador, pela explanação. Vamos passar às questões do público.

MARISA MIDORI DEAECTO: Bom dia, Senador. Há clima para votar esse projeto de lei no Senado na atual conjuntura? Como a sociedade, e vários alunos da USP me fazem essa questão, poderia ajudar a amplificar esse debate ?

JEAN PAUL PRATES: Professora Marisa, esse clima tem variado. Existem dias e momentos em que alguns projetos podem, sim, vir a ser votados. Essa semana, por exemplo, houve projetos discutidos que vieram à pauta somente porque já estavam lá há muito tempo. O PL 49 não é um projeto daqueles que abarca muita gente, ele merece ser explicado a alguns líderes, colocado eventualmente em pauta, aproveitando o trabalho remoto. Para o Plenário, acho que agora é um pouco mais difícil, porque estamos selecionando os projetos que vêm direto para o Plenário, então poderíamos passar ao largo das comissões, mas acho isso mais difícil. Mas mesmo que ele vá a uma ou duas comissões, não é uma questão de clima macro, que não o afeta tanto. O principal é o tal do argumento de fixar preço, que soa para algumas pessoas como intervencionismo direto. Mas, quando a gente começa a explicar todo o processo e a fazer as retrancas – é um ano, é lançamento, não é para reedições, quer dizer, reedições de *Casa-Grande & Senzala*, por exemplo, não estarão sujeitas a isso, tem período de carência, tem uma razão de ser –, a gente consegue furar esses argumentos, principalmente com os exemplos internacionais que já existem. Então, não vai ser tão afetado pelo grande clima, que é mais o das privatizações e das reformas, por exemplo, a reforma tributária. O clima realmente não está bom, principalmente com as propostas que o governo vem trazendo. O governo está claramente derretendo, e essas propostas que vêm com aquele argumento simplista de "vai gerar empregos, vai retomar a economia", isso já não cola mais, precisa ter um pouco mais de consistência para poder trazer à pauta.

VITOR TAVARES [PRESIDENTE DA CBL]: Bom dia, Senador Jean Paul Prates, fico feliz por tê-lo conosco nessa luta.

FABIANA MARCHETTI [DOUTORANDA DA USP]: Ainda sobre a questão do preço, como convencer a população de que a lei é benéfica ao consumidor e contribui também para que os preços se mantenham acessíveis?

JEAN PAUL PRATES: Acho que a questão não é convencer previamente a população, mas testar o processo, como ocorreu nos outros países. Aprovou-se a lei, inclusive na França, e a coisa aconteceu. Se não pegar, ou por algum motivo der errado, sabe aqueles casos em que a lei não pega, simplesmente não pega?... Mas não é uma coisa tão impositiva e tão feia quanto parece para quem é mais liberal, "fixar preço". Não é um tabelamento, é uma política de fomento, de proteção dos menores *versus* maiores. É perfeitamente explicável, da qual as pessoas sentirão o efeito de forma muito natural. E, para os grandes comerciantes, isso não vai causar um grande impacto. Depois de um ano eles poderão praticar os preços que quiserem, mesmo que seja do tipo predatório sobre *best-sellers*, para vender rápido. Então, acredito que o convencimento será pelo próprio efeito imediato do processo, mais do que a gente ficar explicando tudo para cada consumidor. Não dá tempo para fazer isso com essa lei. E, realmente, lá na França foi assim. Houve uma explicação maior? Os setores parlamentares se juntaram, botaram a lei e o negócio começou a fazer efeito. E as pessoas perceberam logo que isso era vantajoso para elas.

LARISSA MUNDIM [LIVREIRA E EDITORA DA NEGA LILU, GOIÂNIA]: Senador, aqui todos nós somos favoráveis à Lei da Bibliodiversidade. Quais seriam as forças contrárias? Elas existem? O que pode impedir a aprovação desse projeto?

JEAN PAUL PRATES: Existem. O Paulo Guedes, por exemplo, vai ser contrário. Vai mobilizar a bancada todinha do governo contra um ato que para ele é intervencionista, comunista, fixador de preço. Talvez tenha, de forma um pouco mal interpretada, o pessoal dos grupos maiores, que, embora estejam alquebrados hoje, ainda exercem uma pressão. Não sei qual seria a posição da Amazon, o grande conglomerado agora dominante. Há alguns *players* para estudar, mas com certeza o maior adversário será quem quer tributar os livros.

FERNANDA GARCIA: O senhor poderia contar um pouco sobre a tramitação desse projeto, quais os passos que devem ser seguidos? Acho bem legal para as pessoas conhecerem.

JEAN PAUL PRATES: Existe essa parte misteriosa: quem decide para qual comissão segue um projeto de lei? Esses dias eu andei meio chateado, porque mandaram um projeto nosso para uma comissão que não tinha nada a ver. Aí, entendi o que acontecia. Tem uma equipe que assessora a mesa diretora, uma para cada casa, para o Senado e para a Câmara. E cada equipe tem um trabalho que não é tão subjetivo. A equipe precisa pegar a Constituição, analisar a lei que está sendo proposta e ver sobre quais temas ela aborda. Então, se tiver afinidades ou qualquer coisa que tangencia, por exemplo, a área de educação, o projeto de lei é encaminhado para a comissão de educação. O nosso projeto passou pela CCJ (Comissão de Constituição, Cidadania e Justiça) porque fazia menção ao preço fixo, e era necessário ver a constitucionalidade do projeto, porque interfere direto no domínio econômico. Na CAE (Comissão de Assuntos Econômicos), pela mesma razão, até por serem setores econômicos importantes. E, por fim, na Comissão de Educação, porque é livro, leitura. Tem também aquela parte genérica sobre planos de livros, políticas e diretrizes que afetam e tangenciam a educação. Quando eu disse que, durante o sistema de plenário remoto – que ainda está em vigor – é possível passar este projeto de lei na frente e colocar no plenário direto, é porque, em alguns casos, como agora recentemente eu relatei o projeto de lei das ferrovias, em virtude da amplitude das discussões que já ocorreram antes, na pandemia e durante, em virtude do tempo que já passou etc., a gente às vezes consegue emplacar. Queremos finalizar o texto para eu tentar convencê-los a pular direto da CAE para o Plenário. Com isso a gente aceleraria, não passaria pela Comissão de Educação. Mas pode ser que o presidente da Comissão de Educação queira que passe por lá, então tem esse debate. Depois do Senado, o PL segue para a Câmara, onde ocorre a mesma coisa. A mesa diretora analisa as comissões, que na Câmara são em maior número. A hipótese é de que passe por pelo menos duas. E aí tem que correr atrás, a Fernanda Melchionna será certamente um motorzinho para nos ajudar. É preciso correr lá também, para que a gente não perca o ano todo na Câmara, porque acho que ainda dá para fazer o PL virar lei nesta legislatura.

FERNANDA GARCIA: Outro ponto que o senador explicou bastante sobre o Projeto de Lei são as regras estabelecidas. A gente percebe que, muitas vezes as pessoas que têm menos conhecimento do assunto, tendem a entender que todos os livros vão ficar com descontos delimitados. Senador, o senhor pode explicar um pouco melhor esse trecho do texto, quais são os livros que estarão sujeitos a isso? O senhor comentou aqui de uma forma bastante técnica, mas, na prática, na linguagem mais fácil para o leitor entender, qual livro ficaria sujeito ao preço da capa?

JEAN PAUL PRATES: Fernanda, é muito simples. É assim: tudo o que é lançamento. Obra nova. E só no primeiro ano da venda. Veja que em vários outros países o prazo é de dezoito meses para cima, dois anos, alguns dois anos e meio. No nosso caso é um ano e apenas para lançamentos. É realmente para evitar o que ocorre nos grandes conglomerados: botam aquela pilha de livros na frente da loja, *best-sellers* de primeiro ano de lançamento, com o desconto lá embaixo, e quebram o pequeno livreiro. Esse é o processo que a gente quer evitar. Então não é tão interventivo assim, não é um bicho de sete cabeças, é simplesmente uma medida de proteção, uma carência, *grace period*, como se diz em inglês, no lançamento de uma obra nova. Agora, é importante que as editoras comprem essa tese também, porque se elas trabalharem contra o processo, se não estiverem a favor disso, torna-se difícil consolidar a lei. É por isso que a gente mantém o grupo unido aqui, fazendo todo esse processo, para não perder ninguém.

FERNANDA GARCIA: Obrigada, Senador, pelos esclarecimentos. Temos três minutos para as falas finais.

JEAN PAUL PRATES: O Simpósio é importante porque podemos esclarecer o mal-entendido da questão interventiva. É preciso participar da pesquisa na página do Senado, sobre o projeto de lei[2]. Fica parecendo que é um congelamento, um tabelamento de preços, as pessoas estão com a impressão de que é um preço fixo que impede que as livrarias deem descontos. E isso tem que ser esclarecido. As pessoas também devem participar da pesquisa eletrônica para nos dar força. Tem muita assessoria, a turma da assessoria sempre vai lá olhar a popularidade do projeto antes de organizar as orientações de votos dos seus senadores, principalmente os partidos e parlamentares mais fluidos, digamos assim, que são mais sujeitos a esse movimento.

E, por fim, quero dizer que estamos aqui trabalhando, o projeto está aqui todo anotado, estamos andando. Sempre que posso, eu mesmo faço muitas observações, estou aqui lendo algumas coisas do projeto, há tempo da gente se juntar e organizar uma última reunião sobre isso, e tentar, justamente a partir daí, dar um gás em relação às comissões, talvez até pular uma comissão se for necessário.

Mas, também, é bom lembrar que nossa Frente Parlamentar não está tratando somente desse assunto, há também os programas municipais e estaduais de apoio ao livro. Apesar de serem circunstâncias terríveis para isso – no Ministério da Educação havia um responsável pela questão do livro e o tiraram de lá, a posição está vaga há muito tempo, não sei se já nomearam alguém novo. E era uma pessoa receptiva, estivemos com ele no início de 2019. Mas nós estamos na luta, e eu digo sempre que a luta também consiste em constranger o governo. Ir lá e forçá-los a pensar nisso, levar a pauta, mesmo sabendo que não vão fazer e que são contrários. Isso é, também, uma forma de atuar. Outra forma é convidar pessoas do governo para eventos, audiências públicas. O pessoal da oposição costuma dizer que isso é dar palco para eles, mas eu acho que a pessoa precisa se explicar. Às vezes, é a hora que a gente tem para dar o torniquete numa figura dessas e ela dizer que não tem nada, ou mostrar o que tem e a gente criticar, ou não, às vezes até a gente se surpreende. É raro, mas às vezes a gente se surpreende.

Obrigado, pessoal, estamos aqui à disposição de vocês sempre, porque essa luta é de todos nós. E nós gostamos muito dela, estamos muito empenhados.

NOTAS

1 Infelizmente, nosso colega Tomás Granados Salinas, que apresentou um belo texto intitulado "A (Des)ilusão do Preço Único no México", não o enviou para a publicação. Mas a sua conferência pode ser assistida em iea.usp.br/midiateca (N.da E.).

2 O Senador se refere à consulta pública aberta no site do Senado. No cenário atual, em que ocorreu o Simpósio e este livro está sendo editado, o placar é extremamente desfavorável para o PLS 49/2015. Então, é importante votar: senado.leg.br/ecidadania/visualizacaomateria?id=119760 (N.da E.).

O PLS 49/2015: CONTEXTO HISTÓRICO

RICARDO BORGES

Há aqueles que lutam um dia; e por isso são muito bons;
Há aqueles que lutam muitos dias; e por isso são muito bons;
Há aqueles que lutam anos; e são melhores ainda;
Porém há aqueles que lutam toda a vida; esses são os imprescindíveis.

BERTOLT BRECHT, "OS QUE LUTAM"

Primeiramente, quero ressaltar que a discussão do preço comum ou preço fixo dos livros no Brasil é longa e antiga. Nós temos mais de vinte anos de debates entre o mercado editorial e livreiro. Essa discussão ganhou uma maior relevância a partir do final de 2014.

Na época, o Brasil e o setor livreiro começavam a sentir a entrada de gigantes do *e-commerce*, como a Amazon. Também comemorava o resultado da retomada da leitura. A pesquisa *Retratos da Leitura* de 2015 mostrou que 56% da população brasileira se declarava leitora, o equivalente a 104,7 milhões de pessoas. Em 2011, esse índice era de 50%. Infelizmente, esses não são mais os números do país, pois o Brasil perdeu 4,6 milhões de leitores. Hoje temos 52% de leitores declarados segundo a última pesquisa, divulgada em 2020.

Outro dado relevante diz respeito à presença das livrarias no país. O *Anuário de Livrarias* da ANL indica que o Brasil tem hoje cerca de 2100 a 2200 livrarias. Em 2015, o país tinha 3100, sendo a maior concentração nas regiões Sudeste e Sul (ver tabelas ao final deste texto).

A Unesco recomenda uma livraria para cada dez mil pessoas. Em 2015, por exemplo, a França tinha 1,69 livrarias por dez mil habitantes. Buenos Aires é a cidade com maior número de livrarias por habitantes no mundo. A cidade, com 2.8 milhões de habitantes, tem 734 livrarias, ou seja, 25 livrarias para cada grupo de cem mil habitantes.

No Brasil, do ponto de vista econômico, desde 2002, nos governos do PT, o setor vinha recebendo inúmeros benefícios e incentivos.

Tivemos, nesse período, a Lei n. 10.753, de 2003, que institui a Política Nacional do Livro e define o que é livro no Brasil; a Lei n. 11.033, de 2004, que desonera impostos das editoras, livrarias e distribuidores; a Lei n. 12.343, de 2010, que institui o Plano Nacional de Cultura; a Lei n. 12.244, de 2010, que dispõe sobre a universalização das bibliotecas nas instituições de ensino do País; e vários decretos que instituíram o Plano Nacional do Livro e Leitura (PNLL), hoje denominado Lei n. 13.696, de 12 de julho de 2018, apelidada de Lei Castilho.

Foi nesse cenário que começou a nascer o PLS 49/2015. No final de 2014, participamos de um seminário internacional sobre o tema com palestrantes de países que adotam ou já adotaram a regulação do preço, realizado pelo Sindicato Nacional dos Editores de Livros (Snel).

A partir daquele momento, iniciamos as conversas para apresentar uma proposta no Senado, como uma das primeiras ações do mandato da então senadora Fátima Bezerra (PT-RN), hoje governadora do Rio Grande do Norte. Na época, fomos procurados pela Associação Nacional de Livrarias, que tinha uma minuta de proposta sobre o tema.

No dia 25 de fevereiro de 2015, o mandato da senadora Fátima deu entrada no projeto PLS 49/2015. O mesmo foi idealizado e discutido com todos os representantes da cadeia produtiva do livro do país. Também foi beber na fonte de experiências já em curso, das leis do preço fixo do livro de outros países, experiências exitosas, como a da França.

As discussões em torno do tema começaram a ganhar espaço dentro do Senado. No dia 30 de junho de 2015, foi realizado um seminário sobre a Política Nacional do Livro e regulação de preços. Participaram do evento representantes de toda a cadeia produtiva do livro e representantes internacionais, como o próprio Jean-Guy Boin, que participa deste livro.

O tema também ganhou destaque em feiras e em eventos ligados ao livro, como na Flip de 2015 e 2016, e bienais do livro de São Paulo e do Rio de Janeiro. Infelizmente, devido a alguns problemas em torno da proposta e da conjuntura política da época (impeachment da presidente Dilma Roussef) a proposta não avançou nos anos seguintes.

No final de 2017, conseguimos uma importante vitória. O senador Lindbergh Farias aprovou o parecer do projeto na Comissão de Constituição, Cidadania e Justiça do Senado (CCJ). Em 2019, já no mandato do senador Jean Paul Prates, há uma retomada da proposta. Também reativamos a Frente Parlamentar do Livro, da Leitura e da Biblioteca no Congresso, juntamente com o mandato da deputada Fernanda Melchionna (PSOL-RS).

Lamentavelmente, mais uma vez, o projeto não conseguiu avançar no Congresso, devido à pandemia da Covid-19. O plenário do Senado focou na aprovação de medidas relacionadas à pandemia.

Essa tragédia mundial trouxe inúmeros prejuízos para a economia brasileira, principalmente para os livreiros. Várias livrarias foram fechadas nestes quase dois anos de pandemia. Vale destacar que sempre consideramos livraria aquele estabelecimento que trabalha com livros o ano todo e obtém pelo menos 50% da sua receita com a venda de livros.

Acreditamos, mais uma vez, que chegou a hora de retomar o debate em torno do projeto. Com a sua aprovação, garantimos a multiplicação dos pontos de venda no país afora, ampliando o acesso ao livro em todo o território nacional e diversificando o conteúdo que é oferecido ao cidadão brasileiro. Também fortalecemos nossas livrarias e editoras, fundamentais na formação de leitores e na democratização do acesso ao livro e da leitura em nosso país.

PANORAMA DAS LIVRARIAS NO BRASIL 2021

REDE DE LIVRARIAS NO BRASIL 2021 - ESTIMATIVA		LOJAS
Leitura	dez 2021	94
Nobel		68
Promolivros (45 lj + 5 prime + 90 feiras)		50
Caasp Caixa dos Advogados (Livros Jurídicos)		40
Saraiva	set 2021	37
Paulus (católica)		32
Paulinas (católica)		31
Curitiba / Catarinense		25
CPAD (evangélica)		23
Canção Nova (católica)		21
CPB (Casa Publicadora)		20
SBS Idiomas		19
Disal Idiomas		18
A Página (Sul/SP)	dez 2021	16
Da Vila (SP/PR)	dez 2021	16
ZasTras (livros infantis e brinquedos)		16
Vozes (católica / humanidades)		15
Hudson/Dufry		11
Travessa (RJ/SP)		10
Livraria SBB Sociedade Bíblica (evangélica)		10
Santos (RS)		10
Edusp (SP) Universitária		8
Cameron (RS)		8
Santuário SP (Católica)		7
Mania de Ler RS (Distribuidora AJR)		7
Escariz (SE/BA)		6
Concorde (CECIL AM)		6

Imperatriz (Berenstein PE)		6
Casa da Bíblia CE (Livraria Evangélica)		6
Cultura	set 2021	5
Martins Fontes		5
Livraria Loyola		4
		650

ESTIMATIVA DE LIVRARIAS POR SEGMENTO	
Católicas	400
Evangélicas	420
Espíritas	100
Outras religiões	10
Sebos / livros usados	300
Promoção e saldos	95
Livros de idiomas	43
Infantil e juvenil	35
Quadrinhos / Comics	20
Universitárias / Jurídicas / Ciências Médicas	130
Interesse geral / didáticos	800
	2353

- Em 2015, o Brasil atravessa uma crise econômica com queda do PIB que se estendeu até 2017.
- A Livraria La Selva entra com pedido de recuperação judicial em 2013 e tem sua falência decretada em março de 2018.
- Em 2017, a Fnac vendeu sua operação no Brasil para a Livraria Cultura. No segundo semestre de 2018, a Livraria Cultura encerrou todas as atividades e lojas Fnac no Brasil.
- Em outubro de 2018, a Livraria Cultura entrou com pedido de recuperação judicial.
- Em novembro de 2018, a Livraria Saraiva entrou com pedido de recuperação judicial.
- Entre 20 de março de 2020 até abril de 2021, muitas livrarias fecharam devido à pandemia.
- No Anuário Nacional de Livrarias da ANL, publicado em 2013, havia 3029 livrarias no Brasil. Estima-se que em 2021 o Brasil tenha aproximadamente 2350 livrarias, com perda aproximada de 670 lojas, nos últimos oito anos.

PROJETO DE LEI DO SENADO Nº 49, DE 2015*

Institui a Política Nacional do Livro e Regulação de Preços

*Edição crítica, para o qual foram colocados, lado a lado, o texto original, apresentado pela senadora Fátima Bezerra (PT-RN), e as emendas aprovadas pela CCJ (Comissão de Constituição, Justiça e Cidadania), sob a relatoria do senador Lindbergh Farias (PT-RJ) **, por Marisa Midori Deaecto.*

O CONGRESSO NACIONAL decreta:

CAPÍTULO I
DIRETRIZES GERAIS

Art. 1º. Esta lei institui a política nacional de fixação do preço do Livro em todos os seus formatos, tendo por objetivos e diretrizes:

I. Fomentar o livro como bem cultural;

II. Garantir que sua oferta seja acessível ao grande público pelo estímulo à leitura, pluralidade de pontos de venda, bibliodiversidade de títulos e maior disponibilidade do bem em todo o território nacional;

~~III. Garantir igualdade de condições ao empreendedor livreiro;~~

IV. Estabelecer a fixação de preço de venda do livro ao consumidor final, visando assegurar ampla oferta de exemplares e pontos de venda, fixando preço único para sua comercialização;

---

* O Projeto de Lei 49/2015, como anteriormente assinalado, passou por leitura, revisão e parecer favorável pela CCJ, com a relatoria do senador Lindbergh Farias (PT-RJ), em 23 de agosto de 2017. O documento aguarda a relatoria do senador Jean Paul Prates (PT-RN), desde 20 de maio de 2019. O texto ora apresentado parte da versão original, apresentada pela senadora Fátima Bezerra (PT-RN), em 2015, sem, contudo, ignorar as emendas observadas pelo relator em 2017. Essas revisões e inserções resultam de consultas e debates promovidos pelos profissionais do livro e suas entidades, em parceria com a senadora. Desse modo, parece-nos fundamental o estabelecimento de uma edição crítica do texto do Projeto, visando esclarecer os leitores sobre os conteúdos expostos e suas implicações, outrossim, documentar os progressos já verificados no processo de redação do referido texto. O leitor observará que os capítulos relativos às sanções penais sofreram modificações profundas, o que demonstra o esforço de fazer valer a lei por meio de bases constitucionais e jurídicas sólidas.

** Para compreender a edição do documento: a) em preto se apresenta o texto conforme a primeira versão, de 2015, a qual foi mantida pela relatoria, em 2017; b) os trechos riscados (~~emenda~~) foram suprimidos na revisão de 2017; c) em vermelho foram transcritas as emendas realizadas em 2017.

V. ~~Permitir o exercício da livre concorrência e coibir o abuso de poder econômico, dominação de mercado, aumento arbitrário de lucros e a proteção ao consumidor.~~

Art. 2º. ~~Para efeito desta Lei entender-se-á por:~~ Aplicam-se subsidiariamente a esta lei, as definições da Lei no 10.753, de 30/10/2003 (Política Nacional do Livro)

~~I. **Livro impresso:** obra contendo texto e/ou ilustrações, formando volume autônomo, com conteúdo histórico ou estórico ou informativo e/ou cultural, provido de capa com identificação da obra, autor e editora.~~

~~II. **Livro eletrônico:** Obra literária com as mesmas características do item anterior, exceção feita ao fato de não ser impressa, mas comercializada por meio eletrônico.~~

~~III. **Editora:** Pessoa física ou jurídica que produz e confecciona o livro com objetivo comercial.~~

~~IV. **Distribuidor:** prestador de serviços vinculados ao editor com escopo à distribuição de obras literárias aos livreiros ou varejistas.~~

~~V. **Livreiro:** Comerciante que adquire obras literárias da editora para venda a varejo em sede física ou por meio do *e-commerce*.~~

~~VI. **Autor:** Pessoa física que concebe a obra literária, com objetivo em transformá-la em livro ou livro eletrônico ou, ainda, por plataforma digital.~~

CAPÍTULO II
DA COMERCIALIZAÇÃO DO LIVRO

Art. 3º. Todo livro, sob edição nacional ~~ou importada, receberá da editora precificação única por prazo determinado de 1 (um) ano, a partir de seu lançamento ou importação.~~ Com International Standard Book Number (ISBN) brasileiro, receberá precificação única da editora.

Art. 4º. A pessoa física ou jurídica que compor, editar ou reeditar ou importar livros destinados à sua comercialização, deverá fixar para eles, por meio eletrônico e público, o preço sugerido de venda ao consumidor final, que será referido como preço de capa.

§ 1º A fixação do preço de capa deverá ser estabelecida para a unidade constituída pelo livro e quando sua comercialização for agregada a outro item, ~~far-se-á~~ será feita a discriminação dos preços individualizados com observância de todos os preceitos estabelecidos nesta lei.

§ 2º Sem prejuízo do estabelecido no parágrafo ~~anterior~~ 1º, a venda conjunta do livro com outro produto~~(s)~~ ou serviço~~(s)~~, será~~(ão)~~ realizada~~(s)~~, observando-se o preço fixado para o livro somado ao preço do produto ou serviço acessório.

§ 3º O preço de cada obra deverá constar de lista pública eletrônica, de emissão das editoras ~~e/ou importadoras~~, ~~devendo servir~~ servindo de referência para os livreiros e revendedores em todo território nacional.

§ 4º Sob pena de multa, a editora ~~ou a importadora deverão~~ deverá manter os registros e controles necessários para comprovação do disposto no parágrafo ~~anterior~~ 3º.

§ 5º A edição privada ou autônoma exigirá do autor a disponibilização eletrônica ao público de dados, informações e preço da obra ao consumidor final, ~~de~~ em conformidade com esta lei.

§ 6º. O editor ~~e o importador deverão atribuir~~ atribuirá, por sua rede de vendas ou distribuição, o catálogo ou lista de preços dos livros de seu fundo editorial.

§ 7º. Será ~~de~~ obrigação do editor a divulgação dos preços ao público de todo seu catálogo editorial disponível em sua unidade ou rede.

§ 8º. Idêntica obrigação terá o livreiro que comercialize livros impressos ou eletrônicos pela rede mundial de computadores.

Art. 5º. Com referência à precificação, as coleções ou conjunto de livros devidamente identificados receberão idêntico tratamento da obra individual, mas poderão ser comercializadas pela editora ~~ou importadora~~ por preço inferior ao que resultaria da soma dos preços de cada um dos títulos que integram tais coleções.

Parágrafo único. As coleções ou conjunto de obras deverão constar nas listas de precificação ao consumidor final, sob o código "*coleção*".

Art. 6º. ~~O preço de capa do livro ao consumidor final será estabelecido pela editora ou importadora com majoração entre 90% e 100% do preço da efetiva aquisição pela livraria.~~ O preço de venda do livro ao consumidor final não poderá ser estabelecido abaixo de 90% (noventa por cento) do preço de capa definido pelo editor durante o período de 12 (doze) meses contados da data do lançamento.

~~**§ 1º.** Os valores e condições de comercialização do livro para os livreiros, distribuidores e revendedores deverão obedecer às regras e princípios norteadores da Lei nº. 12.529, de 30 de novembro de 2011.~~

~~**§ 2º.** Os livros em língua portuguesa importados concorrerão com os seus similares nacionais em igualdade de condições e preço, ainda que tenham sido exportados e reimportados.~~

§ 3º. § 1º. As modificações de preços ~~de livros~~ de capa deverão ser comunicadas aos livreiros com antecedência mínima da 30 (trinta) dias.

§ 2º. As disposições de comercialização elencadas no caput deste artigo não se aplicam:

I. às vendas efetuadas distintamente por editoras à União, aos Estados, ao Distrito Federal e aos Municípios;

II. aos livros didáticos destinados aos alunos do Ensino Básico.

~~**§ 4º.** As disposições de comercialização elencadas no caput deste artigo não se aplicam às vendas efetuadas diretamente por editoras, à União Federal, Estados, Distrito Federal e Municípios ou em feiras de livros.~~

Art. 7º Ao livreiro, distribuidor ou revendedor ~~permitir-se-á~~ será permitida a livre fixação do preço de venda do livro ao consumidor final, após decorrido o prazo estabelecido no artigo ~~segundo~~ 6º (sexto) desta lei, a contar ~~data do respectivo depósito legal da edição, reedição ou da disponibilização do desembaraço da importação do livro~~ do lançamento da obra.

~~**§ 1º** A reedição ou a reimportação de obras implica em nova contagem do prazo de precificação pelo editor ou pelo importador.~~

~~§ 2º A partir da segunda edição ou importação, o prazo de permanência de fixação do preço do livro será reduzido para 6 (seis) meses.~~

Art. 8º. A verificação do prazo a que aludem os artigos 4º e 5º desta lei far-se-á de acordo com as seguintes diretrizes:

~~I. A edição ou reedição de obra terá como termo a quo o mês e o ano do depósito legal da respectiva edição ou reedição perante à Biblioteca Nacional;~~

~~II. A importação de obras literárias terá como termo a quo o registro da declaração de importação.~~

Art. 8º. O prazo de permanência de fixação do preço do livro de edições subsequentes de obras, com ISBN novo, será reduzido para 6 (seis) meses.

~~**Art. 9º.** Caberá ao Procon e à secretaria de acompanhamento econômico do Ministério da Fazenda a fiscalização quanto à adequada comercialização do livro pela Editora e/ou importadora, de modo a garantir tratamento isonômico aos comerciantes, impedir o aumento arbitrário de lucros, a concentração de capital e outras infrações à ordem econômica, tal como definidas na lei nº. 12.259 de 30 de novembro de 2011.~~

Art. 9º. O período de 12 (doze) meses a que alude o art. 6o desta Lei será contado a partir da data de início de comercialização do livro, desde que a editora a divulgue de modo a garantir a ciência inequívoca dos interessados, ou data do depósito legal da respectiva edição ou reedição perante a Biblioteca Nacional.

Art. 10. Estão isentas da precificação~~:~~ prevista no caput do art. 3:

~~I. As obras raras, antigas, usadas ou esgotadas;~~

~~II.~~ I. obras fora de catálogos das Editoras ~~ou Importadoras~~;

~~III.~~ II. obras destinadas a colecionadores, cuja edição seja limitada ao número máximo de 100 (cem) exemplares;

~~IV.~~ III. obras destinadas a instituições, entidades que possuam subsídio público.

CAPÍTULO III
DA DIFUSÃO DO LIVRO

Art. 11. Caberá ao Poder Executivo da União, dos Estados, dos Municípios e do Distrito Federal criar e executar, isolada ou conjuntamente, projetos de acesso ao livro e incentivo à leitura, ampliar os já existentes e implementar as seguintes ações em território nacional:

I. criar parcerias, para o desenvolvimento de programas de incentivo à leitura, com a participação de entidades públicas e privadas;

II. estimular a criação e execução de projetos voltados para o estímulo e a consolidação do hábito de leitura, mediante:

a) revisar e ampliar o processo de alfabetização e leitura de textos de literatura nas escolas;

b introduzir a hora de leitura diária nas escolas;

c) exigir pelos sistemas de ensino, para efeito de autorização de escolas, de acervo mínimo de livros para as bibliotecas escolares.

III. instituir programas, em bases regulares, para a exportação e venda de livros brasileiros em feiras e eventos internacionais;

IV. estabelecer tarifa postal preferencial, reduzida, para o livro brasileiro;

V. criar cursos de capacitação do trabalho editorial, gráfico e livreiro.

CAPÍTULO IV
~~DAS INFRAÇÕES~~ DA INFRAÇÃO À LEI E PENALIDADE

~~**Art. 12.** Constituem infrações à precificação estabelecida nesta lei, e à ordem econômica, independente de dolo, os atos, sob qualquer forma manifestados, que tenham por escopo, direto ou indireto, produzir os seguintes efeitos, ainda que não venham a ser efetivamente alcançados:~~

~~I. praticar a editora ou importadora tratamento não isonômico ao comerciante livreiro, ao atacadista ou ao distribuidor no~~

~~que tange ao preço de venda e demais condições de pagamento de obras editoriais independentemente da demanda, acordando, combinando, manipulando preços diferenciados para determinado e específico consumidor intermediário;~~

~~II. deixar a editora ou importadora de realizar listagem pública e permanente do preço de capa de qualquer uma de suas obras, para ser objeto de consulta pública pelo consumidor final.~~

~~III. oferecer o comerciante, atacadista ou distribuidor, independente de sua natureza jurídica ou nacionalidade, ao consumidor final, obras literárias individuais, ou conjugadas com outros produtos e serviços, a preços inferiores àquele estabelecido como preço de capa pela editora, ou ofertando gratuitamente outro produto ou serviço, como meio de desestabilização de mercado, concentração de capital e formação de oligopólio;~~

~~IV. utilizar-se de estratégias mercadológicas o comerciante, distribuidor ou atacadista, independente de sua natureza jurídica ou nacionalidade, para ofertar ao consumidor final, obras literárias como brinde de outros produtos e serviços, sem considerar o preço de capa estabelecido pelas editoras, ou atribuir valor simbólico ao produto ou ao serviço associado à obra literária, distinto de sua real valia ou produto ou o serviço, ou ambos, oferecido(s) conjuntamente com a obra literária.~~

~~V. utilizar-se o editor, o importador, o comerciante, o atacadista ou o distribuidor de qualquer artifício, ainda que não descrito nos incisos anteriores para limitar, falsear ou, de qualquer forma, prejudicar a livre concorrência ou o livre empreendedorismo, forçar a dominação de mercado por meios não ortodoxos, aumentar arbitrariamente os lucros, ou exercer de forma abusiva posição dominante.~~

~~VI. exceção feita ao consumidor intermediário inadimplente ou com restrições, preterir, sob qualquer forma, o editor ou importador ao comerciante intermediário, por conta do~~

~~diminuto volume de demanda, distância ou *status* comercial, deixando de comercializar, retardando a negociação ou a entrega de produtos ou deixando de oferecer facilidades comerciais estabelecidas para outros clientes.~~

Art. 12. Em caso de infração às disposições da presente Lei, as pessoas listadas no parágrafo único deste artigo poderão ingressar com ações de cessação e/ou reparação para defender os interesses dos seus filiados, reclamar penalidades, obter a cessão de práticas que violem esta Lei, bem como pleitear por perdas e danos sofridos ou cessantes.

Parágrafo único: São legitimados para propor a ação de que trata o caput deste artigo associações que, concomitantemente:

I. estejam constituídas há pelo menos 1 (um) ano nos termos da lei civil;
II. incluam, entre suas finalidades institucionais, a proteção do livro, a promoção da bibliodiversidade ou a difusão do hábito da leitura nacional.

CAPÍTULO V
DA FISCALIZAÇÃO, CONTROLE E PENALIDADES

~~**Art. 13.** Caberá ao Procon dos Estados, Municípios e do Distrito Federal, no âmbito de suas atribuições, a fiscalização e o controle quanto ao cumprimento da presente lei, cabendo-lhes ainda, sem prejuízo da disposição do artigo 5º, xxxv da Carta Constitucional, processar e julgar as infrações, bem assim aplicar aos infratores as penalidades previstas de multa pecuniária, de acordo com os seguintes critérios:~~

~~**§ 1º.** As infrações e penalidades previstas nos artigos 36 a 45 da Lei 12.529, de 30 de novembro de 2011 poderão ser aplicadas cumulativamente às sanções aqui previstas, quando fato jurídico previsto no capítulo IV desta legislação adequar-se de forma concomitante à conduta infracional prevista na legislação referida, para possibilitar a aplicação simultânea e cumulativa da reprimenda estabelecida em ambos textos de lei.~~

~~**§ 2º.** A editora e o comerciante intermediário responderão solidariamente pela infração com a pena equivalente a 100 vezes o preço fixado~~

~~do livro por exemplar, multiplicado pelo número de exemplares da correspondente edição.~~

~~**§ 3º.** Em caso de reincidência em período inferior a 12 meses, a editora e o comerciante intermediário responderão solidariamente pela infração com a pena equivalente 150 vezes o preço fixado do livro ou livros, multiplicado pelo número de exemplares da correspondente edição;~~

~~**§ 4º.** Em caso de nova reincidência em período inferior a 12 meses, contada da primeira infração, a editora e o comerciante intermediário responderão solidariamente pela infração com a pena equivalente a 200 vezes o preço fixado do livro ou livros, multiplicado pelo número de exemplares da correspondente edição;~~

~~**§ 5º.** Em caso de uma quarta reincidência em período inferior a 12 meses, contada da primeira infração, a editora e o comerciante intermediário responderão solidariamente pela infração com a pena equivalente a 250 vezes o preço fixado do livro, multiplicado pelo número de exemplares da correspondente edição;~~

~~**§ 6º.** Novas reincidências, a partir da quinta, em período inferior a 12 meses, sofrerão a aplicação de multa com o valor igual ao estabelecido no inciso IV acima, aumentando 20% (vinte por cento) em cada nova ocorrência.~~

~~**§ 7º.** Os valores arrecadados a título de multa terão a seguinte destinação:~~

- ~~I. 50% serão revertidos para a Fundação Biblioteca Nacional e;~~
- ~~II. 50% serão revertidos em favor do Instituto Fundo de Livro, Leitura, Literatura e Humanidades, para custeio de programas de fomento ao livro e à leitura.~~

Art. 13. Em caso de comprovada infração à presente Lei por meio da ação prevista no art. 12, o juiz deverá aplicar multa pecuniária de R$ 1.000,00 (mil reais) a R$ 2.000.000,00 (dois milhões de reais).

§ 1º. Na aplicação da pena prevista no *caput* deste artigo, será levada em consideração:

- I. a gravidade da infração;
- II. a boa fé do infrator;
- III. a vantagem auferida ou pretendida pelo infrator;
- IV. os efeitos econômicos negativos produzidos no mercado;
- V. a situação econômica do infrator;

VI. a reincidência;

VII. a quantidade de títulos envolvidos na infração;

VIII a quantidade de exemplares comercializados em descumprimento a esta Lei.

§ 2º. Os valores arrecadados a título de multa pecuniária terão a seguinte destinação:

I. 50% (cinquenta por cento) serão revertidos para a Fundação Biblioteca Nacional; e

II. 50% (cinquenta por cento) serão revertidos em favor do Instituto Pró-Livro – IPL, associação de caráter privado e sem fins lucrativos com o objetivo de fomento à leitura e à difusão do livro no Brasil.

CAPÍTULO VI
DO DIREITO DE AÇÃO

~~**Art. 14 –** O prejudicado, por si, ou por aqueles que o legitimam ou representam, nos moldes do artigo 82 da lei 8.078, de 11 de setembro de 1990 poderá ingressar em juízo para defender seus interesses, reclamar penalidades, obter a cessação de práticas que constituem infração a este texto de lei ou à ordem econômica, bem como pleitear indenização por perdas e danos sofridos ou cessantes, independentemente de procedimento administrativo, cujo trâmite não será interrompido na ocorrência de provocação judicial.~~

~~**Parágrafo único.** O arquivamento ou a absolvição na esfera administrativa não obstará ao prejudicado a buscar a defesa de seus direitos em ação judicial correspondente com todos os meios de prova previstos em lei.~~

Art. 14. Independentemente do disposto nos arts. 10 e 11, em caso de infração às disposições desta Lei, poderão os editores ingressar com ação ordinária para obrigar seu cumprimento.

Parágrafo único. Na hipótese prevista no *caput* deste artigo, o autor poderá pleitear e o juiz poderá fixar de ofício multa aplicável até o cumprimento das disposições violadas.

CAPÍTULO VII
DA PRESCRIÇÃO

Artigo 15. – Aplicam-se a esta lei as disposições e os prazos previstos no título IV, livro III, da Lei 10.406 de 10 de janeiro de 2002.

~~**Art. 16.** Esta Lei entra em vigor na data de sua publicação.~~

JUSTIFICATIVA***

O livro é um instrumento fundamental para a aquisição de conhecimento, estando na base da cultura e da educação, no Brasil e no mundo. Possui papel relevante no desenvolvimento econômico e estrutural do país, sendo o mercado livreiro e editorial os maiores propulsores do processo de consolidação da educação, cultura e informação no país.

O objetivo do projeto em testilha visa fomentar a produção intelectual nacional e a facilitação ao acesso da cultura impressa ou digital no país.

É fundamental que a produção intelectual, com conteúdo de livro, sob qualquer suporte, tenha o mesmo tratamento conferido ao livro em papel, em todas as esferas. Indispensável, portanto, que o tratamento diferenciado traçado constitucionalmente seja extensivo a todas as formas de transmissão do conhecimento.

A fixação do preço do livro (em lançamento) visa garantir que a oferta de livros seja acessível ao grande público, através do estímulo à existência de um maior número de pontos de venda, do incremento à leitura e pela implementação das demais proposições do PNLL.

Fixar o preço mínimo de venda ao comprador final, por prazo determinado, visa assegurar igualdade de tratamento ao comerciante livreiro, incentivo à ampliação do mercado livreiro nacional, o incremento à oferta de livros. Ao conceber hodiernamente o livro e seu conteúdo como elemento de apropriação cultural, intelectual e de informação, busca-se elevá-lo ao *status* de produto de importância

***Texto original, apresentado no Projeto de Lei no. 49 de 2015. Houve revisão e normatização do texto, conforme os padrões editoriais adotados na produção do presente volume [N.E].

singular e estratégico protegido pelo Estado, como meio de influência e impulso à elevação do padrão intelectual do país.

A fixação do preço de venda do livro ao consumidor final, independente de seu formato, trará garantia ao mercado livreiro nacional, pela repressão à pratica de *dumping* com escopo à dominação de mercado; práticas comerciais heterodoxas e destrutivas aos princípios da livre concorrência (concorrência leal); defesa do consumidor; função social da propriedade; busca do pleno emprego e tratamento favorecido às empresas de pequeno porte.

Indiretamente, a fixação do preço de venda do livro ao consumidor final traz como consequência o que se tem denominado de bibliodiversidade, como meio de incentivo ao pequeno empreendedor e ampliação de pontos de venda em território nacional, o direito de acesso ao livro, à informação e à cultura.

Promover o pequeno empreendedor, por seu turno, implica dar função social à propriedade e aos meios de produção a ela inerentes, garantir a propriedade privada e a livre concorrência como princípios insculpidos na Carta Magna, e coibir o abuso do poder econômico.

A livre concorrência constitui-se pedra angular na Carta Constitucional, como princípio da ordem econômica. Representa um dos mais sólidos pilares da concorrência lícita e da liberdade de empreendedorismo. Por este princípio maior, pode-se reprimir o abuso do poder econômico que vise imediatamente a dominação do mercado, eliminação da concorrência e, mediatamente, aumento arbitrário de lucros e a formação de oligopólios.

O Estado social ou intervencionista tem por escopo a preocupação em tutelar o sistema de livre mercado, para proteger a concorrência lícita contra a tendência maléfica da concentração capitalista.

A carta constitucional positiva não condena o modelo capitalista, na qual, naturalmente, fincou seus princípios. Condenável, entrementes, é o poder econômico exclusivista e "antissocial" e, nesses momentos, cabe ao Estado Social assumir seu papel de ente intervencionista para execrar as práticas do capitalismo monopolista em favor da economia de livre mercado, quando o sistema capitalista, adotado pela ordem constitucional, convola-se em oligopolista.

Ainda que se considere uma conquista do novo Estado industrial, o capitalismo e suas modernas nuances tendem a buscar, como consequência natural, a concentração do capital a tal limite que destrói o pequeno – no caso presente o livreiro – domina o mercado e passa, então, a impor regras em conformidade com a sua exclusiva conveniência e controle.

Se inicialmente a prática de *dumping* se mostra benéfica, de modo a reduzir a extremo os preços dos produtos, dando feições altruístas ou abnegadas ao consumidor, no momento seguinte, ainda que tardio, mas implacável, e após açambarcar a concorrência, é tendencioso o surgimento dos consectários oligopólios, com o controle de preços e concentração de lucros, em detrimento àquele a quem de início se beneficiou com a prática, qual seja, o consumidor final.

A fixação do preço de venda ao comprador final, conhecida internacionalmente como "preço fixo", não é inovação nas legislações internacionais, tendo bons e maus exemplos internacionais, entre os quais Alemanha, França, Inglaterra e EUA.

Por outro lado, a questão tratada nesta justificativa, não é de todo estranha no país, tendo em vista a já existente prática comercial no nicho de revistas e jornais, com o chamado preço de capa. No mercado livreiro e editorial há algo próximo, de forma espontânea e ainda embrionária, onde, para algumas obras, apresenta-se o preço (sugerido), distinguindo-se do cognominado "preço de capa", por estar impresso no que se denomina "Lista de Preços" das editoras ou "Catálogo Editorial".

Entretanto, referida praxe, quiçá pouco consentânea, não tem retaguarda e, portanto, regulamentação legal, a permitir a existência de qualquer vínculo jurídico obrigacional de fidelização ao preço de capa sugerido pelas editoras. O resultado disso destoa em profundidade do objetivo buscado pela lei do preço fixo, permitindo-se majorações convenientes de preços entre editoras e livreiros, culminando com as questões suscitadas neste trabalho, em prol do capitalismo oligopolista *versus* livre empreendedorismo, concorrência saudável.

Os principais motivos para que se determine o preço do livro é garantir a oferta, permitir acesso à produção local, nacional ou estrangeira e, sobretudo, dar tratamento isonômico ao livreiro de qualquer porte. A conjunção desses fenômenos convola-se no que se conhece por bibliodiversidade, termo cunhado para representar o equilíbrio desejado entre a diversidade de títulos, a abundância de oferta e a pluralidade de pontos de venda.

A fixação de preço de venda por prazo determinado permitirá, ao mercado livreiro como um todo, igualdade de condições de práticas comerciais leais, onde o grande diferencial de cada ponto de venda migrará do preço para formas de atendimento, conforto, comodidade, fidelização do consumidor, projeto arquitetônico local, disposição dos produtos, entre outros tantos itens imateriais do fundo de comércio, pelo incentivo que dará ao empresário livreiro de tornar o seu estabelecimento em local aconchegante e atrativo para o leitor.

Cumprindo-se, então, a concretização do ideário buscado neste projeto, teremos no consumidor final o grande beneficiário do arcabouço que se sustenta com a lei do preço fixo.

Não se pode olvidar, por fim, a gama de postos de trabalho promovidos e sustentados pela iniciativa privada nacional, nos pequenos, médios e grandes pontos físicos de venda, que a concorrência lícita ou saudável proporciona. Imaginar-se o contrário implica fechar os olhos em manifesta negação à busca do pleno emprego e do tratamento favorecido para as empresas de pequeno porte.

Não se trata aqui de protecionismo ao pequeno empresário. Cuida-se, sim, de prestígio ao trabalhador nacional, que tem nos pontos físicos de venda de livros, a carreira profissional e o sustento próprio e de sua família, como fator multiplicador econômico, itens esses não absorvidos pela concentração de mercado.

Posto isso, temos que a proteção e regulação do mercado livreiro nacional, por meio de intervenção e permissão da Carta Política em vigor, constituir-se-á em verdadeiro avanço educacional do país, estímulo comercial e popularização do livro como instrumento de ascensão intelectual, cultural e social dos nacionais, colocando o país em igualdade de condições legislativas com França, Alemanha, Portugal, Itália, Argentina, México e Espanha, na consolidação de um país que se estrutura pelo conhecimento, pela educação e pela cultura de seu povo, tanto quanto pelos ideais indeléveis de justiça e democracia.

Diante dessa exposição de motivos, conto com os nobres parlamentares para aprovação do Projeto de Lei.

Sala das Sessões,
Senadora Fátima Bezerra
PT/RN

(Às Comissões de Constituição, Justiça e Cidadania; de Assuntos Econômicos; e de Educação, Cultura e Esporte, cabendo à última decisão terminativa)

Publicado no DSF, de 26/2/2015

Secretaria de Editoração e Publicações – Brasília – DF
OS: 10340/2015

Colloque International

POUR UNE LOI DE LA BIBLIO-DIVERSITÉ

40 ans d'expériences et d'attentes autour de la **Loi du prix fixe** dans les dialogues France-Brésil

Disponible dans les chaînes de l'IEA et de la CBL:

http://www.iea.usp.br/eventos/lei-lang-40-anos-depois

https://www.youtube.com/user/comunicacaoCBL

Consultez le programme complet sur:

http://www.iea.usp.br/eventos/lei-lang-40-anos-depois

13, 14 et 15 octobre 2021

Jack Lang, Jean-Yves Mollier, Françoise Benhamou, Vítor Tavares, Senador Jean Paul Prates, Marcos da Veiga Pereira, José Diego Gonzalez Mendonza, Nuno Medeiros, Larissa Mundim, Marisa Midori Deaecto, Nicolas Georges, Bernardo Gurbanov, Haroldo Ceravolo, Igor Venceslau, Felipe Lindoso, Marília de Araújo Barcellos, Patricia Sorel, Jean-Guy Boin, Marcus Teles, José de Souza Muniz Jr., Tomás Granado Salinas, Alejandro Dujovne, Alexandre Martins Fontes, Rui Campos, Adalberto Ribeiro, Ana Elisa Ribeiro, João Varella, Paulo Verano.

Réalisation: ie] Instituto de Estudos Avançados da Universidade de São Paulo · Institut des Amériques · Liberté · Égalité · Fraternité République Française — Consulat Général de France à São Paulo

Soutiens institutionnels: CBL Câmara Brasileira do Livro 75 anos · SNEL · LIBRE · ANL

Simpósio Internacional

POR UMA LEI DA

40 Anos de Experiências e de Expectativas sobre
a **Lei do Preço Fixo - Único** nos Diálogos França-Brasil

Nos canais do IEA-USP e da CBL:

http://www.iea.usp.br/eventos/lei-lang-40-anos-depois

https://www.youtube.com/user/comunicacaoCBL

Programa completo no site:

http://www.iea.usp.br/eventos/lei-lang-40-anos-depois

13, 14 e 15 de outubro - 2021

BIBLIO-DIVERSIDADE

Jack Lang, Jean-Yves Mollier, Françoise Benhamou, Vítor Tavares, Senador Jean Paul Prates, Marcos da Veiga Pereira, José Diego Gonzalez Mendonza, Nuno Medeiros, Larissa Mundim, Marisa Midori Deaecto, Nicolas Georges, Bernardo Gurbanov, Haroldo Ceravolo, Igor Venceslau, Felipe Lindoso, Marília de Araújo Barcellos, Patricia Sorel, Jean-Guy Boin, Marcus Teles, José de Souza Muniz Jr., Tomás Granado Salinas, Alejandro Dujovne, Alexandre Martins Fontes, Rui Campos, Adalberto Ribeiro, Ana Elisa Ribeiro, João Varella, Paulo Verano.

Realização: iea Instituto de Estudos Avançados da Universidade de São Paulo · Institut des Amériques · République Française — Consulat Général de France à São Paulo

Apoio institucional: CBL Câmara Brasileira do Livro 75 anos · SNEL · LIBRE · ANL

Colloque International

POUR UNE LOI DE LA BIBLIO-DIVERSITÉ

Disponible dans les chaînes de l'IEA et de la CBL:
http://www.iea.usp.br/eventos/lei-lang-40-anos-depois
https://www.youtube.com/user/comunicacaoCBL

Consultez le programme complet sur:
http://www.iea.usp.br/eventos/lei-lang-40-anos-depois

Mercredi 13

14h00 - Accueil par le comité organisateur et la direction de l'IEA-USP

Marisa Midori Deaecto, Lívia Kalil, Patricia Sorel, Nadège Mezié, Vincent Zonca e Guilherme Ari Plonsky

15h00 – Ouverture par l'ancien ministre de la Culture français Jack Lang, qui a fait adopter la loi sur le prix unique du livre en France en 1981

Jack Lang

15h30 – Message du Bureau international de l'Édition française (BIEF)

Antoine Gallimard, Président du BIEF et Nicolas Roche, Directeur général du BIEF

16h00/18h00 – La Loi Lang : Le temps de la politique, de l'économie et de la culture

Jean-Yves Mollier, "La loi Lang et les mutations du livre : bilans et perspectives (1981-2021)"
Professeur émérite d'histoire contemporaine à l'Université de Versailles Saint-Quentin-en-Yvelines, France

Nicolas Georges, "La loi Lang : une approche politique d'une question économique"
Directeur du Livre et de la Lecture, ministère de la Culture, France

Françoise Benhamou, "La loi Lang, temps fort d'une politique culturelle fondée sur un cas d'exception"
Professeure d'économie à l'Université Sorbonne Paris Nord et à Sciences Po Paris, co-présidente du Cercle des économistes, France

Modération: Nadège Mezié
Attachée pour la Science et la Technologie, Consulat de France à São Paulo

Tables rondes - 19h30-22h30

19h30/21h00 – La loi sur le prix unique : Panorama et perspectives du marché de l'édition

Vítor Tavares, "Panorama du marché de l'édition et de la librairie au Brésil"
Président de la CBL (Chambre brésilienne du livre)

Bernardo Gurbanov, "Les librairies au Brésil"
Président de l'ANL (Association nationale des librairies)

Haroldo Ceravolo, "Penser les politiques publiques au-delà des gros achats et des grandes entreprises"
Alameda Editorial et Membre/Directeur de la LIBRE

Modération: Paulo Werneck
Journaliste, Éditeur de la revue littéraire 451

21h00/22h30 – Livres pour tout le Brésil: Sur le Prix unique et l'Accès à la lecture

Igor Venceslau, "La Poste : Logistique et stratégie sur le territoire national"
Doctorant en géographie à la FFLCH-USP

Felipe Lindoso, "Politiques publiques : Moyens de mise en oeuvre et de participation sociale"
Journaliste, traducteur, éditeur et spécialiste en politiques publiques pour le livre et la lecture

Marília de Araújo Barcellos, "Le marché brésilien de l'édition en temps de Covid-19 : un premier bilan"
Professeure associée au département de Sciences de la communication de l'Université Fédérale de Santa Maria (UFSM)

Modération: Tadeu Breda
Editora Elefante

Réalisation: iea Institut des Amériques

Soutiens institutionnels: CBL LIBRE ANL SNEL

Simpósio Internacional

POR UMA LEI DA BIBLIO-DIVERSIDADE

Nos canais do IEA-USP e da CBL:
http://www.iea.usp.br/eventos/lei-lang-40-anos-depois
https://www.youtube.com/user/comunicacaoCBL

Programa completo no site:
http://www.iea.usp.br/eventos/lei-lang-40-anos-depois

Quarta-feira, 13

9h00 - Saudações da Comissão Organizadora e da Direção do IEA-USP

Marisa Midori Deaecto, Lívia Kalil, Patricia Sorel, Nadège Mezié, Vincent Zonca e Guilherme Ari Plonsky

10h00 – Saudação do ex-Ministro da Cultura na França, responsável pela implementação da Lei do Preço Fixo, ou Lei Lang

Jack Lang

10h30 – Saudação do Presidente do Bureau International de l'Édition Française

Antoine Gallimard

11h00/13h00 – A Lei Lang: o Tempo da Política, da Economia e da Cultura

Jean-Yves Mollier, "A Lei Lang e as Mutações do Livro: balanços e perspectivas (1981-2021)"
Professor Emérito de História Contemporânea da Université de Versailles Saint Quentin-en-Yvelines, França

Nicolas Georges, "A Lei Lang: Abordagem Política para uma Questão Econômica"
Diretor do Livro e da Cultura, Ministério da Cultura, França

Françoise Benhamou, "A Lei Lang, Tempo Forte de Uma Política Cultural Fundada em um caso de Exceção"
Professora da Université Sorbonne Paris Nord e da Sciences Po-Paris; Co-Presidente do Cercle des Économistes, França

Mediação: Nadège Mezié
Adida de Ciência e Tecnologia, Consulado da França, São Paulo

Mesas redondas - 14h30-17h30

14h30/16h – A Lei do Preço Fixo: Panorama e Perspectivas do Mercado Editorial

Vítor Tavares, "Panorama do Mercado Editorial e Livreiro do Brasil"
Presidente da CBL (Câmara Brasileira do Livro)

Bernardo Gurbanov, "Retrato das Livrarias no Brasil"
Presidente da ANL (Associação Nacional de Livrarias

Haroldo Ceravolo, "Pensar as Políticas Públicas Para Além das Grandes Compras e das Grandes Empresas"
Alameda Editorial e Membro-Diretor da LIBRE

Mediação: Paulo Werneck
Jornalista, Editor 451

16h/17h30 – Livros a Mancheia para Todo o Brasil: Sobre o Preço do Livro e o Acesso à Leitura

Igor Venceslau, "Correios: Logística e Estratégica no Território Nacional"
Doutorando do Depto. de Geografia da FFLCH-USP

Felipe Lindoso, "Políticas Públicas: Meios para Executá-las e Participação Social"
Jornalista, tradutor, editor e consultor de politicas públicas para o livro e leitura

Marília de Araújo Barcellos, "O Mercado Editorial Brasileiro em Tempos de Covid: um Primeiro Balanço"
Professora Associada do Departamento de Ciências da Comunicação da Universidade Federal de Santa Maria (UFSM)

Mediação: Tadeu Breda
Editora Elefante

Realizaçao: Instituto de Estudos Avançados da Universidade de São Paulo · Institut des Amériques · République Française – Consulat Général de France à São Paulo

Apoio institucional: Câmara Brasileira do Livro 75 anos · Em Defesa do Livro · SNEL · LIBRE Liga Brasileira de Editoras · ANL

Colloque International

POUR UNE LOI DE LA BIBLIO-DIVERSITÉ

Disponible dans les chaînes de l'IEA et de la CBL:
http://www.iea.usp.br/eventos/lei-lang-40-anos-depois
https://www.youtube.com/user/comunicacaoCBL

Consultez le programme complet sur:
http://www.iea.usp.br/eventos/lei-lang-40-anos-depois

Jeudi 14

14h00/15h00 – Conférence d'Ouverture: "Sur le PL 49/2015"

Sénateur Jean Paul Prates
Sénateur et membre du Front parlementaire mixte de défense du livre, de la lecture et des bibliothèques

Ricardo Borges
Journaliste ; Front parlementaire mixte de défense du livre, de la lecture et des bibliothèques

Modération: Fernanda Garcia
Directrice Executive de la CBL

15h30/18h00 – Expériences et Attentes autour de la Loi Lang

Patricia Sorel, "La loi Lang vue par les professionnels du livre français"
Maître de conférences (HDR) en histoire contemporaine à l'Université Paris-Nanterre, Pôle Métiers du Livre, France

Jean-Guy Boin, "Le régime du prix unique du livre dans le monde"
Économiste, ancien directeur général du Bureau international de l'édition française (Bief)

Marcos da Veiga Pereira, "La loi sur le prix unique : Est-il possible de sensibiliser la société brésilienne ?"
Éditions Sextante et Président du SNEL (Syndicat national des éditeurs de livres)

Marcus Teles, "La loi sur le prix unique : Ses conséquences sur les librairies"
Librairie Leitura, Membre directeur de la CBL et Directeur de la communication de l'ANL (Association nationale des librairies)

Modération: Vincent Zonca
Directeur National pour le Livre et le débat d'idées de l'Ambassade

Table ronde - 19h30-22h00

19h30-22h00 – Maisons d'édition et librairies indépendantes : Un regard latino-américain sur les enjeux du prix unique

José de Souza Muniz Jr., "La place du prix unique dans les activismes éditoriaux au Brésil"
Enseignant chercheur au département de Langage et Technologie (DELTEC) du Centre fédéral d'enseignement technologique de Minas Gerais (CEFET-MG)

José Diego Gonzalez Mendonza, "Prix unique du livre en Amérique Latine : Un débat inachevé"
Gérant de Production et Circulation du Livre, Cerlalc, Colombie

Tomás Granado Salinas, "La (dés)illusion du prix unique au Mexique"
Directeur de Grano de Sal, México

Alejandro Dujovne, "La loi sur le prix unique en Argentine : Un bilan après 20 ans d'expérience"
Sociologue chercheur du CONICET, membre du Comité de sélection d'oeuvres du programme Sur de Traducciones, Argentine

Modération: Lilia Zambon
Companhia das Letras, Membre directrice de la CBL

Réalisation: Instituto de Estudos Avançados da Universidade de São Paulo · Institut des Amériques · Consulat Général de France à São Paulo

Soutiens institutionnels: CBL Câmara Brasileira do Livro · SNEL · LIBRE · ANL

Simpósio Internacional

POR UMA LEI DA BIBLIO-DIVERSIDADE

Nos canais do IEA-USP e da CBL:
http://www.iea.usp.br/eventos/lei-lang-40-anos-depois
https://www.youtube.com/user/comunicacaoCBL

Programa completo no site:
http://www.iea.usp.br/eventos/lei-lang-40-anos-depois

Quinta-feira, 14

9h00/10h00 – Conferência de Abertura: "O Que é a PL 49/2015" ?

Senador Jean Paul Prates
Relator do projeto de lei

Ricardo Borges
Frente Parlamentar em defesa do livro, da leitura e das bibliotecas

Mediação: Fernanda Garcia
Diretora Executiva da CBL

10h30/13h00 – Lei Lang: Experiências e Expectativas

Patricia Sorel, "A Lei Lang Vista pelos Profissionais do Livro Franceses"
Professora da Université Paris-Nanterre, Pôle Métiers du Livre, França

Jean-Guy Boin, "A Lei do Preço Fixo no Mundo"
Economista e Ex-Director Geral do Bureau International de l'Édition Française (Bief)

Marcos da Veiga Pereira, "Sobre a Lei do Preço Fixo: É Possível Sensibilizar a Sociedade Brasileira?"
Editora Sextante e Presidente do SNEL (Sindicato Nacional dos Editores de Livros)

Marcus Teles, "A Lei do Preço Fixo e o Impacto nas Livrarias"
Livraria Leitura, Membro Diretor da CBL e Diretor de Comunicação da ANL (Associação Nacional de Livrarias)

Mediação: Vincent Zonca
Diretor Nacional para o Livro e Debate de Ideias da Embaixada da França

Mesa redonda - 14h30-17h00

14h30-17h00 – Editoras e Livrarias Independentes: Uma Mirada Latino-americana Sobre a Questão do Preço Fixo

José de Souza Muniz Jr., "O Lugar do Preço Fixo nos Ativismos Editoriais Brasileiros"
Docente e Pesquisador no Departamento de Linguagem e Tecnologia (DELTEC) do Centro Federal de Educação Tecnológica de Minas Gerais (CEFET-MG)

José Diego Gonzalez Mendonza, "Preço Fixo do Livro na América Latina: um Debate Inacabado"
Gerente de Produção e Circulação do Livro da Cerlalc, Colômbia

Tomás Granado Salinas, "A (Des)ilusão do Preço Único no México"
Diretor de Grano de Sal, México

Alejandro Dujovne, "A Lei do Preço Único na Argentina: um Balanço Após 20 Anos de Experiência"
Sociólogo e Pesquisador do CONICET; Membro do Comitê de Seleção de Obras do Programa Sur de Traducciones, Argentina

Mediação: Lilia Zambon
Companhia das Letras, Membro diretor da CBL

Realização: Instituto de Estudos Avançados da Universidade de São Paulo · Institut des Amériques · Consulat Général de France à São Paulo

Apoio institucional: Câmara Brasileira do Livro · SNEL · LIBRE · ANL

Colloque International

POUR UNE LOI DE LA BIBLIO-DIVERSITÉ

Disponible dans les chaînes de l'IEA et de la CBL:
http://www.iea.usp.br/eventos/lei-lang-40-anos-depois
https://www.youtube.com/user/comunicacaoCBL

Consultez le programme complet sur:
http://www.iea.usp.br/eventos/lei-lang-40-anos-depois

Vendredi 15

14h00/14h50 – Conférence d'Ouverture

Nuno Medeiros, "Fixer le Prix, sauver le Livre. Convergences, tensions et parcours dans le cas portugais"
Professeur Escola Superior de Tecnologia da Saúde de Lisboa do Instituto Politécnico de Lisboa (ESTeSL-IPL)

Modération: Bel Santos Mayer
Institut Brésilien d'études et soutien communautaire Queiroz Filho (IBEAC), Réseau de lecture Literasampa

15h00/17h30 – L'économie du livre : Le prix de la lecture au Brésil

Alexandre Martins Fontes, "Une loi sur le prix unique, un prix juste, le même pour tous : une des luttes les plus importantes du marché du livre au Brésil"
WMF Martins Fontes Editora, Librairie Martins Fontes et Membre directeur de la CBL

Rui Campos, "Tout commence à la librairie"
Librairie Travessa

Adalberto Ribeiro, "L'importance de la "loi" pour le maintien des petites librairies dans un pays riche et inégalitaire à la périphérie du monde"
Librairie Simples

Larissa Mundim, "Symptômes du marché de l'édition en quête de transformation, à partir d'une position indépendante"
Nega Lilu Editora

Modération: Nanni Rios
Librarie Baleia

Table ronde - 19h30-22h00

19h30/22h00 – Penser 40+ : Passé et avenir de la diffusion et de l'accès au livre au Brésil

Ana Elisa Ribeiro, "Comment va le livre ?"
Professeure titulaire au Centre fédéral d'enseignement technologique de Minas Gerais, Département de langage et technologie – DELTEC

João Varella, "Agora d'aujourd'hui : L'importance du livre dans un monde dispersé"
Editora Lote 42 et propriétaire de la Librairie Banca Tatuí

Paulo Verano, "Entre corporations et chemins indépendants. Le marché éditorial dans des temps ambivalents"
Edições Barbatana, professeur au département de journalisme et d'édition (ECA-USP) et directeur académique des cours d'édition de la Casa Educação

Marisa Midori Deaecto, "40 Ans d'inquiétudes : La réception de la loi sur le prix unique au Brésil"
Professeure associée à l'ECA-USP, éditrice de Livro – Revista do Núcleo de Estudos e da Edição et coordinatrice d'édition de Com-Arte, éditrice des cours d'édition (ECA-USP)

Modération: Lívia Kalil
HEAL/CREDA Sorbonne Nouvelle - Paris 3, coordinatrice du pôle Brésil de l'Institut des Amériques

Réalisation: iel | Instituto de Estudos Avançados da Universidade de São Paulo | Institut des Amériques | Consulat Général de France à São Paulo

Soutiens institutionnels: CBL Câmara Brasileira do Livro 75 anos | SNEL | LIBRE | ANL

Simpósio Internacional

POR UMA LEI DA BIBLIO-DIVERSIDADE

Nos canais do IEA-USP e da CBL:
http://www.iea.usp.br/eventos/lei-lang-40-anos-depois
https://www.youtube.com/user/comunicacaoCBL

Programa completo no site:
http://www.iea.usp.br/eventos/lei-lang-40-anos-depois

Sexta-feira, 15

9h00/9h50 – Conferência de Abertura

Nuno Medeiros, "Fixar o Preço, Salvar o Livro. Convergências, Tensões e Percursos no Caso Português"
Prof. Dr. da Escola Superior de Tecnologia da Saúde de Lisboa do Instituto Politécnico de Lisboa (ESTeSL-IPL)

Mediação: Bel Santos Mayer
Instituto Brasileiro de Estudos e Apoio Comunitário Queiroz Filho-IBEAC e Rede de Leitura Literasampa

10h00/12h30 – A Economia do Livro: o Preço da Leitura no Brasil

Alexandre Martins Fontes, "A Lei do Preço Fixo, Preço Justo, Preço Comum: uma das Lutas mais Importantes do Mercado Editorial e Livreiro no Brasil"
WMF Martins Fontes Editora, Livraria Martins Fontes e Membro Diretor da CBL

Rui Campos, "Tudo Começa na Livraria"
Livraria da Travessa

Adalberto Ribeiro, "A Importância da 'lei' para a Manutenção de Pequenas Livrarias em um País Rico e Desigual na Periferia do Mundo"
Livraria Simples

Larissa Mundim, "Sintomas do Mercado Editorial em Busca de Transformação, a Partir de uma Postura Independente"
Nega Lilu Editora

Mediação: Nanni Rios
Livraria Baleia

Mesa redonda - 14h30-17h00

14h30/17h00 – Pensar 40+: Passado e Futuro da Difusão e do Acesso ao Livro no Brasil

Ana Elisa Ribeiro, "Como Está o Livro?"
Profa. Titular do Centro Federal de Educação Tecnológica de Minas Gerais, Departamento de Linguagem e Tecnologia – DELTEC

João Varella, "Ágora do agora: A Relevância do Livro num Mundo Disperso"
Editor da Lote 42 e Proprietário da Banca Tatuí

Paulo Verano, "Entre as Corporações e os Caminhos Independentes - O Mercado Editorial em Tempos Ambivalentes"
Prof. do Departamento de Jornalismo e Editoração (ECA-USP) e Diretor Acadêmico dos Cursos de Publishing da Casa Educação

Marisa Midori Deaecto, "40 Anos de Inquietações: A Recepção da Lei do Preço Fixo no Brasil"
Professora Associada da ECA-USP e Coordenadora, editora de Livro – Revista do Núcleo de Estudos e da Edição e Coordenadora Editorial da Com-Arte, Editora do Curso de Editoração (ECA-USP)

Mediação: Lívia Kalil
Sorbonne Nouvelle-Paris 3, Institut des Amériques, Pôle Brésil

Realização: iea Instituto de Estudos Avançados da Universidade de São Paulo; Institut des Amériques; Consulat Général de France à São Paulo

Apoio institucional: CBL Câmara Brasileira do Livro 75; SNEL; LIBRE Liga Brasileira de Editoras; ANL

COLABORADORES

ADALBERTO RIBEIRO Também conhecido como Beto Livreiro, possui larga experiência no ramo varejista do livro, tendo trabalhado em livrarias de pequeno médio e grande porte na cidade de São Paulo. Fundou, juntamente com Felipe Faya, a Livraria Simples, em São Paulo

ALEXANDRE MARTINS FONTES Formado em Arquitetura pela Universidade de São Paulo, atua, há mais de trinta anos, no mercado livreiro e editorial brasileiro como diretor executivo da Editora WMF Martins Fontes e da Livraria Martins Fontes Paulista.

ANA ELISA RIBEIRO Professora titular do Departamento de Linguagem e Tecnologia, docente do Programa de Pós-Graduação em Estudos de Linguagens e do Bacharelado em Letras (Tecnologias da Edição) do Centro Federal de Educação Tecnológica de Minas Gerais (CEFET-MG).

BERNARDO GURBANOV Livreiro e editor, sócio-gerente da Editora Letraviva e presidente da ANL (Associação Nacional de Livrarias). Foi Vice-Presidente da CBL (Câmara Brasileira do Livro) e do GIE (Grupo Ibero-Americano de Editores). Formado em Comércio Exterior pela Faculdade Anhanguera e Bacharel Mercantil pela UBA (Universidade de Buenos Aires), é consultor para o mercado editorial e políticas públicas de incentivo à leitura.
bernardogurbanov.com.br

GUSTAVO PIQUEIRA Artista gráfico, escritor, designer e pesquisador com mais de 40 livros publicados, nos quais mistura livremente texto e imagem, ficção e não ficção, design, história e tudo mais que encontrar pelo caminho. À frente de seu estúdio Casa Rex, é um dos mais premiados designers gráficos do Brasil, com mais de 500 prêmios nacionais e internacionais recebidos, incluindo quatro Prêmios Jabuti. Também já foi premiado como ilustrador e escritor.
www.casarex.com. *www.gustavopiqueira.com.br*

HAROLDO CERAVOLO SEREZA Doutor em Letras pela Universidade de São Paulo, professor convidado do programa de Pós-Graduação em Literatura da Ufscar, diretor da Libre – Liga Brasileira de Editores, fundador da Alameda Casa Editorial e conselheiro eleito do Plano Municipal do Livro, Leitura, Literatura e Bibliotecas da cidade de São Paulo.

IGOR VENCESLAU Doutorando e mestre em geografia humana pela Universidade de São Paulo (USP). Graduado em geografia com especialização em ensino de geografia pela Universidade Estadual de Santa Cruz (UESC). Membro da Associação dos Geógrafos Brasileiros – seção São Paulo (AGB SP) e do corpo editorial do Boletim Campineiro de Geografia (AGB Campinas). Integrante do grupo de estudos/pesquisadores da cátedra Oscar Sala do Instituto de Estudos Avançados (IEA-USP). Possui interesse de pesquisa em geografia: geografia humana, principalmente nas especialidades geografia econômica, geografia política, geografia urbana e geografia regional.

JACK LANG foi uma figura fundamental na construção e encaminhamento da lei do preço fixo na França, ao lado de grandes profissionais do livro como Jérôme Lindon e Claude Gallimard.

O ex-ministro se formou em direito e ciências políticas, cursos iniciados na Universidade de Nancy e concluídos na Universidade de Paris no início dos anos 1960. Durante seu percurso universitário, Lang sempre esteve ligado a atividades na área teatral que o aproximaram de grupos voltados à promoção da cultura em seu país. Em 1964, tornou-se professor assistente em direito da Universidade de Nancy, consolidando sua carreira acadêmica nesta instituição e na Universidade de Nanterre.

Nos anos 1970, ele se engajou na vida política francesa e se tornou membro do Partido Socialista. Ali construiu uma longa trajetória, ocupando diversos cargos de gestão pública e mandatos parlamentares. Destacam-se suas sucessivas gestões ministeriais, três delas sob a presidência de François Mitterand: Ministro da Cultura (1981-1986), Ministro da Cultura e da Comunicação (1988-1992) e Ministro de Estado, Educação Nacional e Cultura (1992-1993); e uma sob a presidência de Jacques Chirac como Ministro da Educação Nacional, entre 2000-2002. Atualmente, Jack Lang é presidente do Instituto do Mundo Árabe, sediado em Paris.

Completando quarenta anos de sua promulgação, a lei francesa ainda é identificada à ação do ex-Ministro, e é conhecida também como Loi Lang. Em abril de 2021, a 23ª edição da Festa da Livraria festejou o marco estabelecido por essa regulação, celebrando também o reconhecimento das livrarias como comércios de serviço essencial, após uma longa campanha em defesa destes estabelecimentos em face às medidas restritivas colocadas na pandemia da Covid-19. Entrevistado sobre o tema no dia 24 de março de 2021, pela *Livres Hebdo,* Jack Lang afirmou que “um país necessita nutrir o espírito, assim como o seu corpo material. Essa é a alma de um país!”. Sua defesa histórica se mantém atual e hoje motiva o debate brasileiro.

JEAN PAUL PRATES Advogado e economista, ambientalista, empreendedor e dirigente sindical. Tem mais de 25 anos de trabalho nas áreas de petróleo, gás natural, biocombustíveis, energia renovável e recursos naturais. Cursou Direito na UERJ e Economia na PUC/RJ. Nos Estados Unidos, tornou-se Mestre em Planejamento Energético e Gestão Ambiental pela Universidade da Pennsylvania. Na França, concluiu mestrado em Economia de Petróleo e Motores, pelo Instituto Francês do Petróleo. Em 2014, foi eleito primeiro suplente da Senadora Fátima Bezerra (RN) para o período 2015-2022. Em janeiro de 2019, assumiu a cadeira de Senador da República pelo Estado do Rio Grande do Norte, com a eleição e posse da atual Governadora Fátima Bezerra. No Senado, é líder da Minoria no Senado e membro titular em nove comissões temáticas, além de suplente em outras. Também é presidente da Frente Parlamentar Mista em Defesa do Livro, da Leitura e da Escrita.

JEAN-GUY BOIN Economista e sociólogo, Jean-Guy Boin foi Diretor Executivo do Bureau Internacional de Publicações Francesas (www.bief.org), a organização para a promoção internacional da publicação francesa, por dez anos. Exerceu vários cargos no setor do livro: professor e formador de editoras e livrarias (Universidade e formação profissional), investigador especializado em economia editorial, administrador geral de uma editora literária e de Ciências Humanas, chefe do departamento de Economia do Livro no Ministério da Cultura e Comunicação desde a sua criação em 1992. Publicou com Jean-Marie Bouvaist duas obras sobre "pequenas editoras" (La Documentation Française) e escreveu vários artigos sobre a economia da publicação, livrarias e distribuição de livros (*Les Temps Modernes, La Quinzaine Litteraire, Hebdo Books, Les Cahiers du SLF*...)

JEAN-YVES MOLLIER Professeur Emérito de História Contemporânea – Université Paris Saclay/Versailles Saint-Quentin. Publicou diversos livros e artigos no Brasil, além de ter orientado pesquisadores brasileiros que se voltaram para a temática da história do livro e a história editorial nos séculos XIX e XX. Teve papel ativo nas celebrações da Lei Lang na França e, há quarenta anos, seguiu de perto os desenvolvimentos que culminaram na adoção da regulamentação do preço do livro. Seus títulos mais recentes são: *Histoire des Libraires et de la Librairie depuis l'Antiquité jusqu'à nos Jours* (Arles, Editions de l'Imprimerie Nationale/Actes Sud, 2021) e, em colaboração com Jean-Marc Chatelain e Olivier Deloignon, *D'Encre et de Papier. Une Histoire du Livre Imprimé* (Arles, Editions de l'imprimerie nationale/Actes Sud, 2021.

JOÃO VARELLA é fundador da editora Lote 42 e das livrarias Sala Tatuí e Banca Tatuí. As iniciativas renderam prêmios como Milton Santos, HOW Design Awards, Lusos, Jovens Talentos da Indústria do Livro, entre outros. Produz eventos do circuito de publicações independentes, como a Feira Miolo(s) (Biblioteca Mário de Andrade), Printa-Feira (Sesc 24 de Maio), entre outros. Escreveu os livros *Videogame Pandemia* (Elefante, 2021), *Games: Cultura, Arte e Joystick* (Edições Sesc, 2021), *Videogame, a Evolução da Arte* (Lote 42, 2020), *42 Haicais e 7 Ilustrações* (Lote 42, 2014), *A Agenda* (Novo Conceito, 2013) e *Curitibocas* (Coração Brasil/SEED, 2007). Jornalista, produziu reportagens para diversos veículos de comunicação, como UOL, *Folha de S.Paulo, Elástica, IstoÉ Dinheiro, El Economista América, Gazeta do Povo* e R7. As reportagens foram reconhecidas em Prêmios como como Sebrae de Jornalismo, Proyectando Valores e CNI de Jornalismo. Apresenta o documentário *12 Moedas* (HBO, 2020). Nasceu em Guaíba (RS) em 1985 e mora em São Paulo desde 2009.

LARISSA MUNDIM Escritora, editora, livreira e jornalista goiana. Idealizadora da ecentrica.org e editora-fundadora da Nega Lilu.

LIVIA KALIL Doutoranda contratual pela Universidade Sorbonne Nouvelle no Centro de Pesquisa e Documentação sobre as Américas – Creda na área de Ciências Políticas em cotutela com a Universidade de São Paulo no Programa de pós-graduação em ciência ambientais – Procam. Atualmente trabalha em sua pesquisa de tese *Ação Pública, Agricultura, Mudanças Climáticas: O Plano ABC e a "climatização" das Questões Agrícolas no Brasil*. Foi coordenadora do polo Brasil do Instituto das Américas – IdA entre 2018 e 2021 no Instituto de Estudos Avançados – IEA DA USP. Possui graduação em Sociologia pela Sorbonne Université (2013) e mestrado em Estudos Latino-americanos com especialidade em Ciência Política do Instituto de Estudos Avançados da América Latina – IHEAL (2016). Possui interesse em ensino, pesquisa e extensão principalmente nas áreas temáticas da Sociologia política, com ênfase em análise de políticas públicas atuando principalmente nos seguintes temas: mudanças climáticas, meio ambiente, projetos políticos, ação coletiva, agroecologia, agropecuária e construção de políticas públicas.

MARCUS TELES CARDOSO DE CARVALHO Natural de Dores do Indaiá, MG, é casado com Cláudia e pai de Pedro e Matheus. Presidente da rede de Livrarias Leitura, atualmente com noventa lojas em 21 estados e no DF. Marcus atua ainda como Diretor da ANL – Associação Nacional de Livrarias, Diretor da CBL – Câmara Brasileira do Livro e Diretor da CML – Câmara Mineira do Livro.

MARÍLIA DE ARAUJO BARCELLOS Professora Associada do Departamento de Ciências da Comunicação da Universidade Federal de Santa Maria (UFSM), foi coordenadora do Curso de Comunicação Social – Produção Editorial e atual vice-coordenadora do GP Produção Editorial, da Sociedade Brasileira de Estudos Interdisciplinares da Comunicação – Intercom.

MARISA MIDORI DEAECTO Professora Livre-Docente em História do Livro no Departamento de Jornalismo e Editoração da Escola de Comunicações e Artes (ECA-USP). Formou-se em História e doutorou-se em História Econômica na Faculdade de Filosofia, Letras e Ciências Humanas (FFLCH-USP), onde orienta pesquisas pelo Programa de Pós-Graduação (PPGHE-USP). Lecionou como professora convidada em diversas instituições estrangeiras, dentre as quais, École Nationale des Chartes, École Normale Supérieur (Paris, rue d'Ulm) e École Pratique des Hautes Études, em Paris. Recebeu, em 2017, o título de Doutora Honoris Causa pela Universidade Eszterházy Károly, Eger (Hungria), por suas contribuições à difusão da história dos livros e das bibliotecas em uma perspectiva transnacional. *Império dos Livros – Instituições e Práticas de Leituras na São Paulo Oitocentista* (Edusp/Fapesp, 2011), reeditado em 2019, recebeu o prêmio Jabuti da CBL (1º lugar em Comunicação) e o Prêmio Sérgio Buarque de Holanda, outorgado pela Fundação Biblioteca Nacional do Rio de Janeiro na categoria melhor ensaio social. Publicou, recentemente, *História de um Livro. A Democracia na França, de François Guizot* (Ateliê Editorial, 2021).

NICOLAS ROCHE Diretor Executivo do Bureau International de l'Edition Française (Bief). Foi diretor de Publicação do Centre Pompidou, Paris, Diretor Geral da Consultoria NR, Diretor Geral da Stock Editions – Hachette Livre – Lagardère e Diretor comercial e de marketing da Editions Plon/Perrin – Editis.

NUNO MEDEIROS Pesquisador integrado no Instituto de História Contemporânea da Universidade Nova de Lisboa (IHC-NOVA FCSH) e professor na Escola Superior de Tecnologia da Saúde de Lisboa do Instituto Politécnico de Lisboa (ESTESL-IPL), onde é docente desde 1999. É licenciado em Sociologia, mestre em Sociologia Histórica e doutor em Sociologia, pela Faculdade de Ciências Sociais e Humanas da Universidade Nova de Lisboa. Larga parcela da sua vida tem estado umbilicalmente ligada aos livros. Filho de um casal de livreiros, viveu a experiência imersiva de crescer no espaço da Livraria Culsete, de Setúbal. No quadro da sua atividade científico-acadêmica, tem dedicado particular atenção ao estudo social e histórico da cultura e comunicação impressas e da edição de livros, bem como da leitura. É o diretor/coordenador científico da Imprensa de História Contemporânea, uma editora universitária vinculada ao IHC-NOVA FCSH, sendo ainda membro do conselho editorial das Edições Outro Modo, ambas editoriais de Lisboa.

PATRICIA SOREL Professora de História na Université Paris Nanterre. Pesquisadora no CHCSC (Université de Versailles Saint-Quentin-en-Yvelines). Autora em especial, de *Petite Histoire de la Librairie Française*, Paris, La Fabrique, 2021 e de *Les Libraires, les Éditeurs et la Loi Lang: Un Combat pour le Livre (1974-2008)*, Paris/Villeurbanne, École Nationale des Chartes/Presses de l'Enssib, 2021.

PAULO VERANO Editor de livros. Doutor em Ciência da Informação pela ECA-USP, onde atua como pesquisador e docente. Professor do curso de Pós-Graduação em Produção Editorial da Fapcom. Diretor acadêmico dos cursos de Publishing da Casa Educação. Sócio-fundador da Edições Barbatana.

RICARDO BORGES Jornalista e secretário-executivo da Frente Parlamentar Mista em defesa do Livro, da Leitura e da Escrita. Há mais de dez anos, tem atuado nas pautas do setor dentro do Congresso Nacional.

RUI CAMPOS Diretor-fundador da Livraria da Travessa. Nasceu em Belo Horizonte, em 19.7.1953. Mora no Rio de Janeiro desde 1975. É casado com a advogada Ana Landim e tem dois filhos, Pedro e José. É livreiro há 46 anos. Fundou a Livraria Muro em 1975, participou da Livraria Dazibao, da Editora Aeroplano e, em 1986, fundou a Livraria da Travessa, hoje com lojas no Rio de Janeiro, Niterói, São Paulo, Ribeirão Preto, Brasília e Lisboa.

VITOR TAVARES Presidente da Câmara Brasileira do Livro (CBL) – Biênio 2019-2021 e 2021-2023. Iniciou sua atuação no mercado editorial aos dezessete anos, na Editora Vozes de São Paulo, onde fez carreira. Em 1992, junto com um grupo de empresários do setor e com o apoio da direção da Edições Loyola, inaugura a Distribuidora & Livraria Loyola. Foi Diretor e Presidente da Associação Nacional de Livrarias (ANL) por dois mandatos, além de membro da Comissão em defesa do Livro, Leitura e Literatura. Conferencista em encontros organizados pelo Cerlalc sobre livros e livrarias, em São Paulo (Brasil), Bogotá (Colômbia) e México. Diretor e vice-presidente da CBL por cinco gestões. Bacharel em Administração de empresas com ênfase em Recursos Humanos – PUC-SP. Diretor geral da Distribuidora Loyola desde fevereiro de 2016.

Título *Bibliodiversidade e Preço do Livro. Da Lei Lang à Lei Cortez: Experiências e Expectativas em Torno da Regulação do Mercado Editorial (1981-2021)*

Organizadores Marisa Midori Deaecto (dir.), Patrícia Sorel e Lívia Kalil

Editor Plinio Martins Filho

Direção Editorial Marisa Midori Deaecto

Preparação Carolina Bednarek Sobral

Revisão Marisa Midori Deaecto

Revisão Técnica Patricia Sorel

Tradução (fr/pt) e Versão (pt/fr) Marly Peres

Arte do cartaz do Simpósio Isabela Loureiro

Projeto gráfico e capa Gustavo Piqueira e Samia Jacintho / Casa Rex

Editoração Carol Vapsys e Kaique Xavier / Casa Rex

Formato 19,2 x 22 cm

Tipologia Famílias Mercury e Object Sans

Papel Pólen Soft 80 g/m^2

Número de páginas 312

Tiragem 700

CTP, impressão e acabamento Rettec